나의
야구는
끝난 것이
아니다

나의
야구는
끝난 것이
아니다

초판 1쇄 펴낸 날 | 2013년 6월 7일

지은이 | 민훈기
펴낸이 | 홍정우
펴낸곳 | 브레인스토어

책임편집 | 신미순
디자인 | 강영신
마케팅 | 한대혁, 정다운

주소 | (121-894) 서울시 마포구 서교동 381-36 1층
전화 | (02)3275-2915~7
팩스 | (02)3275-2918
이메일 | brainstore@chol.com
블로그 | http://blog.naver.com/brain_store
트위터 | https://twitter.com/brainstorepub
페이스북 | http://www.facebook.com/brainstorebooks

등록 | 2007년 11월 30일(제313-2007-000238호)

© 민훈기, 2013
ISBN 978-89-94194-39-4 (13690)

이 도서의 국립중앙도서관 출판시도서목록(CIP)은 서지정보유통지원시스템 홈페이지(http://seoji.
nl.go.kr)와 국가자료공동목록시스템(http://www.nl.go.kr/kolisnet)에서 이용하실 수 있습니다.
(CIP제어번호: CIP2013005425)

나의
야구는
끝난 것이
아니다

민훈기 지음

일러두기

· 구단별로 외국인 선수를 나눈 기준은 한국프로야구에서 마지막으로 활동했던 팀으로 한다.
· 각 파트마다 들어간 구단별 외국인 선수의 역사는 〈스포츠조선〉의 노재형 기자의 글로 정리했다.

민기자는 내게 언론인이라기보다는 친구와 같다. 그와 이야기를 나누면 기자가 아니라 친구와 이야기를 하는 것 같다. 그는 외국인 선수들이 편안할 수 있도록 진정으로 마음을 써주는 친구나.

Michael Min is more of a friend than reporter. When you talk with him it's a conversation with a buddy not a reporter. He seems to truly care about making foreign players feel more comfortable.

— 두산 베어스 **더스틴 니퍼트**

민기자와 인터뷰를 한 것은 영광이었고 그와 야구 이야기를 나눌 수 있던 것은 특별한 기회였다. 그는 야구에 대해 많이 알고 있을 뿐 아니라 진정한 프로다. 한국에서 나의 야구 생애가 끝나기 전에 민기자와 다시 인터뷰를 하고 이야기를 나눌 기회가 오길 바란다.

Being interviewed by Michael was an honor and a privilege to talk baseball with him. He knows a lot about the game and was very professional. I hope to have the chance to talk to him again before my career in Korea comes to an end.

— LG 트윈스 **벤자민 주키치**

민기자를 처음 만난 순간 야구에 대한 그의 지식과 솔직담백함에 깊은 인상을 받았다. 그의 편안한 성격은 야구는 물론이고 어떤 주제든 함께 이야기를 나누는 즐거움을 준다. 내가 처음 그를 만났을 때 사람들은 민기자가 한국의 피터 개몬스라고 했다. 그러나 그와의 인연이 5년이 지난 지금 난 피터 개몬스가 민기자와 비슷한 언론인이라고 평가되는 것을 영광으로 여길 것이라고 생각한다.

When I first met Michael Min I was immediately impressed with his candor and knowledge of the game. His easygoing personality has always made it a pleasure to speak with him, whether it be about baseball or frankly any subject. When I first met Michael, people told me he was the Peter Gammons of Korean baseball. After spending the last 5 years with Michael I think Peter Gammons would be honored to have Michael Min as a peer.

— 넥센 히어로즈 **브랜든 나이트**

나의 KBO 첫 시즌에 민기자를 만난 것은 대단한 일이었다. 그는 영어를 능숙하게 구사한다. LA 다저스를 오래 취재했고 또 KBO를 취재하고 있는데, 야구 IQ가 대단히 높은 사람이다. 그는 양 리그에서 행해지는 다른 스타일의 야구를 잘 이해하고 있어, 여기 한국에서 약간은 다른 스타일의 야구에 내가 적응하는 데 도움을 줄 수 있었다. 그 점에 대해 대단히 고맙게 생각한다.

Being that it was my first season in the KBO, meeting Michael Min was great. I say that because, he speaks English fluently. Second, being that he once covered the LA Dodgers, and now covers the KBO, his baseball IQ is very high. He understands the different styles of baseball played in both leagues, and was able to help me adjust to playing a new type of baseball here in Korea. I'm very thankful for that.

－ 롯데 자이언츠 **셰인 유먼**

민기자의 열정은 한국야구의 발전에 대단히 중요하다는 말을 하고 싶다. 그가 미국에서 뛰는 한국 선수들에 대해 기사를 쓰든 한국에서 꿈을 좇는 외국인 선수에 대해 기사를 쓰든 그는 한국 팬과의 소통의 다리다. 그가 꿈을 찾아서 그것을 단어로 옮기면 그것을 전 세계의 수많은 사람들, 특히 한국의 팬들이 공유할 수 있게 된다. 나는 민기자의 열정에 감사하고 있으며 한국의 팬들도 민기자가 야구를 위해 하는 일의 의미를 알아주길 바란다. 그는 사람들에게 스토리를 전달한다, 그것도 최고 수준으로!

I want to say that the passion you have is important in the growth of baseball in Korea. You are a bridge of communication to the fans in Korea. Weather you are writing about a Korean player in the major leagues or a foreign player who is chasing his dream in Korea. You capture the dream and put it in words so millions around the world and especially in Korea can follow. I know I appreciate your passion and hope all the fans in Korea appreciate what you are doing for the game of baseball. You bring the stories to the people. First class!

－ 퀸타나 루 타이거즈 / 前 한화 이글스, 넥센 히어로즈 **덕 클락**

민기자는 미국 메이저리그 야구와 한국야구에 대한 지식이 많아 내가 야구리그에 관련된 생각을 얘기하기에 편하고 부담이 없다. 그는 항상 전문적이며 난 그와 야구 관련 대화를 더 나누고 싶다. 그의 정확하고 면밀히 분석된 자료들은 미국에 있는 나까지 흥미롭게 만든다.

(사도스키가 직접 한글로 작성)

Michael Min's knowledge of Major League Baseball and Korean Baseball helped me feel comfortable in talking to him about the way I felt, about both leagues. He was always profession and I looked forward to sitting down and talking to him about baseball. His ability to provide accurate reports still keeps me interested in his writing in my time away from Korea.

— 샌프란시스코 자이언츠 / 前 롯데 자이언츠 **라이언 사도스키**

　꿈을 꾸면서 사는 삶은 덜 건조합니다. 꿈을 꾸면서 살 수 있다는 것은 마음의 여유이기도 하고 행복이기도 합니다. 그렇지만 저마다 삶의 무게에 눌리다 보면 자신의 꿈을 실제 삶으로 사는 복 받은 사람들은 그리 많지 않습니다. 그 흔치 않는 사람들 중의 한 집단이 바로 야구선수입니다. 희한하게도 야구를 잘하는 선수들을 보면 대부분 야구가 정말 즐겁다고 합니다. 야구장에 나가서 치고 달리고 던지고 받고, 또 동료들과 함께 승리를 이끌고 패배를 감수하는 것이 아주 행복해서 함성이라도 지르고 싶어 합니다. 좋아하는 야구를 즐기면서 봉급도 받고 팬들의 사랑도 받으니 그보다 더 행복한 삶이 어디에 있겠느냐고 자랑스레 이야기하기도 합니다. 때론 야구를 즐기지 못하게 만드는 풍토가 여전히 남아 있는 것이 우리 스포츠와 야구계의 현실이기도 하지만, 어쨌든 야구의 본질은 즐거움입니다.

야구의 종주국인 미국에서 야구선수를 꿈꾸는 많은 젊은이들에게 야구란 때론 종교와도 같습니다. 야구를 존중하고 존경하며, 야구가 베풀어준 많은 것들에 감사하고 되갚으려는 자세는 미국야구에서 우리 선수들이 가장 배워야 할 부분이기도 합니다. 그러나 프로야구선수로의 성공의 길은 정말 멀고 험하기만 합니다. 단순한 예로 미국의 마이너리그 팀에 입단해 프로야구선수가 되는 것만으로도 3,700 대 1의 경쟁을 뚫어야 합니다. 매년 7,000명이 넘는 마이너리그 선수들이 메이저리그의 꿈을 꾸며 땀을 흘립니다. 그러나 그중에 메이저리거가 되는 선수는 또 극히 일부분에 불구하고, 또 빅리거가 되고 나서 30세 넘게까지 오랜 기간 안정적으로 선수 생활을 유지하는 선수는 메이저리그 선수의 1퍼센트 정도에 불과합니다.

수없이 반복되는 좌절을 겪는 것이 야구선수들이지만 여전히 꿈을 버리지 않고 끈질긴 노력과 포기하지 않는 의지를 앞세워 도전을 계속하는 선수가 대단히 많습니다. 국내프로야구에 진출하는 외국인 선수들도 바로 그런 과정과 난관을 겪은 선수들이 대부분입니다. 오랜 기간 마이너리그를 거쳐 잠깐 메이저리그의 맛을 보기도 하지만 정착하지 못하고 이 팀 저 팀을 떠돌며 선수 생활을 이어갑니다.

미국 내에서 리그에 따라 거의 매년 집을 옮기기 수차례는 기본이고, 겨울이면 북중미의 윈터리그에도 도전해보고, 또 아시아의 한국, 일본, 대만 야구에도 도전해봅니다. 꾸준히 프로야구선수의 생활을 영위할 수 있다면 그들은 어디든 찾아갑니다. 그러기에 한국을 찾은 외국인 선수들은 하나같이 그들만의 지난한 삶의 이야기를 담고 있습니다. 부상이나 수술은 피할 수 없는 운명이고 방출과 실업자 신세도 몇 차례씩 겪습니다. 그러나 하나같이 포기하지 않는 집념과 의지로 또 야구공을 던지고 방망이를 휘두릅니다.

미국 특파원을 오래 지내고 돌아와 국내프로야구를 취재한 지도 이제 8년째가 됩니다. 지난 몇 년 동안 외국인 선수들과의 인터뷰를 꾸준히 진행하고 있습니다. 기사를 쓰고 방송을 하면서 만난 많은 선수들의 야구와 삶을 들으면서 감동도 하고 가슴이 짠해지기도 하고 또 감탄하기도 하고 공감하기도 했습니다. 그들의 삶과 야구를 이제 글로 다시 정리해 소개하려고 합니다. 국내프로야구에서 활동한 외국인 선수들의 이야기이기도 하지만, 모든 야구선수들의 이야기이기도 하고, 또 끊임없이 삶에 도전하는 우리의 이야기이기도 합니다. 인터뷰를 하며 마음을 나눴던 모든 외국인 선수들과 프로야구에서 열심히 뛰는 선수들, 앞으로 그 꿈을 향해 달리고 싶은 청소년들, 또한 야구를 사랑하는 수많은 야구팬들과도 그들의 이야기를 함께 나누고 싶습니다.

민훈기

차례

PART 1
두산 베어스

PART 2
LG 트윈스

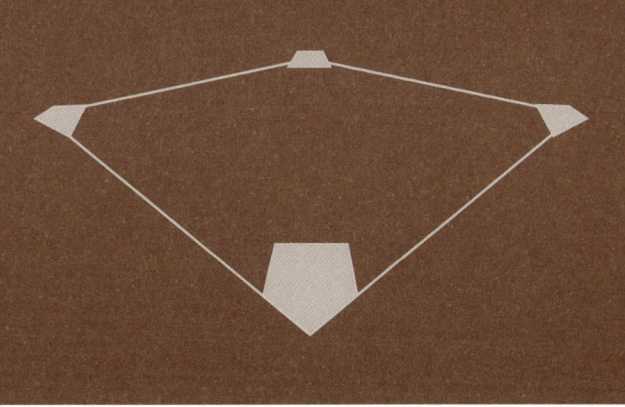

PART 5

삼성 라이온즈

PART 6

넥센 히어로즈

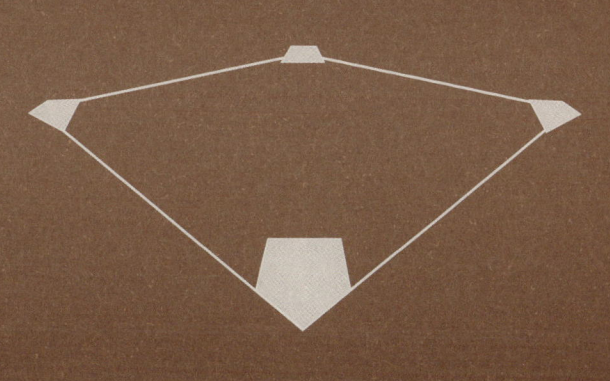

두산 베어스

매일 유니폼을 입는 행복한 사나이 **스캇 프록터**

시골 마을 최초의 빅리거 **더스틴 니퍼트**

두산 우승의 꿈을 향해 달리던 **켈빈 히메네스**

Scott Proctor 스캇 프록터

출생 1977년 1월 2일 국적 미국 신체 185cm, 88kg 소속팀 볼티모어 오리올스 포지션 투수

매일 유니폼을 입는 행복한 사나이

스캇 프록터

　야구선수 취재를 하다 보면 가장 빈번하게 느끼는 것이 '예상보다 훨씬 크다'는 점이다. 15년 가까이 미국 메이저리그 취재를 한 탓도 있겠지만 대부분 야구선수들은 멀리서 보거나 혹은 TV에서 보는 것보다 실제로 만나 보면 훨씬 크다. 박찬호나 서재응, 혹은 최희섭 같은 선수도 마찬가지다.

　그런데 이 친구를 처음 눈앞에서 대하며 받은 인상은 두 가지였다. '생각보다 작다. 그리고 의외로 서글서글하다.' 야수보다 특히 투수들이 마주하면 대단히 큰 편인데 160킬로미터가 넘는 강속구를 뿌린 것으로 알려진 두산 베어스의 마무리 투수 스캇 프록터는 의외로 키가 작고 그렇다고 체격도 우람한 편은 아니었다. '185cm-88kg'의 기록보다 분명히 작아 보였다.

　MLB의 최고 명문 구단 뉴욕 양키스에서 셋업맨을 맡았던 화려한 이력의 소유자인 그는 또한 다혈질이고 자기주장이 강하리라는 예상과는 달리

소탈하고 말을 아주 잘하는 달변가였다. 대학에서 회계학을 전공하고 경영학을 공부한 후 현재 증권 중계인 공부도 병행하고 있다는 학구파이기도 해서 또 한 번 취재 기자를 놀라게 했다.

1977년 1월 2일 미국 플로리다 주 스튜어트라는 작은 도시 인근의 젠슨 비치라는, 더 작은 바닷가 마을에서 태어나 자란 스캇 크리스토퍼 프록터는 야구를 좋아하는 아버지 덕분에 기억도 어렴풋한 어린 시절부터 야구를 접하며 자랐다. 인근에는 뉴욕 메츠의 스프링 캠프장이 있었고 다저스의 베로비치도 그리 멀지 않았다. 아빠와 학교를 빼먹고 뉴욕 메츠와 애틀랜타 브레이브스 경기를 보러 간 기억이 여전히 생생하다고 했다. 학교 대신 야구장에 간 어린 시절의 그 파격적인 추억이란.

꼬마 프록터는 사실 야구에 그다지 흥미를 느끼지 못했다. 여동생 셋에 남동생은 15년이나 후에 태어나 당시 형제는 없었지만 사촌들이 모두 야구를 했기에 그저 함께 어울리는 정도였다. 동적이고 터프했던 꼬마 프록터는 축구와 풋볼을 더 즐겼다. 축구는 고등학교 때까지 팀에서 선수를 했을 정도. 그러나 야구와 축구의 시즌이 겹치면서 선택권이 줄어들자 그는 야구를 택했다. 그런데 고교 야구부에 들어가서도 그의 포지션은 투수가 아니라 주로 포수였다. 야구에서 유일하게 신체적 충돌이 종종 일어나는 포지션인 포수는 딱 프록터에게 맞는 자리였다. 적어도 그는 그렇게 생각했다.

그러나 전문적으로 야구선수를 스카우트하는 사람들은 그의 다른 재능을 눈여겨봤다. 2루에 송구하는 그의 공은 총알처럼 날아갔다. 1995년 고교 졸업 무렵 뉴욕 메츠는 그를 투수로 드래프트했다. MLB에서의 성공을 꿈꾸는 많은 젊은이들은 대부분 하루라도 빨리 프로 생활을 시작하려고 한다. 그러나 당시 스캇의 생각은 좀 달랐다.

"나는 강속구를 던질 수는 있었지만 다른 건 별 게 없는 초보 투수였다. 메츠가 나를 투수로 17라운드에 드래프트했지만 과연 만 17세 아이가 프로로 가서 성공할 확률이 얼마나 되겠는가. 물론 메이저리그에 올라간다는 것 자체가 대단히 희박하지만."

어린 나이답지 않게 현명한 판단을 한 그는 플로리다주립대학교의 야구 장학금을 선택했다. 공부하고 대학 졸업장을 받을 기회가 있다는 것은 인생의 백업 플랜으로 나쁘지 않다는 생각이었다.

대학에서 스캇은 회계학을 전공했다. 아버지가 회계사인 영향도 있었지만 숫자가 왠지 그에겐 늘 쉬웠다. 그 후 경영학 공부도 했고 한국에 오기전인 2011년부터는 증권중계인(stockbroker) 시험을 공부하고 있다.

그는 늘 미래를 생각한다. 물론 지도자의 길도 걷고 싶지만 아이 다섯의 아버지로서 가정을 꾸려야 한다. 야구를 하며 저금한 돈도 좀 있고 선수들과 지내는 것도 즐겁지만 코치의 월급은 그다지 많지 않기에 여러 가지 도전을 생각하고 있다고 했다.

플로리다주립대학교 시절 그는 60경기에 주로 구원 투수로 출전해 10승 2패에 수많은 세이브를 기록했고, 팀의 대학월드시리즈 진출도 두 번이나 이뤘다. 프로에 갈 자신감이 생겼다.

1998년 LA 다저스가 드래프트 5라운드에 스캇 프록터를 뽑았다. 그러나 프로의 시작은 험난했다. 드래프트되고 3주 만에 어깨 수술을 받았고 2년 정도 고생스런 재활을 했다. 그러나 160킬로미터 강속구라는 신의 축복을 업고 3년차에 더블A, 4년차에 트리플A까지 진출했다. 그러다가 2003년 돌연 다른 팀으로 트레이드된다. 스캇은 당시를 회고하며 이렇게 말했다.

"아, 기억이 생생하다. 다저스의 라스베이거스 트리플A 팀에서 뛰고 있었는데 당시 원정 가던 애틀랜타 공항에서 마이너리그 디렉터의 전화를 받았다. 좋은 소식과 나쁜 소식이 있다고 했다. 좋은 소식이 뭐냐니까 내가 트레이드됐다고 했다. 그런데 나쁜 뉴스는 트레이드된 팀이 뉴욕 양키스라고 했다."

트레이드는 유망주들에게 기회가 된다. 나쁜 소식이란 워낙 스타들이 즐비한 팀이라서 기회가 많지 않을지도 모른다는 농담이었지만 뉴욕 양키스는 그에게 기회의 땅이 됐다. 친구인 버바 크로스비와 함께 트레이드됐고(현재 시카고 화이트삭스 감독인 로빈 벤추라가 다저스로 감), 뉴욕 양키스 트리플A에서 닐 알렌 투수 코치에게 많은 도움을 받았다. 그리고 뉴욕 양키스에서 모든 야구선수의 꿈인 메이저리그 데뷔의 기회도 드디어 맞게 된다.

어린 시절 아빠와 학교를 빼먹고 야구장에 갔던 기억을 평생 잊을 수 없듯 메이저리그 데뷔전의 기억도 마찬가지다. 2004년 4월이었다. 프록터는 "전부 생생히 기억이 난다. 아주 추웠고 비까지 내렸다. 2사 만루에서 구원 등판해 샌디 알로마 주니어를 만나 삼진을 잡았다. 그러나 다음 이닝에서 폴 커노코에게 홈런을 맞았고, 나중에 애런 로완드에게도 홈런을 맞았다. 절대 잊을 수가 없다"며 웃음 지었다.

아픈 순간도 있었지만 빅리그 마운드에 올랐다는 것만으로도 그에겐 축복이었다. 야구에 청춘을 건 수없이 많은 젊은이들이 이루지 못한 꿈. 빅리그에 데뷔하는 신인을 만루 위기에 올린 당시 조 토리 감독의 결정도 놀랍지만 그에겐 남다른 추억이 새겨졌다.

"야구의 묘미가 그런 것 아닌가. 많은 추억이 담겨 있다. 마운드에 올랐던 당시의 계절과 시간과 그리고 주변의 많은 친구들, 그런 것들이 모두 추억으로 남아 있다. 빅리그 데뷔전의 추위와 비와 홈런도 잊을 수 없는 추억이다."

오래전에 즐겨 듣던 노래를 어느 날 문득 다시 듣게 되면 그 당시의 아스라한 추억들이 스멀스멀 살아난다. 프록터에겐 야구가 그런 추억의 앨범이 아닐까.

2006년부터 스캇 프록터라는 이름이 MLB에서도 알려지기 시작한다. 불같은 강속구만이 아니라 슬라이더도 좋아지고 커브도 배웠다. 그리고 그에겐 뉴욕 양키스라는 거함에 함께 탑승한 노장들, 선배들의 아낌없는 전수가 큰 힘이었다. 알 라이터라는 백전노장 선발 투수와 최강의 마무리였던 마리아노 리베라, 그리고 포수 호르헤 포사다 등이 그에게 조언을 아끼지 않았다. 그 시절을 겪으면서 프록터는 "잘 나갈 때는 겸손해야 하고, 힘겨울 때는 끈질기게 도전해야 한다는 것을 배웠다"고 말했다.

그리고 가정적으로도 힘든 일을 겪으면서 야구와 삶과 인생에 대해 많은 생각을 하게 됐다. 태어난 딸이 3주 만에 심장병 수술을 받게 된 것이다.

"야구가 정말 소중하고 중요하지만 그것이 삶의 전부는 아니라는 것을 배웠다. 나는 늘 스스로에게 중압감을 심하게 주는 편이었는데 야구도 즐겁게 해야겠다는 생각을 하게 됐다. 그 모든 것이 어우러지면서 좋은 시즌을 보낼 수 있었다."

그해 프록터는 무려 83경기에 출전해 6승4패 1세이브 평균자책점 3.52의 성적으로 마리아노 앞에서 리드를 이어가는 셋업맨으로 맹활약했다. 그리고 혹사 논란도 있었다. 토리 감독이 지나칠 정도로 자주 그를 마운드에 올렸고, 그러다가 선수 생활을 망칠 수도 있다는 말이 내부적으로 나왔을 정도. 그러나 스캇은 그런 지적에 대해 지금도 단호하다.

"구원 투수라면 당연한 것 아닌가. 한 타자를 상대하든 한 이닝을 던지든 자주 마운드에 올라 그날 우리 팀이 승리하는 데 도움이 되고 싶은 것이 구원 투수의 마인드다. 그리고 토리 감독 같은 대단한 분이 나를 그렇게 자주 기용했다는 것에 감사할 뿐이다."

감독이 등판 준비를 하라고 했을 때 단 한 번도 'NO'를 해본 적이 없다는 그는 "어려서부터 집에서 배운 것이 있다. 돈을 받고 일하는 것이라면 어떤 상황이든 항상 준비가 돼 있어야 한다는 것이다. 마운드에 오를 준비를 하라고 했을 때 단 한 번도 오늘은 힘들다고 해본 적이 없었다"고 말했다.

2007년까지 2년 연속 83경기씩 던진 프록터는 결국 그 후에 팔꿈치와 어깨 등 수술을 세 차례나 받는다. 그러나 스캇은 늘 긍정적이다. 공을 던진다는 것 자체가 사람에겐 부자연스런 동작이고 몸에 부담이 될 수밖에 없다며, 수술을 몇 번이나 받았지만 그러면서 어떻게 자신을 관리하는지도 배우게 됐다고 했다. 그런 과정을 이겨내지 못했다면 이 한국리그에 와서 뛰는 일도 없었을지 모른다며 "모든 것은 받아들이기 나름이다. 모든 것에 감사하게 되는 것을 배우기까지 많은 일을 겪었지만 토리 감독에겐 늘 감사한 마음이다"라고 말했다. 참 의연하고 긍정적이며 바람직한 인생관이라는 느낌이었다.

'스캇 프록터' 하면 떠오르는 단어는 강속구다. 마이너 시절 그는 102마일(164킬로미터), 103마일(166킬로미터)을 찍은 적도 몇 번 있었다. 크지 않은 체

격에 그런 빠른 공을 던진다는 것은 분명히 축복. 스캇은 자신의 재능에 대해 이렇게 말한다.

"하늘이 주신 재능도 분명히 감사한다. 그러나 늘 꾸준히 운동하고 훈련하고 준비하는 과정도 난 자랑스럽게 생각한다. 좋은 컨디션과 어깨와 팔의 상태를 유지하려고 끊임없이 노력한다. 그래서 수술을 몇 차례 겪고도 오랜 선수 생활을 할 수 있다고 생각한다. 그렇지만 하느님이 이런 팔을 주신 것은 정말 감사한다."

2007년 중반 친정팀인 LA 다저스로 다시 트레이드됐고 2008년에는 포스트 시즌 무대도 밟았다. 당시 다저스에서 박찬호와도 함께 뛰었다. 그는 박찬호와 함께한 것을 특권이라고 표현했다. 박찬호에 대해 "운동장 안팎에서 모두 정말 좋은 선수이자 인간적으로 격이 있는 사람이다. 피칭과 멘탈 면에서 많은 것을 배웠다"고 말했다.

프록터는 동료들을 보호하기 위해 빈볼 사건도 몇 차례 겪었고 더그아 웃 앞에서 불을 지른 사건으로도 유명했다. 위협구 내지 보복구에 대한 그의 입장은 확고하다.

"야구는 야구일 뿐, 동료를 보호하기 위해서는 나의 할 일을 해야 한다. 그건 경기의 일부다. 동료들은 나의 가족이다. 누군가 내 가족을 공격한다면 당연히 방어를 하고 내가 해야 할 일을 한다."

뉴욕 양키스타디움 화제 사건에 대해 프록터는 할 얘기가 많다고 했다. 스캇은 늘 동료들과 농담과 장난을 즐기는 편이다. 당시 상황은, 그의 말을 빌면 이렇다.

"2007년 6월 내가 두 경기 연속 부진하고 팀도 슬럼프에 빠지자 뭔가 활로가 필요했고 나는 동료들에게 제물을 바치자고 농담을 던졌다. 몇이 동조했고 나는 배팅 장갑과 스파이크, 그리고 내복 등을 모아서 뉴욕 양키스타디움 더그아웃 앞에서 불을 질렀다. 그런데 불길이 솟고 연기가 나자 운동장 경비들이 깜짝 놀란 모양이었다. 언론에서도 알게 되고 그래서 이야기가 커졌다. 그러나 동료들끼리 장난으로 한 일이었다. 야구라는 경기는 정말 힘겹다. 6개월 넘게 수많은 경기를 치르고 수많은 관중이 매일 야유를 해대고 승패를 갈라야 한다. 그러자면 즐거운 일도 만들고 마음을 편하게 가져야 한다. 그래서 장난스럽게 어려운 시점을 넘기려던 것이 그렇게 됐다. 어쨌든 즐거운 추억이다."

자신의 저지 등을 태웠다고 소문이 과장됐지만 그는 뉴욕 양키스 로고

가 박힌 것은 하나도 태우지 않았다며 그건 있을 수 없는 일이라고 말했다.

2008년과 2009년 팔꿈치 수술을 받은 프록터는 2010년과 2011년 잠깐씩 빅리그에 다시 모습을 보이기도 했다. 그러나 늘 승부욕과 팀을 위해 하루라도 빨리 뛰려던 것 때문에 오히려 무리가 돼 재활에 실패하기도 했다. 2011년 애틀랜타 브레이브스와 뉴욕 양키스에서 총 39경기를 뛴 그는 시즌이 끝나자 FA가 됐고 또 다른 도전을 위한 결정의 순간을 맞게 된다.

"일본을 비롯해 여러 가지 선택권을 두고 에이전트와 계속 상의를 했다. 그러던 중 지난겨울 한 이른 아침 6시쯤에 전화기가 울렸다. 받지 않자 15분쯤 후에 또 전화가 왔다. 잠을 깨운 에이전트의 목소리는 한국에서 뛸 기회가 왔다고, 그날 오후 4시까지는 결정을 해야 한다고 했다. 에이전트와 다시 심각하게 이야기를 했고 아내와도 이야기를 했다. 두산 베어스에 대해서 아는 것이 거의 없었지만 '이 팀이 승리를 위해 모든 것을 건다'는 에이전트의 이야기를 듣고 호감이 갔다."

프록터는 자신의 역할이나 성격이나 팀의 성격 등 많은 이야기를 나눴고 늘 신뢰하던 에이전트의 조언을 따라 결정을 내렸다. 당시 아이가 넷이나 되고 부인이 임신도 했었다. 결코 쉬운 결정은 아니었을 것이다. 그러나 부인 카라는 적극적으로 남편에게 힘을 실어주었다.

"아내가 'NO'를 했더라면 안 왔을 것이다. 그러나 아내는 용감한 사람이다. 나의 의견에 전적으로 동의를 해줬다. 그리고 나는 늘 도전을 즐긴다. 인생에서 항상 성공을 장담할 수는 없고 이런 기회가 또다시 올지도 알 수 없지 않은가. 야구는 어차피 실패를 극복하는 경기다."

프록터는 아이가 다섯이다. 첫째 캠덴의 이름은 볼티모어 오리올스 구장 이름을 딴 것이다. 아내와 처음 데이트를 했을 때 캠덴 야드에 갔었고 이름이 멋있어 그것으로 첫째 아들 이름을 짓기로 했다. 첫딸 메리 엘리자베스는 그와 아내의 할머니의 이름을 각각 땄다. 둘째 아들 이름 쿠퍼는 MLB 명예의 전당이 있는 쿠퍼스 타운에서 가져왔고, 토미존 수술을 받은 당시 태어난 셋째 아들 체이스는 '빅리그의 꿈을 계속 추구한다(chase)'는 의미로 지었다. 그리고 가을에 태어난 딸은 매기 케이트라고 지었다. 별 뜻은 없고 아내가 좋아하는 이름이라 그렇게 지었다.

프록터는 한국에서 야구를 하기로 한 결정이 최선의 결과로 이어지고 있다고 만족해했다. 한국야구는 상당히 수준이 높고 타자도 아주 까다롭지만 그는 특유의 강속구와 관록과 경험을 앞세워 세이브 부분 1위를 달리며 맹활약을 펼쳤다. 스플리터도 한국에 와서 새로 배웠다.

음식이나 문화도 잘 적응하고 있고 한국 생활이 즐겁기만 하다고 했다. 원래 매운 음식을 좋아하지만 그래도 갈비가 최고란다. 김치도 좋아한다. 그리고 늘 열정적으로 성원을 보내주는 팬이 있어서 한국 생활에 적응이 아주 쉬웠다며 고마워했다. 미국에서 뛰었던 많은 시간보다 한국에서의 야구가 더 즐겁고 재미있다고 했다.

그와 인터뷰를 하면서 가장 인상적이었던 점은 '지금까지 야구를 하면서 최고의 순간은 언제였는지' 물었을 때였다. 그의 대답은 메이저리그 데뷔전도 첫 승리나 첫 세이브도 아니었다. 그는 "2007년 뉴욕 양키스타디움에서 아버지와 외야에서 캐치볼을 했을 때다. 외야 뒤편의 기념관을 함께 보고 나서 캐치볼을 했다. 어려서부터 늘 아버지와 캐치볼을 함께했고, 내 결혼식에 베스트맨(들러리 주장)을 아버지가 했을 정도로 가깝다. 그러나 뉴욕 양키스타디움 외야에서 함께 캐치볼을 한 순간은 잊을 수가 없다. 최고였다"라고 말했다.

스캇 프록터에게 야구는 즐거움이다. 매일 유니폼을 입을 수 있다는 것은 큰 행복이다. 긍정적이면서 승부욕도 있고 또한 겸손하다. 동료들에 대한 애정도 크고 야구를 통해 받은 것을 사회에 갚아주겠다는 의무감과 사명감도 갖고 있다. 시즌 중에 팀의 사기를 위해 연습복 100벌을 직접 디자인해서 두산 베어스의 동료와 스태프에게 돌리기도 했다. 태어나자마자 심장병 수술을 받은 딸 메리 엘리자베스의 이름을 딴 ME재단도 운영하고 있다. 미국의 심장병 어린이와 또 수술을 받고 회복돼 야구를 하고 있는 청소년들을 돕기 위한 비영리 단체다. 무엇보다 프록터는 야구를 존경하고 사랑하는 마음을 가득 담고 살아간다. 야구를 할 수 있기에 그는 행복한 사나이다.

Dustin Nippert **더스틴 니퍼트**

출생 1981년 5월 6일   국적 미국   신체 203cm, 103kg   소속팀 두산 베어스   포지션 투수

시골 마을 최초의 빅리거

더스틴 니퍼트

미국은 참 넓은 나라다. 캘리포니아 주만 해도 넓이가 대한민국의 4배 정도 되는 큰 주다. 하지만 뉴욕이나 로스앤젤레스 같은 '메가 도시'가 있는 반면에 정말 작은 시골 마을도 많다. 2011, 2012시즌 두산 베어스에서 선발 투수로 활약한 더스틴 니퍼트는 오하이오 주 빌스빌이라는 아주 작을 시골 마을 출신으로 그 마을이 생긴 이래 처음으로 MLB 팀에 드래프트된 선수이기도 하다. 또한 쌍둥이 동생도 MLB 드래프트된 특이한 가족력을 가지고 있다. 2010년 텍사스 레인저스 소속으로 포스트 시즌 마운드에 올라 화제가 되기도 했으나 용모는 여전히 순박하고 예의 바른 시골 청년의 분위기를 풍기는 니퍼트, 그의 야구 인생은 어떻게 흘러왔을까.

그는 1981년생으로 태어나서부터 대학에 진학할 때까지 오하이오 주의 작은 마을인 빌스빌에서 살았다. 정말 작은 도시라고 했다. 말이 별로 없는 그조차 농담을 조금 보태 아마 자신이 서울에서 살던 아파트 건물의 인구 정도가 사는 곳이라고 했을 만큼 무척 작은 타운이었다. 기록에는 그가 윌링이라는 곳에서 태어난 것으로 돼 있는데, 그가 살았던 동네에는 큰 병원이 없어 차로 30분 정도 거리에 있는 웨스트버지니아 주 윌링의 한 병원에서 태어났기 때문이었다. 그 정도로 그의 고향은 정말 시골 도시였다. 종합병원이 없을 만큼 아주 작은.

"우리 농장에서 보면 이웃집이 전혀 보이지 않을 정도의 그야말로 시골 마을이다. (웃음) 인구는 총 500명이 조금 넘는 정도였고 내가 고등학교 졸업할 때 동창이 20명에 불과했다."

그의 말을 듣고 있자니 전형적인 미국의 드넓은 땅에 집이 드문드문 자리한 농가 마을이 떠올랐다. 예상대로 그는 그런 풍경들을 묘사하며 어린 시절을 떠올렸다. 그리고 여전히 그의 부모님과 남동생은 그가 자랐던 그 고향마을 집에서 지내고 있고 여동생도 근교에서 살고 있다.

남동생 그러니까 그의 쌍둥이 남동생 역시 프로야구선수였다. 프로에서는 같은 팀에서 뛴 적이 없었지만, 그는 2002년, 동생은 2003년에 애리조나 다이아몬드백스에 드래프트됐다. 니퍼트는 만약 인터뷰에 자신을 대신해 데릭(그의 남동생 이름)이 앉아 있다고 해도 누구도 알아채지 못할 정도라고 했다. 둘은 똑같이 생긴 일란성 쌍둥이다.

아쉽게도 데릭은 현재는 야구를 하지 않는다. 니퍼트가 텍사스로 트레이드되던 해에 은퇴했다. 어깨, 팔꿈치, 무릎 등 수술을 5번이나 받은 끝에 결국 선수 생활을 포기하고 말았다. 데릭은 고등학교 때와 대학에서는 투수를 조금 하기도 했지만 주로 유격수와 1루수, 외야수를 했고 상당히 좋

나의 야구는
끝난 것이 아니다

은 타자였다. 그러다가 프로로 가면서 완전히 투수로 전업해 꽤 좋은 성적을 올리기는 했지만 투수로 전업한 것이 몸에 무리가 갔는지 결국 4년 동안 5번의 수술을 받고는 야구를 그만둘 수밖에 없었다.

쌍둥이 동생만이 아니라 막내 남동생도 고교에서 야구를 하고 있다. 두 형제가 다니던 고등학교의 소속팀에서 내야수를 하고 있다고 했다. 막내는 아직 키가 좀 작다고 했는데, 데릭과 더스틴 모두 2미터가 넘는 장신이지만 실은 둘 다 고3이 되어서야 키가 훌쩍 자란 경우였다. 부모님은 아주 큰 편이 아니지만 할아버지가 192센티미터로 키가 아주 컸고, 삼촌 중에도 190을 훨씬 넘는 분도 있었다. 그러나 니퍼트 가족 중에 2미터를 넘긴 것은 이 쌍둥이 형제가 처음이다.

니퍼트의 야구에 대한 기억은 아스라하다. 본격적으로 야구를 시작한 시점이 정확히 기억나지 않을 만큼 그는 아주 어린 시절부터 이미 야구를 했다(미국 선수의 경우 거의 대부분 유사한 대답을 한다).

"걷기 시작할 수 있을 때부터 공과 배트를 가지고 놀았고, 어려서부터 농구와 풋볼 등 모든 스포츠를 즐기던 사진이 지금도 집 벽에 잔뜩 걸려 있다. 농장에서 자라 사냥과 낚시도 많이 하고 늘 밖에서 놀았다. 집에 비디오 게임도 있기는 했지만 늘 스포츠를 하거나 자연에서 놀았다. 리틀리그부터 팀에서 야구를 했고 지금까지 하고 있다."

키가 컸기 때문에 농구도 잘했을 것 같다고 하자, 그는 고교 때엔 농구팀에서도 활동했다고 고백했다. 그의 쌍둥이 형제 데릭도 대단히 뛰어난 농구선수였다. 데릭은 오하이오 주 고등학교 한 경기 블록슛 기록도 세웠다. 17개인가의 블록슛을 기록했었다. 너무 작은 학교 농구부에서 뛰었기에

NBA 스카우트가 데릭의 실력을 제대로 못 본 것이 아쉽다고 할 정도였다.

고교 졸업 후에 그는 오하이오 밸리컬리지라는 작은 기독교 대학에서 야구를 계속했다. 2학년이 끝나던 여름에 LA 다저스 트라이아웃이 웨스트버지니아대학교(WVU)에서 열린다고 해 친구와 함께 그 테스트에 참가했다. 프로 지망생 수백 명의 선수들이 모인 자리였다. 그런데 마침 그 대학 야구팀 감독이 니퍼트가 던지는 것을 보곤 자기 학교 야구부에서 던져볼 의향이 있는지 물었다. 그렇게 2001년 가을 학기에 전학을 갔고 다음 해인 2002년 여름에 MLB의 애리조나 다이아몬드백스에 드래프트되었다. 친구 따라 참석했던 트라이아웃으로 우연히 전학을 하게 됐고 결국 프로로 가게 됐던 셈이다. 인생은 그렇게 우연처럼 기회가 찾아든다.

"함께 야구하던 선배가 다저스 트라이아웃을 간다며 함께 가겠냐고 해서 따라나섰다가 그렇게 됐다. WVU는 내가 다니던 대학보다 훨씬 큰 학교였기 때문에 프로 스카우트가 나를 볼 기회가 훨씬 많을 것이라고 생각했다. 전에 다니던 학교는 학생이 1천 명 정도였는데 WVU는 2만 3천 명이 다니는 1부 리그 대학이었다. 처음에 가니까 너무 크고 학생도 많아서 정신을 차리지 못할 정도였다."

사실 야구를 잘하지 못했으면 불가능한 일이었을 것이다. 니퍼트는 고교나 대학 시절 성적을 세세히 외우지는 못했지만 항상 야구를 잘하는 아이였고 투수로서의 능력도 탁월했다. 그러나 그가 태어난 마을에서는 MLB에 드래프트된 선수가 단 한 명도 없었고 모두 다 불가능한 일이라고 입을 모았다. 허튼 꿈꾸지 말고 다른 취미나 직업을 찾는 것이 좋을 것이라고 조언하는 사람들도 많았다. 하지만 그는 대학에 가서도 상당히 좋은 성적을 냈고, 반드시 메이저리거가 되겠다는 꿈을 불태웠다. 야구를 하는 것이 그를 제일 행복하게 했다. 포기하지 않았기에 결국 그의 꿈은 이루어졌고, 그의 마을에서 배출한 사상 첫 번째 빅리그 선수가 되었다.

"나와 함께 트라이아웃했던 선배 안소니 보너가 같은 해에 볼티모어에 드래프트됐고, 동생이 다음 해에 애리조나에 드래프트됐으니 그 마을에서 갑자기 2년 새에 3명이 MLB에 드래프트됐다. 그러나 빅리그에 간 것은 내가 유일했다."

니퍼트는 마이너리그에서 순조롭게 성장했다. 3년 만에 더블A까지 올라갔으니 쾌속항진이었다. 하지만 2004년 여름 부상이 덮쳤고 팔꿈치 인대접합 수술을 하는 고비를 맞기도 했다. 그러나 길고 지루한 재활 끝에 2005년 여름 다시 더블A로 복귀했고 그해 9월에 처음 꿈에 그리던 빅리그 무대를 밟을 수 있었다. 로스터가 확대되면서 유망주인 그에게 기회를 준 것이다. 2005년 9월 8일 그는 피츠버그와의 원정에서 선발로 5이닝 3실점 하며 메이저리그 데뷔전을 치렀고, 홈으로 돌아가 콜로라도 로키스 경기에 두 번째로 나섰지만 두 번 다 승패는 없었다.

그리고 9월 29일 드디어 더스틴 니퍼트의 빅리그 첫 승리가 찾아온다. 마침 LA 다저스를 상대로 최희섭과 대결한 날이었다. 5회까지 안타 한 개, 볼넷을 4개 주었고 투구수가 많아지면서 5회를 마치고 교체되었지만 팀이 3－2로 승리하며 꿈에도 잊을 수 없는 빅리그 첫 승리 투수가 됐다.

당시 최희섭과의 대결도 여전히 기억하고 있었다.

"두 번 맞섰는데 체격이 워낙 커서 위협적인 상대였다. 내 기억으로는 한 번은 볼넷을 내주고 한 번은 삼진을 잡은 것 같은데 100퍼센트 확실하지는 않다. 볼넷은 분명히 기억난다. (웃음)"

하지만 빅리그는 멀고도 멀었다. 다음 해에는 메이저에서 거의 뛰지 못했다. 2006년 스프링 캠프에서 꽤 잘 던졌지만 애리조나는 이미 선발 로테이션을 구축한 상태였기에 신인인 그에게 기회는 돌아오지 않았다. 시즌 중에 두 번 정도 빅리그에 올라가 선발로 나섰지만 잘 던지지 못했다. 당시 메이저리그를 너무 대단하게 생각했던 것이 발목을 잡았다고 니퍼트는 생각한다. 물론 타자들은 트리플A보다 강했지만 니퍼트도 충분히 그들을 상대할 능력이 있었다. 그러나 메이저리그라는 거대한 환경에 압도당하는 바람에 늘 능력을 제대로 발휘하지 못했다(트리플A에서 2006년 그는 13승8패를 기록했다).

그렇지만 2007년에는 개막전부터 빅리그 로스터에 들었다. 당시 이미 선발진은 짜여 있었지만 스프링 캠프에서 그가 아주 잘 던지자 콜로라도와의 원정 개막 시리즈에서 그에게 구원 투수로 기회를 주겠다고 했다. 초반에는 5선발이 필요 없었기 때문에 잠깐 불펜에서 기회를 주고 5선발이 필요한 시점이 되면 마이너로 가는 수순이었다. 개막전 로스터에 들어간 것은 무척 기쁜 일이었지만 곧 마이너로 갈 것이라는 생각을 지울 순 없었다. 묘한 감정이었다.

하지만 곧 다시 강등되리라던 예상과는 달리 니퍼트는 그 시즌에 계속해서 빅리그에서 뛰었다. 당시 불펜에 다른 팀에서 온 경쟁자 투수가 있었는데 그 선수가 첫 경기에서 부진했다. 반대로 니퍼트는 첫 경기를 잘 던졌다. 그래서 니퍼트가 아닌 그 선수가 마이너로 간 것이다.

승부의 세계는 늘 그런 식이다. 기회가 왔을 때 잡지 못하면 좌절하고 탈락하고 마는. 결국 2007시즌 내내 불펜에서 구원 투수로 뛸 수 있었다. 경험도 쌓았고 동료나 코치와 많은 이야기를 나누면서 예전처럼 서두르지 않고 훨씬 여유 있게 경기에 임할 수 있었다. 마이너 내내 선발로 던지다가 구원 투수로 전업한 셈이었으니 어려웠을 법도 했지만 전반적으로 괜찮은 시즌을 보냈다고 그는 기억했다.

"마이너에서는 계속 선발로만 뛰었는데 그해에는 애리조나의 불펜에서 뛰었다. 잘 던진 경기도 있고, 못 던진 경기도 있었지만 전반적으로 괜찮았던 시즌이었다. 롱맨으로 계속 기용됐다."

그는 36경기에 나서 1승1패에 평균자책점 5.56을 기록했다. 하지만 2008년 스프링 캠프에서 그는 갑작스럽게 트레이드된다.

"정말 정신없던 캠프였다. 캠프를 시작하면서 시범 경기에서 망치지만 않으면 개막전 로스터에 들어갈 것이라는 귀띔을 들었다. 당시 아내는 둘째를 임신해 만삭이었다. 정신없이 캠프를 보냈는데 캠프 끝나기 이틀 전인가 아침에 병원에서 딸을 낳았고, 오후에 체이스필드(애리조나 다이아몬드백스 홈구장)에 갔는데 느닷없이 텍사스 레인저스로 트레이드됐다는 이야기를 들었다."

그의 시범 경기 성적이 영 시원치 않자 팀에서 갑자기 결정을 내린 것이었다. 곧장 아내에게 전화해 텍사스로 트레이드됐다고 하자 무척 낙담했다. 둘째를 낳고 5시간 만에 트레이드 소식을 들었으니 당연했다. 그동안 자리 잡았던 피닉스와 정든 사람들을 모두 떠나야 했다. 다행스럽게도 아기 낳는 것을 도우려고 아내의 가족들이 와 있었기 때문에 그는 다음 날 곧바로 원정지인 시애틀로 날아가 텍사스팀에 합류할 수 있었다. 이사는 가족들이 도와주었다.

　물론 트레이드를 전혀 짐작하지 못한 것은 아니었다. 트레이드될 수도 있는 두 명의 후보 중에 하나라는 것은 알고 있었다. 로스터 자리가 딱 하나 남았는데 니퍼트와 또 다른 투수 하나가 마이너리그 옵션이 없었다. 그래서 둘 중 하나는 트레이드될 가능성이 있었는데 시범 경기에서 니퍼트의 성적이 좋지 않자 결국 트레이드됐다. 선택의 여지도 없었고, 야구도 결국은 비즈니스이므로 누구를 탓할 수도 없었다.

　그렇게 트레이드된 레인저스에서 초반 성적은 시원치 않았다. 시애틀 원정에서는 던지지 않았고 그 다음 에인절스와 3연전에서 처음 레인저스 유니폼을 입고 던졌다. 10-0인가 큰 차이로 리드하던 경기였는데 9회에 나가 투아웃 만에 4점인가를 내주었다. 그리고 일주일 후에 쫓겨가다시피 다시

나의 야구는
끝난 것이 아니다

마이너리그로 내려갔다.

사실 니퍼트는 당시 발에 약간의 부상을 입은 상태였고 부상자 명단(DL)에 올라 잠시 쉬었다. 그런데 DL 기간이 끝나자 레인저스는 갑자기 그를 웨이버 공시했다. 방출도 감수하겠다는 의사였는데 다행인지 불행인지 막 부상에서 벗어난 그를 어느 팀에서도 데려가려 하지 않았다. 에이전트는 구단의 갑작스런 조치를 상당히 불쾌해했지만 니퍼트에게는 그것이 큰 자극과 계기가 됐다. 빅리그에서 충분히 잘 던질 자신은 있었지만, 방출 위기에 몰릴 정도로 인정을 받지 못했으니 더욱 열심히 해야 했다. 이를 악물고 운동에 전념했고 얼마 지나지 않아 다시 빅리그에 올라간 후로는 디시는 마이너에 내려가지 않았다(니퍼트는 2008년 20경기 6선발, 2009년 20경기 10선발, 그리고 2010년 38경기 2선발을 빅리그에서 뛰면서 11승13패를 기록했다).

2008년 마이너에서는 노히트 노런 경기를 한 적도 있을 만큼 경기 내용도 좋았고 정말 열심히 운동을 했다. 트리플A에서 오마하를 상대로 7이닝 노히트 노런을 기록한 것이었다(마이너는 더블헤더가 열릴 경우 7이닝만 한다). 계속 집중하느라 신경 쓰지 않았지만 마지막 7회에 마운드에 오르니까 노히트를 할 수도 있다는 생각이 번뜩 들었다. 그런데 7회 첫 타자가 커브를 꽤 잘 받아쳤고 이것이 3루수의 글러브에 맞고 외야로 튀었다. 노히트가 깨질 수도 있는 순간. 그러나 기록원은 안타가 아닌 야수의 실책으로 판정을 내렸고 니퍼트는 후속 타자들을 모두 범타로 막아 결국 노히트 노런을 할 수 있었다.

그 후 계속 메이저에서 구원 투수로 활약한 그는 2010년에는 탬파베이 레이스와의 디비전 시리즈에서도 뛰었다. 2007년 애리조나 시절에 이어 두 번째 포스트 시즌 경험이었다. 2007년의 포스트 시즌은 나도 직접 현장에서 취재를 했었다고 얘기하니 그는 무척 반가워하면서, 2007년 첫 포스트 시즌 당시를 회상했다.

"처음 포스트 시즌에 나가서 정말 기뻤는데 시카고 커브스를 가볍게 스윕하고 NL 챔피언십에 갔지만 콜로라도 로키스에 스윕을 당해 탈락하고 말았다. 그리고 또 로키스는 보스턴 레드삭스에 스윕당한 희한한 포스트 시즌이었다. 그래도 2010년 탬파베이 시리즈보다는 디백스의 포스트 시즌에서 더 잘 던졌다. 탬파베이는 내겐 이상하게 잘 풀리지 않는 팀이었다. 어떤 식으로든 실점을 하곤 했다. 우리 팀이 탬파베이를 꺾은 후 다음 상대인 뉴욕 양키스가 왼손 타자 일색이었기 때문에 나는 챔피언십 시리즈 로스터에서 빠졌다. 그러나 뉴욕 양키스를 꺾고 만난 샌프란시스코 자이언츠와 월드 시리즈에서는 당연히 내가 뛸 줄 알았는데 로스터에서 제외돼 상당히 실망스러웠다. 내가 다른 투수보다 잘 던졌을지 못 던졌을지는 알 수 없지만 우타자가 많은 자이언츠 시리즈에서 제외된 것은 정말 속상한 일이었다."

이때부터 텍사스와 니퍼트는 뭔가 어긋나기 시작한 것으로 보인다. 니퍼트는 2010시즌 중에 큰 사고를 당하기도 했다. 타자가 친 직선 타구에 머리를 맞은 것이다.

"디트로이트와 원정 경기에서 오스틴 잭슨을 상대하고 있었는데 풀카운트에서 바깥쪽 패스트볼을 던진 것이 가운데로 좀 몰렸다. 잭슨은 스윙을 했고 갑자기 하얀 섬광 같은 것이 휙 지나가는 느낌에 머리를 급히 돌렸지만 옆머리에 정통으로 공을 맞고 말았다."

정신을 차렸을 때엔 이미 그는 운동장에 쓰러져 있었다. 의식을 잃은 것은 아니었지만 모든 것이 슬로우 모션처럼 느껴졌다. 머리를 만져보니 피는 흐르지 않았다. 포수가 뛰어왔고 3루수 마이클 영도 달려왔고 이어서 감독과 코치도 보였다. 모두들 그에게 괜찮으냐고 말을 걸었다. 잠시 후에 그는 정신을 차리고 일어났다.

마침 그의 아내는 당시 오하이오의 친정집에서 TV로 가족들과 경기를 보고 있었다. 경기장은 아니었지만 그 사고를 목격하고 말았다. 가족들이 보고 있을 거라는 생각이 들자 그는 억지로 일어나 스스로 걸어서 나오며 힘겹게 웃음을 지었다.

"누군가가 나를 지켜줬다는 생각도 했다(당시 상황과 가족 생각을 하면서 감정이 복받쳤는지 잠시 눈물을 비추며 인터뷰를 중단하기도 했다). 처음에는 두려움 같은 것이 없었는데 아내와 통화를 하고 가족 생각을 하니까 정말 끔찍한 사고를 당할 뻔했다는 것을 인식할 수 있었다."

결국 니퍼트는 DL에 올랐고 며칠 동안은 일어서면 어지러울 정도로 고생을 했다. 몸의 밸런스도 잡히지 않고 모든 게 느린 그림처럼 보이면서 속도 좋지 않았다. 계속된 두통도 그를 괴롭혔다. 의사는 아무리 가벼운 운동이라도 두통이 오면 무조건 멈추라고 경고했다. 그러나 차츰 시간이 지나면서 몸은 서서히 회복되었고 2주가 지나자 자전거를 타거나 캐치볼을 할 수 있었다. 그가 다치기 한 달 전에 미네소타의 스타 1루수인 저스틴 모노가 경기 중 머리 충돌로 인해 뇌진탕을 겪으며 완전히 시즌 아웃된 일이 있었던 터라 팀도 복귀를 서두르지 않았다.

약 한 달이 지나자 비로소 운동을 제대로 할 수 있었다. 다행히 그 뒤로는 전혀 후유증이나 다른 증상이 없었다. 그 후로 다시 마운드에 오를 때에도 그 사건은 되도록 생각하지 않으려고 했다. 니퍼트는 웃으면서 그 후로는 직선 타구가 나오면 무조건 피하거나 글러브로 잡으려고 노력한다고 말했지만 실은 잊기 어려운 고통의 순간이었다.

그나마 행운의 여신 덕분에 장애 없이 부상을 견뎌냈지만 그 부상으로 가족의 소중함은 더 절실해졌다. 2011년 한국행을 결정할 때도 아내와 가족은 전폭적으로 그의 결정을 지지했고, 3개월 후에 가족 모두가 서울로 이사를 했다.

"처음에 혼자서 거의 3개월 동안 지냈는데 정말 힘들었다. 컴퓨터를 통해 매일 두 번씩 이야기를 나눴지만 아이들을 직접 안아주고 키스하는 것과는 전혀 다르다. 서울에 온 후로 6살 된 아들 케이든은 틈만 나면 아파트 앞의 놀이터에 나가 동네 아이들과 논다. 한국 꼬마들도 영어를 곧잘 하더라. 4살 된 딸 오브리도 오빠를 따라다닌다. 아내 캐리도 서울 생활을 편안해한다."

그런데 그의 한국행은 사실 의외였다. 2010년에도 메이저리그 포스트 시즌까지 뛰었는데 갑자기 한국행을 선택했다. 실은 2010시즌이 끝나고 텍사스가 그를 갑자기 40인 로스터에서 제외하면서 급격한 변화가 왔다. 전혀 예기치 못한 일이었지만 덕분에 여러 가지를 뒤돌아볼 수 있었다.

"나는 아직 젊고 충분히 빅리그에서 뛸 자신은 있었지만 한편으로는 나이를 먹는 것도 사실이었다. 에이전트와 아내랑 모두 모여 많은 이야기를 했다. 여전히 많은 빅리그 팀에서 나를 원하기는 했지만 거의 마이너리그 계약을 제시했다. 그런데 마침 일본과 한국에서도 오퍼가 왔다. 일본 요미우리 자이언츠에서 오퍼가 왔는데 나와 브라이언 배니스터를 놓고 저울질을 하고 있었다. 그러다가 배니스터를 뽑았고 에이전트는 다른 일본팀과도 접촉을 했지만 나는 한국을 선택했다. 그리고 이렇게 서울에 와서 행복하게 야구를 하고 있다. (웃음)"

사실 빅리그를 포기하기가 쉽지는 않았을 것이다. 그러나 다시 마이너로 갈 경우 또 어떤 핑계를 대서 이리저리 돌릴 수 있다는 것을 잘 알고 있었다. 그리고 마이너에서 뛰는 것보다는 한국이나 일본에서 뛰는 것이 금전적으로도 훨씬 나은 대우를 받을 수 있다. 일본의 오퍼가 덜 유혹적이지도 않았을 텐데 그는 한국을 택했다. 일본도 생각했지만 그에겐 가족이 가장 중요했고 일본에 비해 한국이 훨씬 안전할 것이라고 생각했다. 한국에서는 총도 소유할 수 없고, 큰 도시들은 일본보다 더 안전하다는 말을 들은 터였다. 그가 원정을 가고 나면 아내와 가족은 아무도 모르는 곳에서 지내야 하는데 안전이 우선이라고 생각했다. 아내 역시도 한국을 더 원했다.

그렇지만 한국이나 한국야구에 대해서는 아는 바가 거의 없었다. 친구들을 통해 이야기를 듣고 사진을 본 적은 있지만 한국에 와본 적도, 자세히 알고 있는 것도 없었다. 한국에 오기 위해 14시간이나 비행기를 타고 온 것부터 그에겐 새로운 경험이었다.

"한국야구에 대해서 조금 듣기는 했지만 모든 것이 새로운 경험이었다. 그러나 도미니카공화국 윈터리그에서 뛴 적도 있고, 나는 모험을 즐긴다. 결과적으로 내 결정에 대단히 만족한다. 다만 한국말을 조금 잘해서 사람들과 이야기도 많이 나누고 질문도 하고 싶은데 그렇지 못해서 아쉽다."

한국야구는 경험하면 할수록 그가 겪어온 야구들과는 달랐다. 못 칠 것으로 생각한 공을 커트해 파울로 만들고 변화구가 잘 듣지 않는 날에는 패스트볼만 집중 공략하는 등 한국 타자들은 까다로웠다. 때문에 변화구를 더 가다듬는 노력을 했고, 그의 모든 것을 쏟아 부어야 선발로 이닝을 어느 정도 소화할 수 있을 정도로 수준이 높다는 것도 실감할 수 있었다.

또 한국의 타자들은 대부분 참을성이 강하고 유인구에 잘 속지 않는다는 강점을 지니고 있었다. 첫해인 2011시즌 가장 힘들었던 타자는 롯데 10번 이대호였다고 니퍼트는 말했다. 체인지업을 던져도 속지 않고 싱커조차 그냥 보낸 뒤 걸어 나가기도 하고 또 실투라도 하면 여지없이 안타를 쳐냈다. 그 외에도 대부분 한국 타자들은 상당히 까다로웠다. 때문에 다른 팀의 경기도 열심히 보고 스카우팅 리포트 공부를 많이 하며 여가를 보냈다. 통역을 거쳐 다양한 이야기를 나누는 것도 야구에 보탬이 된다고 생각하며 부지런히 움직였다.

니퍼트는 150킬로미터를 넘나드는 패스트볼과 슬라이더, 커브, 체인지업을 골고루 던지는 투수다. 슬라이더는 한국에 오기 전 3년간 불펜에서 연습을 많이 했지만 실전에서는 거의 던지지 않았는데 한국에 와서는 꽤 던지게 되었다. 여러 방면으로 공부를 하는 만큼 그날 경기나 컨디션에 따라 잘 맞아 들어가는 구질 위주로 던지려 노력했다.

니퍼트가 빅리그에서는 계속 구원으로 뛰었기 때문에 처음에 한국에 왔을 때는 선발로 풀시즌을 뛸 수 있을지 모르겠다는 의문도 따라다녔다. 하지만 그는 자신이 있었다.

"만약 내가 마이너부터 계속 구원 투수였다면 모르겠지만 내내 선발로 뛰었다. 불펜에서 뛸 때도 거의 매일 캐치볼을 하고 자주 불펜 피칭을 했다. 5일마다 100개의 공을 던질 수 있는 팔 상태만 만들어 가면 자신 있었

다. 한국 프로는 월요일에 쉬기 때문에 6일마다 나갈 때도 있고 전혀 문제가 없다고 생각한다."

니퍼트는 한국에서의 첫 시즌에 29경기에 선발로 나서 187이닝을 던지며 15승6패 2.55의 눈부신 활약을 했다. 다른 외국인 선수들과 마찬가지로 니퍼트 역시 한국의 열성적인 응원 문화와 팬들의 충성도에 대단히 놀라면서도 그런 모습에서 큰 힘을 얻었다. 미국에서는 큰 점수 차로 이기거나 패하면 팬들이 경기장을 떠나는 일이 잦은데 한국은 그렇지 않았다. 팀과 선수에 대한 사랑과 함께 충성으로 경기에 빠져드는 것 같았다.

그는 한국야구의 거의 모든 것에 만족했다. 원정 경기가 멀지 않아 덜 피로했고, 일주일에 한 번은 휴식이 있어 사랑하는 가족들과 보낼 시간도 있었다. 그러나 일부 구장의 인조 잔디 문제나 팀마다 다른 공을 사용하는 점 등이 경기를 원활하게 하는 데 큰 도움이 된다고는 생각하지 않았다. 때론 이해할 수 없었지만 그것이 한국의 룰인 만큼 적응하려고 애를 써야 했다.

메이저리그를 포기한 것은 아니지만 니퍼트도 한국 팬만큼이나 팀과 동료에 대한 충성심과 애정이 강하다. 한국에서 활동하는 동안에는 그 시즌에 집중해 열심히 할 뿐, 다른 가능성은 생각하지 않았다. 그에게는 한국의 야구와 한국에서의 삶이 즐겁고 소중했다. 2012년 두산 베어스에서 두 번째 시즌을 맞은 니퍼트는 11승10패에 3.22를 기록했다. 첫해보다 성적은 좀 떨어졌지만 193이닝을 소화하는 등 여전히 이닝 이터로서의 탁월한 능력을 과시했다.

마지막으로 야구가 니퍼트에게 어떤 의미를 지니느냐고 물었다. 그는 주저 없이 자신의 모든 것이라고 대답했다. 미국의 작은 마을에서 태어나 미국 전역은 물론 세계를 돌아다닐 수 있는 기회를 준 야구였다. 또한 그의 가족을 꾸릴 수 있게 한 힘도 야구에서 나왔다. 그래서 니퍼트는 야구가 주는 그 많은 것을 절대 당연한 것으로 받아들이지 않는다. 매일을 즐기면서 온힘을 다해 야구를 하려고 했고 여전히 그렇게 최선을 다하고 있다고 자부한다고 했다. 언제 더 이상 야구를 못하게 될지는 알 수 없지만, 그의 손에서 야구공이 떠나는 순간까지 즐겁게 야구를 하고 싶단다. 누군가가 그에게 공을 넘겨주고 기회를 주는 한 그는 언제까지고 야구를 계속할 생각이다. 그러다가 어떤 팀에서도 그를 원치 않을 때가 온다면 그땐 자신이 태어난 시골 마을의 농장으로 돌아가 가족들과 함께 여생을 보낼 것이다. 그러나 적어도 앞으로 몇 년 동안은 더 야구를 할 예정이다.

가족을 사랑하는 마음에서도 느낄 수 있지만 니퍼트는 실력만큼이나 야구를 온힘을 다해 사랑하고 동경하는 멋진 선수다. 가정적이고 감성적인 그의 성품이 야구에도 고스란히 전해진다. 야구에 충실하고 또한 야구를 존중하며 동시에 즐기는 것. 마운드에 오르면 승리를 위해 온힘을 쏟지만, 내일을 알 수 없는 인생에서 야구장에서의 하루하루를 열심히 살고 즐기겠다는 자세는 본보기가 될 만하다. 연인처럼 야구를 아끼고 사랑하는 니퍼트의 야구 여정은 앞으로도 온화하고 따스한 로맨스처럼 계속 꽃을 피울 것이다.

Kelvin Jimenez **켈빈 히메네스**

출생 1980년 10월 27일 국적 도미니카공화국 신체 188cm, 89kg 소속팀 前 두산 베어스 포지션 투수

두산 우승의 꿈을 향해 달리던

켈빈 히메네스

지난 2010년 두산 베어스의 마운드를 굳건히 지켰던 켈빈 히메네스는 마운드에서는 대단히 용감하면서도 상당히 영리하고 또 공부도 열심히 하는 선수였다. 도미니카공화국 출신이지만 능숙한 영어 실력과 한국야구에 대한 풍부한 지식과 정보는 그를 수많은 외국인 선수들 가운데에서도 유독 빛나게 했다. 2010년 6월 당시 부상에서 회복 중이던 히메네스를 만나 인터뷰를 나누었는데, 부상의 어려움을 겪고 있다는 것을 잠시 잊을 만큼 그는 시종일관 유쾌하고 쾌활하게 대화를 이어나갔다.

'히메네스'는 빅리그에서도 종종 볼 수 있는 흔한 성이지만, 그의 중간 이름은 발음마저 생소하다. 'Rogelio'라고 쓰고, '로헬리오'라고 발음하니 그의 풀네임은 켈빈 로헬리오 히메네스(Kelvin R. Jimenez)가 된다. 같은 도미니카공화국 출신이자, 인근에서 자라 어려서부터 그와도 친분이 두터운 당시 최고의 투수 우발도 히메네스와 같은 성인데 친척은 아니라고 했다(콜로라도 에이스로 2010년 시즌 전반기에만 10승1패 0.78의 ERA에 노히트 노런을 기록했고 후에 클리블랜드로 이적해 추신수와 한솥밥을 먹었다).

처음 그가 미국 프로에 진출한 것은 텍사스 레인저스를 통해서였다. 2000년에 레인저스와 계약해, 7년간 마이너리그에서 뛰었지만 빅리그 기회는 오지 않았다(히메네스는 마이너리그에서 통산 9시즌을 뛰었다. 총 287경기를 던졌는데 그중에 74번은 선발 출전이었다. 74승70패 23세이브, 평균자책점 3.92가 그의 마이너리그 통산 성적이다). 2006시즌이 끝나고 FA로 풀리자 세인트루이스 카디널스와 계약하면서 다음 해 모처럼 메이저리그 스프링 캠프에 참가했고 어느 정도 눈도장을 받을 수 있었다. 트리플A에서 시즌을 시작했지만 빈자리가 생기자 곧바로 빅리그로 불려갔다.

히메네스는 2007시즌 통 34경기에 구원으로 나가 42이닝을 소화하고 15경기를 끝냈으며 3승 무패에 ERA는 7.50이었다. 첫 빅리그 시즌치고는 상당히 많은 경기를 뛴 셈이었다. 3승 무패를 기록했지만 평균자책점은 그다지 좋지 않았는데 두 경기에서 대량 실점을 한 때문이었다. 구원 투수는 주로 짧은 이닝을 던지는데 어쩌다 많은 점수를 주는 경기가 나오면 ERA는 엉망이 되기 마련이다.

히메네스는 다음 해에도 빅리그에서 뛰었지만 만만치 않았다. 개막 뒤 4일이 지나 다시 빅리그로 갔지만 계속 마이너와 메이저를 오가는 시즌이었다. 한 번 잘못하면 강등이라는 강박관념에 시달리며 정신적으로도 상당히 힘든 시즌을 보내야 했다. 한동안 등판하지 못한 채 불펜에 앉아 있기만 하는 날들이 이어졌고, 큰 점수 차의 경기에 패전 처리로 뛰는 일이 잦았다

(2008년 카디널스에서 성적은 15경기에서 승패 없이 ERA가 5.63이었다. 5경기를 끝내기도 했다).

결국 시즌이 끝나고 세인트루이스는 그를 웨이버 공시하고 말았다. 토론토가 그를 원해 데려갔지만 2주쯤이 지났을까. 토론토가 다시 그를 웨이버에 공시하고 마이너리그 계약을 하려고 했다. 그러자 이번에는 시카고 화이트삭스에서 그를 지명해 데려갔다(마이너 옵션을 다 쓴 선수를 웨이버에 공시해 다른 팀이 데려가지 않으면 다시 마이너 계약을 맺는 일이 흔하다. 메이저리그의 몸값을 보장해주지 않으려는 꼼수다).

그렇게 웨이버에 공시돼도 지명은 금방금방 이루어졌을 정도로 그를 원하는 팀이 많았지만 아쉽게도 히메네스는 메이저에 자리를 굳히신 못했나.

"나를 지명한 것은 나의 능력을 인정했기 때문이지만, 결국 결정은 프론트 오피스와 코칭스태프가 내린다. 그런데 시카고 화이트삭스로 옮겼을 때는 일이 잘 풀리지 않았다. 스프링 캠프에 참가하려고 미국 대사관에 갔는데 내 서류는 토론토 블루제이스 것이었고, 내가 뛰려는 팀은 시카고 화이트삭스였다. 그래서 비자를 받는데 2, 3주가 소요되고 말았다. 뒤늦게 캠프에 갔지만 시범 경기에서 4이닝 정도밖에 뛸 기회가 없었다. 나는 준비가 덜 된 상태였고 결국 시카고 화이트삭스 트리플A에서 한 시즌을 보냈다."

인생에서 많은 부분이 타이밍인데 2009년은 그에게 있어 삶의 시계와 기회의 타이밍이 어긋난 세월이었다.

그에게 야구 이야기를 들어봤다. 히메네스는 남들보다 뒤늦게 프로야구 생활을 시작했다. 그가 처음 텍사스와 계약한 때가 만 19살이었고 이듬해 곧 프로로 뛰긴 했지만 사실 16, 17세에 계약하는 다른 선수들에 비하면 많이 늦은 시기이기도 했다. 하지만 계약 당시 나이가 서류상으로 17살이었다는 것도 그는 담담히 이야기를 했다.

"계약할 당시 도미니카공화국 서머리그에서 뛰던 나는 만 19살이었는데 호적으로는 17세로 돼 있었다. 그 당시는 그런 일이 많았다. 결국 나중에 내 정확한 나이를 밝혔고, 기록에서 두 살이 수정됐다. 많은 선수들이 16, 17세에 계약을 한 것으로 나오지만 그건 계약금을 더 받기 위한 수단이던 시절이다. 이제는 그런 일이 없어졌지만 당시까지만 해도 그랬다."

도미니카공화국의 가난한 환경 속에서 야구를 꿈꾸는 소년들에게 미국 프로야구팀과의 계약은 인생이 걸린 절실한 문제다. 어린 히메네스에게도 마찬가지였고, 당시 그의 가족에게는 대단히 큰돈이었던 약 8만 달러를 받고 텍사스와 계약한 것은 꿈의 시작이었다. 물론 요즘은 약 100만 달러를 넘게 받는 신인 선수들도 있지만, 당시 그와 가족에게 8만 달러는 구원과도 같은 큰돈이었다.

고향에 대해 이야기를 해달라고 하자 켈빈은 여전히 가난하긴 하지만 하루가 다르게 자신의 고향도 변모하고 발전하고 있다고 자랑스럽게 이야기했다. 지하철과 고속도로가 뚫리고 개발을 거듭하면서 발전해 나가고 있는 것이다. 히메네스처럼 야구선수로 성공해 귀향하는 것도 경제적으로 큰 도움이 된다. 메이저리그에서 뛰던 많은 도미니카공화국 선수들이 은퇴 후에 고향을 다시 찾는데 이 섬나라는 경제적인 여유만 있다면 살기에 아름다운 나라다.

경제적으로 척박한 국가인 만큼 도미니카공화국의 아이들은 아주 어릴 적부터 야구공과 방망이를 접하며 유일한 놀이로 즐기면서 성장한다. 사내아이들 대부분이 야구선수가 되고 싶어 한다. 히메네스 역시 마찬가지였다. 어떤 도구를 가지고 놀든 모든 놀이가 야구로 귀결되었고 야구 도구가 되었다. 병뚜껑이나 인형 머리 따위의 둥근 것은 모두 공이 되었고, 막대기나 나뭇가지는 방망이였다.

히메네스가 야구팀에서 본격적으로 야구를 한 것은 10살이 되던 해였다. 가난했지만 다행스럽게도 극빈자는 아니었던 가정이어서 그는 물론 동생 에스멀린도 팀에서 야구를 할 수 있었다. 그의 동생은 투수로 LA 에인절스 마이너리그에서 뛰다가 현재는 고향으로 돌아가 아이들에게 야구를 가르치고 있다고 했다.

10살 때 야구를 시작하긴 했지만 처음부터 투수는 아니었다. 운동 갈히는 아이들이 그렇듯 그는 여러 포지션을 번갈아 담당했지만, 주로 외야수를 하며 실력을 쌓아갔다. 그리고 외야수를 한 것이 어깨를 강하게 하는 데 많은 도움이 되었다. 야구의 정석대로라면 커트맨에게 정확히 연결해 홈 송구를 해야 하지만, 그는 외야 담장에서도 한 번에 포수에게 송구하려는 전력투구를 일상처럼 연습했다.

도미니카공화국에서는 누구나 다 그렇게 야구를 했다. 그러다 보니 자연스럽게 어깨가 강해졌다. 빅리그에서 정말 강한 어깨를 가진 도미니카공화국 출신 야수들이 많은데 블라디미르 게레로, 호세 기엔, 그리고 새미 소사 등도 모두 그렇게 어깨를 단련하고 성장할 수 있었다. 투수들도 사정이 다르진 않았다. 예리한 변화구보다는 강속구를 던지려고 했다. 더욱 강하고 빠른 패스트볼을 던질 수 있어야 그곳을 벗어나 더 큰 리그에 도전할 수 있다. 강속구는 메이저리그로 가는 탈출구였다. 스카우트들이 어설픈 변화구나 보려고 그곳까지 와주는 것은 결코 아니었으니까.

그에게도 빅리그는 항상 꿈의 무대였지만 언제나 빅리그만 생각했던 것은 아니었다.

"14, 15세 때까지는 빅리그를 꿈꾸었는데, 오히려 고등학교 때는 야구를 하지 않았다. 운동은 주로 농구를 많이 했고, 야구선수의 꿈보다는 공부를 열심히 해서 대학에 가고 취직하려고 했다. 나는 운동은 아주 잘했지만 작고 말랐었다. 그러나 도미니카공화국에서는 야구가 인생을 바꿀 수 있다. 고교를 졸업하고 1년만 제대로 해보겠다는 생각으로 마지막으로 다시 야구를 시작했는데 3개월 만에 여러 팀에서 오퍼를 받기 시작했다. 당시 17세였는데 85마일(약 137킬로미터) 정도 구속이 나왔다. 그리고 1년 후에는 90마일을 넘겼고 결국 레인저스와 계약을 했다."

야구로 인생을 바꿀 수도 있지만 그건 아주 드문 일이어서, 나머지 모든 인생을 걸만큼 무모해지기란 쉽지 않았다. 생계를 저버리고 꿈을 좇는 용기는 가난 속에선 사치 같았으니까. 하지만 마지막으로 한 번만 더, 라고 결심을 하는 순간 그는 순조롭게 야구인생으로 흘러들어 갈 수 있었다. 그만큼 절박했고 또 모든 것을 던져서 야구만 했다.

트리플A에서 보낸 2009시즌이 끝나고 도미니카공화국 고향으로 돌아가면서 그는 결심했다. 마이너에서 많은 시즌을 보내면서 좋은 성적을 올렸지만 빅리그에서는 그저 그런 성적을 냈다. 야구는 그의 직업이지만 또한 그의 가족을 위해 뛰는 것이기도 했다. 가족을 돌보는 일을 무시할 수는 없었다. 기회가 된다면 한국이든 일본이든 다른 리그에서 뛰겠다는 생각을 하던 무렵 수많은 빅리그에서도 그에게 오퍼를 보냈다. 하지만 모두 마이너리그 계약뿐이었고 그는 다른 기회가 있을지도 모른다는 희망으로 모든 옵션을 살피기 시작했다. 경제적으로 조금 더 나은 조건을 기다렸다.

다른 리그로 가게 되면 선발로 뛸 수 있다고 생각하기도 했다. 프로 첫 4년을 주로 선발로 뛰었고 2005년부터는 선발과 구원을 오가는 스윙맨이었으니 한국이나 일본에서 선발로 뛰고 싶은 마음과 자신이 있었다. 스프링 캠프만 충실히 소화해낸다면 선발로 뛰는 데 큰 무리가 없으리라 자신했다. 그러다가 2009년이 저물던 초겨울부터 두산 베어스가 그에게 접촉했고 결국 계약을 체결하게 됐다. 조금 늦게 한국의 다른 팀에서도 오퍼가 있었지만 그는 두산을 택했다. 한화 이글스와 LG 트윈스도 그에게 관심을 보였었다.

두산이 경제적으로 가장 좋은 조건을 제시한 것은 아니었다고 했다. 그러나 가장 먼저 그에게 관심을 보인 팀이었고, 한국리그에서 뛴 다른 선수들의 이야기를 듣고 내린 결정이었다. 아킬리노 로페즈와도 많은 이야기를 나누었다. 베어스가 좋은 팀이고 뛰어난 선수들도 많으며 서울도 살기 좋은 도시라는 그의 말을 듣고 베어스와 계약하기로 마음을 굳혔다. 다른 대부분의 외국인 선수들과 마찬가지로 그 역시 한국에 대해서는 정보와 경험이 전혀 없었다. 다른 아시아권 국가에 방문해본 일도 없었다. 그러나 한국에서 뛰어본 친구들이나 다른 선수들에게 들은 이야기와 정보를 통해 충분히 도전해볼 만한 리그라는 결론을 내렸다.

"(한국의) 야구 수준이 상당히 높고 트리플A보다는 연봉이 많다고 했다. 그리고 대우도 좋고 마운드에 올라 능력만 보여주면 지내기 좋은 리그라고 했다. 내가 걱정했던 것은 과연 팀 동료들이 나를 어떻게 대할 것인가 하는 점이었다. 그런데 내가 지금 잘 던질 수 있는 가장 중요한 이유는 내가 행

복하다는 점이다. 마음이 편하고 동료들과 아주 잘 지내고 클럽하우스에
서도 늘 농담하고 즐겁게 지낸다. 최선을 다해 던지고 팀이 우승하는 데 도
움을 주고 싶다는 생각이 절로 들 정도로 모두들 나에게 참 잘해준다.”

　첫 시작이던 미야자키 캠프부터 걱정했던 부분이 스르르 해결되자 그는
한국의 프로리그와 야구의 모든 것이 빠졌다. 생활의 불안함을 떨칠 수 없
다면 성적에도 적잖은 영향을 미쳤을 텐데, 팀을 아주 잘 만난 셈이었다.
그러나 그가 상대한 타자들은 미국의 마이너 수준이라는 기존의 평판과는
달리 상당히 강하고 까다로웠다.

　“한국의 타자들은 정말 꾸준하고 수준이 높다. 단지 빠른 공으로 압도하
려고 했다가는 통하지 않는 리그다. 홈플레이트의 구석구석을 잘 이용해야

나의 야구는
끝난 것이 아니다

한다. 타자들의 공을 맞추는 능력이 대단하다. 나도 꽤 빠른 공을 던지지만 헛스윙보다는 땅볼이나 힘없는 뜬공을 유도하려고 노력한다. 때론 170센티미터 정도 되는 작은 타자들도 담장을 넘기는 것을 보면 놀랍다. 한국의 방망이도 꽤 단단한 것 같다. (웃음) 그러나 정말 열심히 하고 대단한 타자들이 많다. 분명히 헛스윙이라고 자신하는 공도 커트해내는 경우가 많다. 그러다 전광판을 보면 4회인데 이미 투구수가 70개를 넘기고 있다. 계속 파울볼을 만들다가 실투라도 하면 곧바로 안타나 홈런을 쳐낸다. 수준이 아주 높다. 만약 내가 빅리그로 돌아갈 기회가 온다면 한국에서 뛴 것이 큰 도움이 될 것이라고 믿는다. 마운드에서 아주 공격적이고 정밀해야 한다."

하지만 히메네스의 피칭 스타일도 만만치 않은 공격성을 지니고 있기로 유명하다. 사실 그는 어려서부터 항상 공격적으로 공을 던졌다. 빅리그에서 구원 투수로 뛸 때도 패스트볼을 앞세워 타자를 몰아세우는 공격적인 피칭을 했다. 만약 안타나 홈런을 맞더라도 그가 가장 자신 있게 던지는 패스트볼로 맞아야 한다는 것이 소신이었다. 물론 볼카운트에 따라 달랐지만 기본적으로는 패스트볼 위주의 공격적인 피칭을 하는 것이 그의 스타일이었다.

그가 주로 던지는 공은 포심과 투심 패스트볼이었다. 공의 움직임이 좋아 땅볼 유도에 효율적인 투심 패스트볼과 싱커가 많은 것이 사실이지만, 포심과 싱커의 구속 차이가 크게 나지 않는 편이라 슬라이더와 커터도 던지고 체인지업도 던지곤 했다. 특히 변화구 중에 그의 무기는 약간 변형된 체인지업이었다. 체인지업이지만 포크볼처럼 검지와 중지를 더 벌려 잡는데, 공의 떨어지는 움직임이 더 커진다고 했다.

인터뷰하던 당시 그는 대부분 국내 프로팀과 두 차례 정도씩 대결했었는데 상대하기 가장 까다로웠던 팀으로 KIA, 롯데, SK를 꼽은 기억이 난다. 그리고 당장 빅리그로 가도 좋을 선수로 한화의 99번(류현진)과 SK의 왼손 투수 29번(김광현)을 꼽았는데, 실제로 류현진은 2013년부터 LA 다저스의 선발 투수로 활약하고 있다. 롯데에서 포크볼을 던지는 투수 37번(조정훈)도 대단하다고 말했고 삼성은 불펜 투수들까지 모두 좋다고 생각했다. 또한, 인상적인 타자들도 많다고 했다.

"롯데의 49번(홍성흔)은 지금 당장이라도 빅리그에서 뛸 수 있다. 꾸준하고, 짧으면서 강한 스윙을 한다. 사람도 아주 좋은 것 같고 팀메이트로서도 좋을 것 같다. 그리고 롯데의 10번 이대호, 벌써 그의 이름까지 안다. (웃음) SK의 포수(박경완)도 믿기 어려울 정도로 강하고 2루수(정근우) 그리고 4번 타자(박정권)도 잘 친다. 삼성에도 3명의 뛰어난 좌타자가 있다. 투수를 했던 1루수(채태인)와 두 외야수(최형우와 박한이)도 아주 강하다. 3루수(박석민)도 잘하지만 그 3명의 좌타자들이 잘 친다."

히메네스는 짧은 기간이었지만 한국야구와 타자를 상세히 파악하고 있었다. 한 사람 한 사람에 대한 분석 능력이 상당히 뛰어나고 꼼꼼했다. 그는 투수를 보든 타자를 보든 항상 공부한다는 마음가짐으로 그들을 바라보고 연구했다.

"스카우팅 리포트를 자주 보는데 우리 팀 스카우트들은 정말 대단하다. 그리고 경기 때도 상대 선수를 열심히 관찰한다. 더그아웃에서 왈론드와 자주 이야기를 하는데 항상 야구 이야기다. 심판에 대해서도 많은 이야기를 나눈다. 심판마다 등번호를 익히고 어떤 공을 선호하고 어떤 스트라이크존을 적용하는지 면밀히 살핀다."

같은 규정으로 치러지는 야구지만 아무래도 야구 문화적으로 '다르다'는 점 때문에 어쩌면 그는 더욱더 세심하고 꼼꼼하게 한국야구를 대하는 것도 같았다. 야구를 대하는 성실하고 모범적인 자세는 한국을 대하는 태도에서도 이어졌다. 한국의 식문화에도 빠르게 적응하려고 노력했다. 특히 매운 맛에 거부감 없이 다가가 이미 가장 좋아하는 음식이 해물찌개일 만큼 그는 한국과 한국야구에 대해서 열성적인 학생처럼 학구열을 올렸다.

물론 늘 즐거울 수만은 없다. 외국인 선수라는 위치는 하루라도 빨리 성적으로 능력을 입증해야 한다는 강박이 늘 따라다니기 때문이다.

"외국 생활과 야구에 적응한다는 것이 정말 힘든 점이지만 그래서 동료들에게 특히 고맙다. 오자마자 처음 한두 경기에서는 팔이 완전히 준비가 되지 않아서 힘겹게 끌어가야 했다. 그런데 동료들이 많은 점수를 뽑으며 나를 도와줬다. 그것이 얼마나 큰 도움이 됐는지 모른다. (한화) 카페얀을 보라. 처음에 잘 던진 한두 경기에서 승리했더라면 지금쯤 완전히 달랐을 것이다(카페얀은 좋은 구위와 성격에도 불구하고 지독할 정도로 승운이 따르지 않고 타선 지원을 받지 못했고 결국 퇴출됐다)."

인터뷰가 끝나자 그가 앉았던 소파는 허벅지를 감쌌던 얼음이 녹아내린 물로 흥건했다. 아이싱은 보통 시간을 정하고 하는데 그는 내색하지 않고 긴 인터뷰를 끝까지 즐겁게 이어갔다. 그렇게 성격 좋고 실력도 뛰어난 히메네스는 부상에서 돌아와 그해 27경기를 뛰며 14승5패에 평균자책점 리그 4위인 3.32의 빼어난 기록을 남겼다. 그토록 바라던 두산 베어스의 한국시리즈 우승을 이루지는 못했는데, 그해를 끝으로 일본리그의 라쿠텐에서 그를 영입했다. 2011시즌 라쿠텐에서 1승7패 3.69로 기대에 못 미쳐 두산에서 다시 데려오려는 시도도 했지만 결국 2012시즌에도 라쿠텐의 마운드를 지키며 5승10패 3.15의 기록을 남겼다. 1980년생인 그는 아직도 많은 시즌을 더 뛸 것으로 보여 어쩌면 한국 프로무대에서 다시 볼 수 있을지도 모를 일이다.

두산 베어스가
선택한
외국인 선수들

두산 베어스 역대 최고의 외국인 선수는 타이론 우즈다. 그는 1998년 외국인 선수 제도 시행 첫 해 두산 유니폼을 입은 뒤 5년간 타선을 이끌었다. 통산 614경기에 출전해 타율 2할9푼4리, 174홈런, 82타점을 올렸다. 특히 1998년 입단 첫 시즌에서 타율 3할5리, 42홈런, 103타점의 눈부신 활약을 펼치며 외국인 선수 최초로 MVP에 선정되는 기염을 토했다. 우즈는 팬들로부터 '흑곰'이라는 별명을 얻었고, 2001년에는 두산의 한국시리즈 우승을 이끌면서 전성기를 구가했다.

다니엘 리오스 역시 두산의 외국인 선수 역사에서 빼놓을 수 없는 주인공이다. 2002년 KIA에서 한국 무대에 데뷔한 리오스는 2005년 트레이드를 통해 두산으로 옮긴 뒤 더욱 빼어난 실력을 과시했다. 2007년에는 22승5패, 평균자책점 2.07의 성적으로 페넌트레이스 MVP에 오르기도 했다. 일본으로 무대를 옮긴 뒤 금지약물 복용 사실이 드러나면서 이미지를 구겼으나, 한국에서는 강력한 이미지를 심어줬던 선수다.

이 밖에 마크 키퍼, 개리 레스, 맷 랜들 등이 두산에서 좋은 성적을 남긴 투수였고, 지금은 역대 최장신(203센티미터) 외국인 선수인 더스틴 니퍼트가 3년째 에이스 역할을 하고 있다.

Part. 2

LG 트윈스

웃음이 그치지 않는 '유쾌남' 레다메스 리즈

파란만장 야구 사랑 벤자민 주키치

Redhames Liz　레다메스 리즈

출생 1983년 10월 6일　국적 도미니카공화국　신체 185cm, 87kg　소속팀 LG 트윈스　포지션 투수

레다메스 리즈

마운드에서는 무서운 강속구를 던져대는 선수지만 그를 떠올리면 가장 먼저 떠오르는 것이 환한 미소와 밝은 웃음이다. 참 선하고 밝게 웃었고 유쾌했다. 마운드에서 리즈는 팽팽한 긴장감과 함께 때론 경직되는 느낌마저 주었는데 만나서 인터뷰를 해보니 전혀 달랐다. 그리고 이야기를 나누면서 왜 그가 그렇게 좋은 구위를 가지고 있으면서도 어딘지 투수로서 미숙한 점이 있는지 등에 대해 많은 것을 이해할 수 있었다.

열여섯에서야 뒤늦게 야구를 시작했지만 강속구를 앞세워 단시간에 메이저리그까지 진출한 리즈. 그러나 경험이 부족했던 탓에 한계를 맛보기도 했다. 스스로의 한계를 극복하기 위한 새로운 도전 끝에 한국에서 투수로 거듭나고 있는 레다메스 리즈 고메스. 그의 야구 인생을 들여다보았다.

서류상 그의 이름은 레다메스 코리 리즈. 그런데 정작 자신은 레다메스 리즈 고메스가 자신의 본명이라고 밝혔다. 중남미에서 이름을 짓는 전통대로 리즈는 아버지에게서, 고메스는 어머니에게서 받은 성이다. 그런데 미국에서 활동을 하면서 코리라는 중간 이름이 생겨났고, 그때부터 인터넷을 비롯한 매체에서는 그의 미들 네임을 코리라고 표기하기 시작했지만 그의 본명은 아니었다.

1983년 10월 6일 도미니카공화국의 작은 마을 엘 세이바(El Seyba)에서 태어난 리즈는 유년기의 대부분을 시골 마을에서 보냈다. 다섯 살 무렵 큰형이 살던 도시 산 페드로로 보내졌는데 큰형이 갑자기 세상을 뜨자 13살에 다시 시골 마을로 귀향했다.

리즈는 9남매 중 여덟째로 태어났다. 아버지는 부지런한 분이었지만 사탕수수밭과 공장을 전전하는 일용직으로 집안을 꾸려가야 했고, 형들은 어려서부터 아버지를 도와 일을 해야만 식구들이 밥을 먹을 수 있었다. 리즈 역시 일찍부터 생활 전선에 뛰어들 수밖에 없었다. 다시 시골로 돌아가 3년이 지난 후 어머니까지 돌아가시면서 그는 새로운 삶의 방향을 모색해야겠다는 생각을 하게 됐다. 그리고 지난한 가난과 작은 우물 같았던 시골 마을을 벗어날 수 있는 계기는 다른 무엇도 아닌 바로 야구라고 생각했다. 대부분의 도미니카공화국 선수들이 아주 어린 시절부터 야구를 시작하는데 반해 그가 뒤늦게야 야구를 시작한 것은 가난과 함께 아버지의 영향이 컸다.

"아버지는 내가 야구를 하지 않기를 바랐다. 형에게는 허락을 했는데 내겐 늘 공부를 하라고 하셨다. 사실 나는 어려서 야구를 그다지 좋아하지도 않았다. 그런데 5살 많은 형 페르난도는 정말 야구를 좋아했다. 그러다가 열여섯이 되었을 때, 나는 삶의 방향을 결정할 나이가 됐다고 생각했고, 형이 내게 적극적으로 야구를 권했다."

열여섯, 사실 본격적으로 야구를 시작하기에는 늦어도 한참이나 늦은 나이였다. 그러나 가난해서 도저히 야구를 정식으로 배울 수 없었던 형 페르난도가 16세가 된 그의 손에 낡은 글러브를 쥐어줬을 때 그는 2년 안에 프로가 될 수 없다면 야구를 그만두겠다는 절치부심의 심정이었다고 했다. 형 페르난도는 5년 동안이나 어떻게든 프로선수가 되려고 나름 노력했지만 기회를 잡지 못했다. 프로에서 딱 한 번 제의가 있었지만 계약금을 3,000달러만 주겠다고 해서 거절한 후로는 다시는 기회가 오지 않았다. 형을 보면서 리즈는 무조건 빨리 프로팀과 계약을 맺는다는 목표를 세웠다. 그것이 불가능해지면 질질 끌지는 않겠다는 각오였다.

간절함은 꿈을 이루는 마법일까. 프로 계약에 2년을 걸었던 리즈는 야구를 한 지 6개월 만인 2001년 도미니카공화국 프로팀과 계약을 하게 된다. 그리고 다시 2년 뒤, 만 열아홉이던 해에 볼티모어 오리올스와 계약했고 도미니카공화국 서머리그에서 2년을 더 뛰다가 마침내 미국 마이너리그에 데뷔하게 된다. 2005년, 리즈는 만 스물두 살이었다.

야구를 시작하고 처음부터 투수는 아니었다. 3루수이던 형은 꼬마 동생이 유격수로 성공하기를 바랐다. 하지만 리즈의 강력한 어깨는 숨길 방법이 없었고 스카우트나 코치 모두 그의 운명은 투수임을 쉽게 알아챘다. 워낙 늦게 시작해서 투수로서 부족한 점도 많았지만 야구를 제대로 배우지도 않고 155킬로미터를 넘는 강속구를 던질 수 있는 선수는 많지 않았다. 때론 여전히 마운드에서 미숙함을 드러내는 이유가 바로 거기에 있다. 뒤늦

게 배운 야구였기에 앞으로 더 성장할 수 있는 잠재력도 동시에 지난 선수가 리즈다.

"나는 아직도 배우고 있다. 야구는 뭔가 늘 새로운 것을 배워야 하고, 또 늘 배울 자세가 돼 있어야 한다고 생각한다. 그렇지만 2004년에 난 최고 97마일(156킬로미터)을 던졌다. 그 리그에서 97마일짜리 공을 치는 타자는 많지 않았다. (웃음)"

마침내 2005년 미국 본토의 마이너에서 데뷔한 리즈는 야구에 적응하는 일에 앞서 미국에 적응하는 일로 꽤 애를 먹었다. 가진 돈도 얼마 없었지만 빠른 미국 적응을 위해 리즈는 팀의 주선으로 홈스테이를 했는데, 스페인어를 전혀 할 줄 모르는 홈스테이 가족들과 함께 지내야 하는 것이 여간 어

나의 야구는
끝난 것이 아니다

려운 일이 아니었다고. 그 역시 영어를 전혀 할 줄 몰랐기 때문에 매일이 언어와 새로운 미국야구의 장벽에 부딪히는 적응의 과정이었다.

하지만 뭐든지 열심히 했다. 문화와 언어, 풍습에 적응해야만 야구 실력도 발전할 수 있었다. 미국 첫해인 2005년 두 단계의 싱글A를 거치면서 7승 7패에 2.86의 평균자책점을 기록한 것을 보면 그는 스타트를 잘 해낸 셈이다. 이듬해인 2006년에는 벌써 더블A까지 진출했음은 물론 올스타전 퓨처스 게임에 인터내셔널팀 대표로도 나갔다. 당시 그는 전형적인 신출내기 파워 피처로 삼진도 아주 많았고 또 볼넷도 아주 많았다.

"그렇다. (스트라이크에서 고개를 끄덕이다 볼넷에서 크게 웃으며) 강속구를 던지려면 때로는 제구 잡기가 쉽지 않다. 빠른 공을 던지는 투수는 많지만 구속을 떨어뜨려 제구를 잡으려고 하는 경향도 있는데 난 그러지는 않았다. 그러나 너무 강하게 던지려다 공이 높아지는 경향이 있었고, 그래서 제구에 어려움을 겪었다."

리즈에게 투수로서 무서운 잠재력이 꿈틀거린 것은 2007년이었다. 투수라면 누구나 꿈꾸지만 이루기는 극히 어려운 노히트 노런을 기록한 것이다. 더블A는 유망주도 많고 빅리그 수준의 선수도 꽤 많아 본격적으로 치열한 경쟁이 시작되는 장인데 리즈는 미국 진출 2년 만에 더블A까지 갔고 3년째에 노히트 노런을 기록했다.

"그 경기를 생생하게 기억한다. 모든 게 잘 풀렸다. 지금도 나이가 많은 것은 아니지만 그때는 참 젊었다. (웃음) 공도 아주 빨랐다. 5, 6회가 지나면서 노히트인 줄 알았고 7회가 지나면서는 의식이 되기 시작했다. 마지막 아웃은 라인드라이브 타구였는데 도미니카공화국 친구인 좌익수 루디 존이기가 막힌 호수비로 잡아냈다. 내가 '잡았어? 잡았어?'라고 외치던 생각이 난다. 해리스버그와의 경기였다."

리즈는 6월 1일 열린 그 경기에서 삼진도 10개 잡아내는 기염을 토했는데 볼넷은 몇 개를 줬는지 기억이 나지 않는다고 했다. 1994년 프린스 조지 스타디움이 개장한 이래 최초의 노히트 노런이었다.

그리고 리즈는 얼마 뒤 또 한 번의 노히트 노런을 기록할 뻔했다. 2007년 8월 14일 코네티컷전이었다. 8회에 들어갈 때까지 한 개의 안타도 내주지 않았는데 실책성 플레이가 안타로 기록되면서 리즈는 순간 집중력을 잃었다. 그리고 곧바로 2점 홈런을 맞고 말았다. 삼진을 14개나 빼앗으며 역투한 경기였는데 더욱 아쉬운 것은 경기 후에 당초 첫 안타로 기록된 것이 실책으로 수정되었다. 그러나 이미 노히트를 놓친 후였다. 한 해에 노히트를 두 번이나 기록할 뻔했던 것은 역시 리즈 특유의 강속구 힘이 컸다.

"그 당시는 97~99마일을 꾸준히 던졌다. 평균 구속이 96, 97마일 정도 됐다. 마이너에서 가장 빠르게 나온 구속은 101마일(162.5킬로미터)이었다."

그리고 2007년 리즈는 드디어 메이저리그에 데뷔했다. 믿어지지 않지만 야구를 처음 시작한 지 6년 만이었다. 8월 25일 볼티모어의 홈에서 열린 미네소타와의 경기였는데 리즈는 선발 투수로 빅리그 데뷔전을 치렀다. 5회까지 1점 차의 팽팽한 경기를 이끌며 잘 던졌지만 6회에 토리 헌터에게 3점 홈런을 맞았다. 메이저리그 첫 등판에서 그는 패전 투수가 됐다. 빅리그 첫 해 4번 선발을 포함해 9경기에 나선 리즈는 승리 없이 2패만 기록했다.

2008년은 리즈가 빅리그에서 가장 많이 뛴 시즌이었다. 총 17경기에 선발로 나서 6승6패를 기록했는데 평균자책점은 6.72로 저조했었다. 보스턴과 텍사스를 상대로 나선 두 게임에서 형편없이 두들겨 맞았던 것이다. 8이닝 무실점의 역투도 있었던 반면에 5이닝도 채우지 못한 경기가 6번 있을 정도로 기복이 심했다. 그의 선발 투수의 수업은 여전히 진행형이었던 것이다.

그의 마이너리그 기록은 상당히 좋았다. 총 137경기(123선발)에 출전해 47승 36패에 평균자책점 3.75와 667이닝에서 717개의 삼진을 잡았고 283개의 볼넷을 내줬다. 9이닝당 삼진이 9.7개로 압도적이었고 볼넷은 3.8개로 제구력이 아주 나쁜 투수는 분명히 아니었다. 그러나 이상하게도 빅리그에만 가면 삼진은 줄고 볼넷이 많아졌다(100.1이닝 80K 80BB). 무엇이 문제였던 것일까.

"2007년 빅리그 첫 시즌에는 그저 즐겁고 흥분되기만 했다. 그런데 2008년에 다시 올라갔을 때는 첫 게임을 잘 던지고 둘째 경기에서 부진하고 나서 자신감을 잃은 것 같다."

실제 기록을 보아도 세 경기까지는 분명 흐름이 좋다가, 4번째 경기 밀워키전에서 2이닝 만에 5실점을 하며 강판된 후로는 기복이 심한 경기가 이어졌다. 결국은 자신감의 문제였던 것이다. 투수에게 강한 승부욕은 분명 승부를 위한 좋은 장점이지만, 모든 이가 그것을 타고나는 것은 아니었다. 리즈를 아는 모든 이들은 그를 대단히 좋은 사람이라며 엄지를 치켜들었지만 분명히 심성이 여린 부분이 있었고 느긋하고 낙천적인 편이다.

"나는 타고나길 느긋하다. 늘 웃는 그런 성격이다. 그러나 마운드에 오르면 다르다. 야구를 하려면 강인한 정신력이 있어야 한다. 야구를 하면 온갖 일이 발생한다. 정신력이 강하지 않으면 프로야구선수가 될 수 없다."

리즈는 그렇게 말했지만 멘탈이 타고난 강성은 분명 아니었고 오히려 그런 식으로 계속 자기 최면을 건다는 생각도 들었다. 그러나 5만 관중의 환호와 야유 속에서 잔뜩 안타를 치려는 방망이를 든 타자를 상대한다는 것은 분명히 보통 어려운 일은 아닐 터. 그는 그렇게 호된 경기를 치르면서 경험을 쌓아나갔다. 그러나 2008년 이후로는 빅리그에서의 기회가 좀처럼 찾아오지 않았다. 2009년 팀에서는 그가 구원 투수로 변신하길 기대했지만 사실상 실패였고 딱 두 경기 1⅓이닝만 던진 후 볼티모어는 결국 그를 포기했다. 방출된 후 2010년 샌디에이고와 계약을 했지만, 빅리그 기회는 여전히 오지 않았다. 메이저리그 팀이 다소 성급하게 리즈를 포기하는 분위기였다.

그러던 중 2011년을 앞두고 한국의 LG 트윈스와 연결이 됐다. 도미니카 공화국의 윈터리그에서 활약할 때였다. LG의 스카우트가 그를 찾아 왔고 에이전트와 이야기를 나누다가 리즈는 딱 1년만 한국에서 뛰겠다는 각오를 했다.

1년간 먼 나라에서 새로운 야구를 시도해본 뒤 다시 메이저에 도전하겠다는 그의 의도는 한국에 온 뒤 완전히 뒤바뀌고 만다. 한국의 모든 것이 무척이나 마음에 들었고, 결국 그의 야구 인생 계획도 수정됐다.

사실 한국리그에 오겠다는 결심 자체가 쉬운 일은 아니었다. 동양에 대한 지식이 전혀 없었던 리즈에겐 더더욱 그랬다. 겁이 날 정도였다. 그러나 새로운 곳에서, 새로운 야구를 할 수 있다는 설렘이 그를 움직이게 했다.

"새로운 것을 배우고 싶었고 조금은 숨통을 틔우고 1년 정도 외국에서 선수 생활을 하면서 여러 가지를 배우고, 다시 빅리그에 도전할 수 있으리란 기대가 있었다."

하지만 리즈는 한국에서 계속 야구를 하게 된다. 그가 기대했던 것 이상으로 한국의 야구 수준은 높았고, 무엇보다 즐거웠다. 코치와 동료들은 친절했고, 팬들은 상냥하고 즐거웠다. 도미니카공화국의 팬들도 열정으로는 뒤지지 않지만, 결정적으로 한국의 팬들은 팀이 패하고 있을 때도 한결같이 그들을 응원해주는 의리가 있었다. 인터뷰를 할 당시 리즈는 2013년에도 한국에서 뛰고 싶다는 소망을 밝혔었다.

"가끔 TV에서 메이저리그 중계를 보면 마이너에서 나랑 함께 뛰던 친구들이 경기에 나온다. 그러면 정말 돌아가고 싶다는 생각을 하기도 한다. 그러나 나는 한국야구가 좋다. 시즌을 잘 마무리하고 결과를 보겠다. 운이 좀 따르지는 않지만 열심히 시즌을 마치고 기다려 보겠다."

결과적으로는 리즈는 2012년 후반기에 뛰어난 능력을 발휘했고 2013년에도 트윈스 유니폼을 입고 뛰게 되었다. 무엇보다 현재의 리즈와 2년 전 한국에 오기 전의 리즈는 분명 다른 선수가 되었다고 스스로도 생각한다. 그는 지금이 훨씬 더 좋은 투수로서 활약할 수 있는 조건을 갖추고 있다고 믿는다.

"미국에서는 투구에 대해 세세한 부분까지 이야기를 해주지 않는다. 나는 내가 왜 난타를 당하는지 전혀 몰랐다. 그러나 한국에서는 많은 것을 배운다. 특히 전체적인 제구력이 훨씬 나아졌다. 아직도 볼넷이 내 기대보다 많지만 제구력은 훨씬 좋아졌다. 투구할 때 습관도 많이 수정했다. 커브와 강속구를 던질 때의 자세가 달랐는데 단점을 고쳤다. 내년에는(2013년) 더욱 좋아질 것이라 스스로도 내게 큰 기대를 걸고 있다."

그가 한국에서 야구의 즐거움을 찾은 데에는 팀과 야구를 둘러싼 모든

이들의 열정도 있었지만 무엇보다 동료들과의 우정도 빼놓을 수 없었다. 워낙 낙천적이고 유쾌하기 때문에 그를 싫어하는 동료는 없다. 필요할 때는 통역이 도와주기도 하지만, 동료들은 농담을 서슴지 않고 그를 도와주거나 대화를 나누는 일에 거리낌을 느끼지 않는다. 덕분에 리즈는 한국어도 나름 열심히 배웠고 음식점에 가면 "저기요, 밥 하나 주세요"라든가, 택시를 타면 "이태원 가세요" 등등의 간단한 주문이나 요구를 할 수 있게 됐다.

리즈는 한국 음식에도 전혀 거부감이 없다. 아니, 실은 자장면이나 차돌박이 같은 음식을 한국 사람보다 더 즐겨 먹기도 한다. 심지어 자장면에는 고춧가루를 뿌려 먹고, 같이 먹을 사람이 없는데도 차돌박이 집에 혼자 가서 고기를 구워먹다가 팬에게 사진을 찍힌 일도 있었다.

그에게 야구를 하면서 최고의 순간이 언제였는지 물었다. 실은 노히트 노런을 한 순간이었다는 당연한 답이 나올 줄 알았던 우문. 그런데 리즈는 그 경기 대신에 2007년 노히트를 할 뻔했던 경기가 특히 가슴속에 남아 있다고 했다. 특유의 강속구를 연속으로 꽂아 넣던 그때의 희열을 그는 가슴 깊숙이 새겨두고 있었다.

"내게 야구를 하며 최고의 순간은 2007년 노히트를 할 뻔했던 그 경기다. 그날 강속구가 정말 잘 들어가 7회까지 슬라이더 하나를 빼고는 계속 강속구로 승부를 했다. 특히 그 경기에서 이긴 덕분에 우리는 포스트 시즌 진출이 확정됐었다. 내 생애 최초의 포스트 시즌이었고 가장 흥분되고 기억에 남는 순간이었다. 노히트 노런보다 솔직히 조금 더 좋았다. (웃음) 물론 더블A에서 빅리그에 호출된 순간도 잊을 수 없다. 감독이 불러 방으로 갔더니 트리플A에 가서 두 경기만 뛰고 오라고 했다. 기분이 좋을 리가 없었다. 그때 동료들이 모두 뒤에서 몰래 지켜보고 있었는데 나만 몰랐다. 감독님이 장난을 친 것이었다. 그러더니 내일 메이저리그로 가라고 말해줬고 모두가 축하하며 난리가 났었다. 참 행복한 순간이었다."

뒤늦게 야구를 시작했지만 이제 야구는 그의 모든 것이라고 했다. 그러면서 앞으로도 약 8년 이상은 야구를 하고 싶다는 리즈에게 야구는 어느덧 그의 삶의 전부이자, 모든 것이 되었다.

"야구는 나의 모든 것이다. 나의 미래와 가족의 미래에 더 나은 삶을 가져다주는, 내게는 너무도 의미가 큰 것이 야구다. 야구는 나의 삶이다."

끝까지 선한 미소를 잃지 않으며 야구를 말할 때마다 입가에 미소를 짓던 리즈. 그는 도미니카공화국에 있는 가족들을 위해서라도 지금보다 더 열심히 야구를 하고, 경제적으로도 안정된 기반을 갖출 것이라고 다짐했다. 가난한 시골 마을의 아홉 남매 중 유일하게 프로야구선수가 된 그에게 가족이란, 그의 꿈이 가능할 수 있도록 응원해준 가장 고마운 존재들이기 때문이다.

뒤늦게 야구를 시작했기 때문에 항상 배운다는 생각으로 야구를 대하는 그에게선 겸손과 배움의 열정이 느껴진다. 그리고 늘 유쾌한 그를 보면 웃음 바이러스가 전염돼 함께 즐거움을 느끼게 되는 매력이 있다.

2013시즌을 앞둔 리즈는 아직 만 29세이고 그에 대한 기대는 높기만 하다. 2012년 초에는 마무리 전업 실패로 힘겨운 전반기를 보냈지만 8월 이후 선발로 나선 11경기에서 총 74이닝을 던지며 자책점은 단 15점뿐이었다. 평균자책점만 보면 1.82라는 대단한 기록이다. 리즈에게 한국에서의 프로야구 생활은 앞으로 그의 야구 인생을 성장시키는 촉진제가 되어 줄 듯하다.

앞으로도 계속해서 발전과 성장을 거듭할 리즈가 언젠가는 메이저리그에 복귀할 것이라는 기대도 하게 된다. 리즈는 한국 프로에서 성장해 메이저 리그 마운드를 호령하는 최초의 투수가 될지도 모를 일이다.

Benjamin Jukich 벤자민 주키치

출생 1982년 10월 17일 국적 미국 신체 195cm, 98kg 소속팀 LG 트윈스 포지션 투수

벤자민 주키치

'파란만장'이라는 단어의 사전적 의미는 '사람의 생활이나 일의 진행이 여러 가지 곡절과 시련이 많고 변화가 심함'을 뜻한다. 야구라는 인생을 살면서 한국까지 와서 뛰는 외국인 선수 대부분에게 이 단어가 적용된다. 그렇지만 많은 인터뷰를 한 외국인 선수 중에도 LG 트윈스의 좌완 선발 벤자민 주키치만큼 이 단어가 어울리는 선수도 많지 않았다. 대학을 자퇴하고 술독에 빠져 살다가 군 입대를 눈앞에 두었던 시점에 다시 찾아온 야구의 기회. 그리고 한국 프로에서 뛰기까지 주키치의 야구 인생을 들어본 것은 2012년 7월 잠실구장에서였다.

주키치는 미국 5대호 중의 하나인 수피리어 호수와 접한 미네소타 주 덜루스에서 태어났다. 1년의 대부분 동안 좋은 날씨를 보여주는 곳이지만, 겨울에는 무서운 추위가 찾아오는 도시다. 영하 20도, 30도씩 수은주가 떨

어지는 혹한의 도시에서 그는 추위를 즐기는 어린아이로 자라났다. 겨울에
도 양말도 신지 않고 이란성 쌍둥이인 남동생과 어울려 맨발로 마당을 뛰
어다니며 놀만큼 그는 활달한 소년이었다.

그의 쌍둥이 동생의 이름은 앤디. 고등학교 때까지는 그와 함께 야구를
즐기던 파트너였다. 벤자민은 어려서부터 승부욕이 강했지만 동생 앤디는
야구를 즐기는 편이었다. 벤자민이 늘 최고의 투수가 되기 위해 야구에 몰
두한 반면 동생 앤디는 주로 포수를 하면서 담담히 형의 공을 받아주곤 했
었다.

이란성 쌍둥이라서 벤자민 주키치 자신은 늘 동생과 닮았는지 모르겠다
고 생각했지만 주위에서는 그들이 정말 꼭 닮은 형제라고 말하곤 했다. 심
지어 그의 아내는 수염을 자르면 동생과 너무 비슷해지니 면도하지 말라며
성화를 하기도 했다고. 야구를 곧잘 했던 그의 동생은 현재 철도회사 직원
이 되었고, 주키치는 프로야구선수가 됐다.

세르비아 이민자의 후손인 주키치는 사실 처음 야구를 시작한 순간을
잘 기억하지는 못한다. 처음 야구공을 잡았던 환희나 희열 같은 감정이 남
아 있었을 법도 한데, 그런 기적적인 감정을 느끼기에는 너무 어린 나이부
터 이미 야구를 하고 있었으니까.

"아주 어려서부터 했을 거다. 공을 잡고 방망이를 들을 수 있을 때부터
야구를 하며 놀았다. 늘 뒷마당에서 동생 앤디와 아빠와 캐치볼을 하고 야
구를 했다. 7살 때부터는 리틀리그에서 뛰었는데 나는 꼭 1루수를 하고 싶
었지만 어려서부터 공을 아주 잘 던졌고 투수를 주로 했다. 고등학교 때까
지는 1루수도 봤다. 타격도 곧잘 했지만 타자로 프로가 될 정도는 전혀 아

니었다."

야구는 곧잘 했지만 공부는 영 꽝이었다. 아주 열심히 한다 해도 성적이 C를 넘기기 어려웠을 만큼 그는 공부에는 흥미가 없었다. 고교 성적이 나쁘다 보니 야구선수로 유명한 대학에 진학하기 어려웠고, 프로팀에 뽑혀야 야구를 계속할 수 있었는데 아쉽게도 그는 프로에 드래프트되지 못했다. 학점이 나빴으니 선택의 폭은 더욱 좁아져 결국 4년제가 아닌 2년제의 소규모 센트럴레이크대학 야구팀에 들어가는 것이 최선의 선택이었다. 자신의 야구 재능에 비해 프로에도 야구 명문대학에도 갈 수 없었던 처지는 어린 나이에 참담함으로 다가왔다.

"당시가 나의 삶에서 가장 어두웠던 시절이었다. 야구도 제대로 안 됐고 대학이라는 제도와 분위기를 견뎌내지 못했다. 마약을 하지는 않았지만 술을 정말 많이 마셨고 거의 알코올 중독 수준이 됐다. 수업에도 거의 들어가지 않았다. 결국 한 학기가 끝나고 대학을 자퇴한 후 고향으로 돌아가 2년간 온갖 궂은일을 하며 술만 마시고 지냈다. 그러다가 아버지에게 군대를 가겠다고 했다. 그래서 미니애폴리스에서 신체검사를 받았고 입대가 결정됐다."

하지만 그는 군대를 가진 않았다. 그의 야구 생애에서 반전이 시작된 것이다. 2003년 여름 무렵이었는데, 당시 입대를 앞두고 고향의 서머리그에서 야구를 하던 중 팀에서 함께 뛰던 친구의 형이 주키치의 공 던지는 모습을 보곤 대학교 야구팀에서 뛰어볼 생각이 없느냐고 제의했다. 알고 보니 친구의 형은 네브래스카 주에 있는 2년제 쿡 커뮤니티 컬리지의 야구 코치였다. 학점을 올린다면 장학금도 제공받을 수 있다고 했다. 입대 2주를 남

겨놓은 시점에 갑작스레 스카우트 제의를 받은 것이다. 이미 신체검사까지 마친 군 입대를 철회하는 유일한 길은 대학의 장학금을 받거나 몸이 아프다는 것을 증명하는 방법뿐이었지만, 그는 운이 좋게도 장학금 제안까지 받으며 극적으로 다시 야구와 만날 수 있었다.

"정말 운이 좋았다. 첫해에는 학점이 안 돼 야구를 못했고 열심히 공부해 학점을 올려 두 번째 해에는 투수로 뛰었다. 그렇게 2년이 끝나고 다코타 주의 4년제 웨슬리언 컬리지로 전학했다."

당시 그가 전학한 웨슬리언 컬리지는 미국에서도 벽지인 시골에 위치하고 있었다. 그는 야구를 하지 않을 때엔 '스폿 라이팅'이라는 놀이를 하기도 했다며 웃었다. 야구부 친구들과 밤이 되면 큰 플래시 라이트를 들고 숲

나의 야구는
끝난 것이 아니다

속의 사슴을 쫓아다니는 기상천외한 놀이였다. 그런데 이상한 일이 발생했다. 그때까지도 주키치의 속구는 최고 구속이 142킬로미터 정도였는데 어느 날 갑자기 150킬로미터가 넘는 강속구를 던지게 됐다. 특별한 이유를 알수 없었다. 당연히 스스로도 놀랐고 모두가 놀랐다. 그러나 왼손잡이 강속구 투수로 변신한 주키치는 9이닝당 13.7개의 삼진을 잡는 리그 최고의 삼진왕으로 떠올랐고 소문이 퍼지자 그 벽지까지 프로 스카우트가 찾아오기 시작했다.

프로의 길을 생각하면서 주키치는 늘 친구처럼 많은 대화를 나눴던 아버지와 고등학교 시절 나눈 이야기를 떠올렸다. 현실적이던 아버지는 고등학교 때부터 아들에게 프로야구선수의 길이 정말 어려우며 성공은 회의적이라는 반응을 보였었다.

"구름 위에서 둥둥 떠다녀서는 안 된다. 영원히 꿈만 좇을 수는 없다."

사실 처음엔 무슨 말인지 잘 몰랐지만, 결국은 야구에 아들의 삶을 맡기기는 어렵다는 뜻이었다. 당시 주치키의 꿈은 오로지 야구였기 때문에 아버지의 그 말로 적잖은 상처를 받았다. 그래서 강속구 투수로 변신한 후 주키치는 가장 가까웠지만 꿈보다는 현실을 중시하던 아버지에게 자신을 증명해보이고 싶다는 의욕이 더욱 강해졌다.

그리고 기회가 왔다. 2006년 대학 시즌이 끝나고 온 가족이 모인 자리에서 그를 찾는 전화가 왔다. 오클랜드 에이스의 스카우트였다. 아버지와 그의 친어머니와 새어머니, 동생과 그리고 가장 친한 친구까지 모두 모인 자리에서 그는 전화를 받았다. 오클랜드가 그를 드래프트하려는데, 계약할 의향이 있느냐고 묻는 전화였다. 전화를 받으면서 그는 아버지에게 자랑스

러운 눈길을 주었고, 아버지도 커다란 함박웃음으로 아들과 행복한 순간
을 함께 나눴다.

"그 순간은 평생 잊을 수가 없다. 살면서 내가 가장 자랑스러운 순간이
었고 지금도 그때를 생각하면 감정이 솟구친다. 물론 나의 꿈이 다 이루어
진 것은 아니다. 언젠가는 메이저리그에서 뛰고 싶은 꿈도 아직 있다. 그러
나 그때가 바로 나의 꿈이 시작된 순간이었다. 그리고 아버지를 쳐다보면
서 '보셨죠? 제가 해낸다고 했잖아요'라는 눈길을 보냈고, 아버지도 감격
에 넘쳐 나를 자랑스러워하던 그 순간은 최고였다."

드래프트를 앞두고 주키치는 세인트루이스 카디널스와 애리조나 다이
아몬드백스 캠프에서도 워크아웃을 했었다. 그러나 오클랜드가 그를 뽑을
줄은 짐작도 하지 못했었다. 카디널스 스카우트는 주키치가 5~7 라운드에
뽑힐 것이라고 예상했지만 실제로는 훨씬 뒤의 순위인 13라운드에 오클랜
드에 뽑혔다.

하지만 아쉬움보다는 드디어 프로선수가 돼 메이저리그에 도전할 기회
를 잡았다는 사실에 그는 흥분하고 들썩였다. 대부분의 선수들이 십대 후
반에 본격적인 프로야구 인생을 걷기 시작했던 것에 비하면 만 24살, 참 먼
길을 돌아온 셈이었다.

"심지어 나는 졸업반도 아닌 3학년이었고, 결국 대학을 졸업하지 못했
다. 그러나 늘 집사람에게 이야기했듯이 나는 공부가 아닌 야구를 하러 대
학을 간 것이었다. 프로가 되기까지 참 오래 걸렸고 많은 일을 겪었지만 그
렇게 결국 프로선수가 됐다. 웨슬리언대학교는 물론 우리 팀이 속한 GPAC
컨퍼런스에서 나는 최초로 MLB에 드래프트된 선수가 됐다."

문득 술 이야기가 떠올랐다. 거의 중독자가 될 정도로 술을 마셔댔다는 그의 말이 새삼 떠올라 어떻게 술을 끊었느냐고 물었다. 그의 답은 의외로 간단했다.

"돈이 없어서."

그러나 웃으며 한 그 말 뒤에는 실은 야구가 있었다. 군 입대를 앞두고 다시 대학에서 야구를 하게 되면서 그는 술 대신 야구 글러브와 공을 잡았다. 요즘은 아내와 조금씩 즐겨 마시는 정도. 야구라는 행운이 그를 술 대신 새로운 삶으로 이끌었다.

"나는 운이 정말 좋았다. 두 번째 기회가 생겼으니. 야구를 다시 시작하면서 프로선수가 됐고 결국 이렇게 한국까지 와서 새로운 삶을, 야구를 즐길 수 있는 기회가 생겼으니 이 또한 얼마나 큰 행운인가."

그의 또 한 가지 행운은 바로 부인과의 만남이었다. 친구의 소개로 만나 인연을 맺었다고 한다.

"3년 전쯤인가. 어, 정확히 기억 못 하면 집사람이 날 죽이려 들 텐데. (웃음) 캐서린은 스포츠 리포터였다. 미네소타 트윈스 야구팀을 비롯해 지역 프로 스포츠팀 리포트를 했었다. 한동안 데이트를 하다가 2010년 가을 LG 트윈스와 계약을 했을 때쯤 결혼을 계획했다. 그때 플로리다 주 브래든턴의 LG 캠프에서 훈련을 하다가 추수감사절 때 집에 가서 프러포즈를 하고 다시 캠프로 가서 운동을 했다. 그런데 바로 얼마 후 캐서린에게 울면서 전화가 왔다. 아기를 가졌다는 것이었다. 천만다행이었던 것이 그때가 청혼을 하고 일주일쯤 지난 후였다는 것이다. 만약 순서가 바뀌었더라면 캐서린은 아기를 가졌다는 것 때문에 결혼하지는 않았을 것이라고 지금도 말한다. 아기도 중요하지만 사랑이 먼저니까. 그런데 재미있는 것은 임신했다는 것을 알기 바로 전날 우리는 첫 아기의 이름을 무엇이라고 지을지에 대해 이야기를 했었다. 그리고 작년에(2011년) 결혼을 했다."

그들 사이에 태어난 아이는 라일리(Riley)라는 아주 품위 있는 이름을 가지게 되었다. 부인인 캐서린이 결혼하기 전에 쓰던 성을 따 이름을 짓고, 할아버지의 이름을 딴 마이클을 붙여 라일리 마이클 주키치라는 풀네임을 얻었다.

그들의 러브 스토리만큼이나 프로에서도 아름다운 활약을 보여줄 수 있었으면 좋았겠지만 마이너리그 생활은 만만치 않았다. 그는 프로 2년차인 2007년 오클랜드에서 신시내티로 트레이드된다. 프로야구의 냉정한 비즈니스를 체험한 시절이었다. 그리고 새로운 생활에 적응해야 했다.

"나를 뽑아준 오클랜드를 좋아했고 그 팀에서 좋은 기회가 있을 것으로 생각했지만 전격 트레이드되고 말았다. 혼자서 캘리포니아 북부에서 플로리다 남부의 팀으로 이동해야 했다. 중간에 갈아타는 비행기가 취소되는 등 도착하는 데 이틀이나 걸렸다. 처음 이적해서는 고전했지만 결국 자리를 잡았고 20이닝 이상 무실점도 하는 등 좋았다(2007년 하이 싱글A 두 팀에서 11승 6패를 기록)."

늦은 나이에 프로를 시작했기 때문에 목표 의식도 강했고 누구보다 열심히 했다. 2008년에는 더블A를 거쳐 루이빌의 트리플A까지 올라갔고, 시즌 성적도 11승5패로 아주 좋은 편이었다. 2009년과 2010년에도 그는 트리플A에서 도합 16승을 거두며 꽤 좋은 활약을 보였지만 결국 빅리그 기회를 얻지는 못했다.

"나는 큰 수술을 받은 적도 없고 내 등판 순서는 항상 지켰다. 그런데 트리플A의 선발진 중에 40인 로스터에 들지 못한 투수는 나뿐이었다. 게다가 2010시즌 초반 3경기 연속으로 6이닝 이상 던지며 1실점 이하로 호투하고 있었는데 느닷없이 볼펜으로 가야 했다. 40인 로스터에 든 투수가 하나 더 팀에 추가됐고 내가 선발 자리를 비워야 했다. 상황을 이해할 수는 있었지만 기분은 아주 안 좋았다. 팀 동료 투수가 빅리그를 오가는 것을 보면서 내가 저 선수였으면 얼마나 좋을까 하는 생각을 수없이 했다."

그렇게 성적과는 무관하게 실망스런 2010년을 보낸 후 주키치는 LG 트윈스와 계약을 맺게 된다. FA상태가 아니었기 때문에 힘든 과정을 거쳐 신시내티와의 계약을 해지하고 마침내 트윈스와 계약을 했다. 당시 그의 나이 28살, 충분히 MLB에 도전할 기회가 남아 있었다. 또 그에겐 사랑하는 연인과의 결혼이라는 대사가 기다리고 있었다. 한국행 결정이 결코 쉽지는 않았을 텐데 주키치는 전혀 고민하지 않았다고 했다.

"아니, 내게는 그렇게 어려운 결정은 아니었다. 나는 도전을 두려워하지 않는다. 내게 영감을 주시는 아버지는 늘 말씀하셨다. 원하는 것이 있으면 열심히 도전해서 얻으라고. 결국 한국행을 결정한 것이 내겐 축복이었다. 한국에 온 이후로 어느 정도 성공을 거두고 있고 아내와 아들과 함께 한국 생활을 하는 것도 대단히 즐겁다. 캐서린은 언제나 100퍼센트 나를 지원해 주었다."

그의 아내는 스포츠 리포터라는 직업마저 그만두고 남편의 한국행을 적극적으로 지지했다. 결혼을 하면 어차피 직업은 그만둘 생각이었다며 남편의 도전을 전폭적으로 밀어줬다.

그런데 주키치는 한국야구에 대해 아는 바가 전혀 없었다. 한때 롯데의 마무리 투수였던 존 앳킨스가 그와는 절친한 사이라 한국야구에 대해 종종 이야기한 적이 있었지만 이야기를 듣는 것만으로는 충분할 리가 없었다. 하지만 분명히 호감이 있었다. 한국야구는 실력만 발휘한다면 재정적인 안정을 얻는 것은 물론, 팬들의 사랑을 받으며 행복하게 야구를 할 수 있는 곳이라고 들었다. 그리고 주키치는 한국에 온 후로 지나칠 정도로 큰 사랑을 받고 있다며 그때의 조언이 틀리지 않았음에 안도하곤 한다.

자신감과 함께 잘 모르는 리그에서 뛴다는 부담감을 안고 시작한 2011년 주키치는 독특한 투구 동작에 공격적인 피칭을 앞세워 10승8패에 3.60의 평균자책점으로 기대에 부응했다. 특히 32경기에 출전해 187⅔이닝을 소화하며 쌍둥이 선발진의 중심 역할을 톡톡히 해냈다. 그리고 2012년에도 11승8패에 3.45의 좋은 성적을 올렸다. 전반기의 무서운 기세를 후반기까지 이어가지 못한 아쉬움은 있었지만 주키치는 명실상부 KBO 최고 선발 중의 한 명으로 자리를 잡았다. 그 결과 2013시즌에도 LG 선발진의 중요한 축을 담당하게 됐다.

주키치가 한국에 온 이후 투수로서 진화하는 모습을 보였다는 점도 눈여겨볼 만하다. 모든 투수들처럼 제구를 좀 더 낮게, 스트라이크를 더 많이 던지기 위해 노력하는 것 외에도 경기 중 승부욕을 다스리는 법을 주키치는 끈질긴 한국프로야구를 경험하면서 체득하고 있었다. 사실 그는 승부욕이 강한 것으로 유명했다. 마운드에서는 다혈질의 성격 때문에 시합에서 고전하는 때가 종종 있었다. 그러나 그는 한국에 온 이후 변화의 과정을 거치며 진화하고 있었다.

"한 가지 달라진 것이라면 작년(2011년)까지만 해도 마운드에 오르면 반드시 이기려는 생각이 정말 강했다. 그래서 잘 못하면 내 스스로 분통이 터지고 그러다 보면 정신적으로 많이 지쳤다. 그래서 2012시즌을 앞두고 캐서린에게 올해는 등판하면 일단 퀄리티 스타트에게 집중하겠다는 말을 했었다. 그러고 나서 멘탈 게임이 달라졌다. 작년만 해도 판정에 불만이 있으면 글러브에다 욕설을 하기도 하고 화를 내기도 했지만 감정 컨트롤을 하려고 노력하게 되었다. 심지어 김광삼과 내기를 하기도 했다. 내가 마운드에서 'F 욕설'을 하거나 감정 폭발을 하면 100달러를 주겠다고 했다."

그러면서 주키치는 한국프로야구 데뷔 첫해인 2011년 초반의 어려움도 털어놓았다.

"사실 작년 초에 보크 판정을 받았을 때 완전히 엉망이었다. 물론 나는 여전히 당시 보크가 아니었다고 믿지만 (웃음) 감정 컨트롤은 중요하다. 지금도 가끔 화가 나기도 하지만 마운드에서 감정을 컨트롤하려고 노력한다. 그럴 때면 마운드를 벗어나 관중석의 집사람을 쳐다보고 다시 집중하려고 노력한다. 이제는 퀄리티 스타트에 더욱 집중하고 있고 운이 따르면 그것이 승리로 이어진다. 물론 퀄리티 스타트에만 만족해서는 안 된다는 생각도 요즘은 하고 있다. 6이닝 3실점이 아니라 6이닝 2실점, 1실점으로 줄이려고 노력한다."

그런 면에서 주키치와 부인 캐서린은 천생연분이다. 캐서린은 어린 시절엔 소프트볼 선수를 할 만큼 야구에 익숙한 여성이었고, 결혼 전에는 미네소타 트윈스 더그아웃 리포터였으니 야구와 선수들의 고충을 이해하는 데에는 누구보다 탁월했다. 아내가 야구를 이해하고, 자신을 이해해주는 데에서 주키치는 큰 안정과 행복을 느낀다고 했다.

주키치 하면 특이한 투구동작에 대한 이야기도 빼놓을 수 없다. 1루 쪽 투수판에 바짝 붙어서 195센티미터의 장신에서 공을 내리 꽂는데다 왼쪽 다리가 축이 되는 오른 다리 위로 겹쳐지는 등 좀처럼 보기 드문 투구폼을 지녔다.

그런데 그는 다른 이들이 그 투구가 특이하다고 이야기해주기 전까지는 자신의 투구가 특이하다고는 생각하지 못했다고 한다. 타자에게 맞지 않으려는 연구를 거듭하다 보니 자기도 모르게 그런 동작이 몸에 익었다고 했다. 이런 특이한 동작에서 커터 등 다양한 구질을 구사하기 때문에 일반적으로 왼손 타자의 약점인 오른손 타자 상대에서 오히려 우위를 점하곤 한다.

주키치도 까다로운 타자나 팀이 있을 터. 그는 거의 상대할 때마다 난타당하는 KIA의 라인업을 상당히 어렵게 생각하고 있었다.

"KIA 라인업을 증오한다. (웃음) 이상하게 상대할 때마다 난타당한다. 특히 이용규. 스프링 캠프 때 이용규에게 나와 상대할 때 10개 이상 던지게 하면 맞추겠다고 농담을 한 적도 있다. 정말 대단한 타자다. 파워가 강하지는 않지만 투수를 곤혹스럽게 만드는 재능이란. 파울, 파울, 그러다가 진루하면 어느새 2루, 3루로 가 있다."

물론 언제나 어깨에 힘을 주어야 하는 긴장의 상대들만 있는 것은 아니다. 더 많이 배우고 싶고 만나고 싶은 팀과 선수들도 존재한다.

"두산의 3루수 김동주는 프로의 품격이 있고 삼성 박석민도 아주 재미있다. 나도 농담을 즐기는 편인데 미워할 수 없는 선수다. 한국리그엔 뛰어나고 좋은 선수가 아주 많다.”

주키치는 또한 한국야구팬의 팬이기도 하다. 그가 정착하는 데 가장 큰 힘이 된 것은 팬들의 사랑이라고 자신 있게 말한다. 물론 종종 운동장 밖에서도 일상적인 관심을 넘어선 집중을 받을 때면 아쉬울 때도 있지만 그것도 프로선수의 몫임을 알고 있다.

“팬의 사랑을 받으니까 정말 고맙고 좋긴 하지만 운동장 밖에서는 나와 가족의 시간을 갖고 싶은데 그게 안 된다. 코엑스를 가거나 전철을 타거나 부산 원정을 가거나 할 때 주위에서 ‘어, 주키치다!’라는 소리가 들린다. (웃음) 그러나 나도 어려서 메이저리그 선수들 사인을 받으러 다녔고 이해한다. 프라이버시가 있으면 좋겠지만 프로야구선수는 계약서에 사인을 할 때 그런 모든 것에도 동의를 하는 것이니까.”

하지만 경기장에서 그에게 전폭적인 애정을 보내는 LG 트윈스의 팬들을 그는 무척이나 사랑하고 있다며 이야기만으로도 흥분을 감추지 못했다. 특히 한국의 야구팬은 증오심 없이 야구를 사랑하는 진정한 팬들이라는 것에 깊은 인상을 받았다고 했다. SNS에서 삼성의 팬인데 그가 잘 던지길 바란다는 글을 보고는 감동했던 순간도 잊을 수 없다고 했다.

주키치 하면 떠오르는 또 다른 일화는 삭발 사건이다. 2012시즌 중반 트윈스가 고전을 하면서 동료들이 삭발을 하기 시작했다. 그렇지만 누구하나 그에게도 삭발을 강요하지는 않았다. 그러나 팀의 일원으로 자신만 긴 머리를 고수할 수는 없다고 생각한 그는 삭발을 단행했다. 종종 아내가 머리를 깎아주곤 해서 아내에게 부탁해 삭발을 했는데 해프닝이 발생했다. 팀의 동료들이 모두 하나가 된 것 같은 모습은 보기 좋았는데, 11개월 된

아들이 화장실에서 삭발을 하고 나온 아빠를 알아보지 못하고 자지러지게 울음을 터뜨린 것이다. 그 바람에 한동안 엄마가 달래느라 무척 난감해했다고 한다.

2013년이면 3년째 한국프로야구에서 뛰는 주키치는 언젠가는 메리저리그로 돌아갈 수도 있다는 꿈을 간직하고 있다. 그러나 불확실한 가능성에 매여 야구를 즐기는 지금 한국에서의 이 순간을 방해받고 싶지 않다는 주키치.

그에게 야구란 점점 즐거움이 돼가고 있다. 야구를 하기 위해 먼 길을 돌아왔고, 또 언제나 마운드에 오르면 심각한 자세로 자기 자신을 잔뜩 괴롭히기도 했지만 이제 야구는 그에게 더 많이 웃고 즐길 수 있는 활력소가 되고 있다.

"나의 접근법이 달라진 것인지 모르겠지만 이제는 야구가 조금 편해졌다. 훈련과 운동을 더 열심히 하고 또 보답을 받으면서 야구에 대한 존경심이 과거보다 더욱 강해졌다. 내겐 야구가 전부다. 야구를 안 했더라면 무엇을 했을지 상상도 안 된다. 내가 할 줄 아는 전부고 나의 삶이고 내가 즐기는 것이다. 야구는 나의 모든 것이다. 내게서 유니폼을 빼앗을 때까지 야구를 하고 공을 던질 것이다."

벤자민 주키치는 인터뷰 내내 솔직하면서도 당당했다. 어려웠던 시절의 이야기도 숨기지 않았고 차분하면서도 때론 열정적인 어조로 이야기를 쏟아냈다. 야구가 아닌 다른 삶은 상상도 할 수 없다는 주키치는 힘겹던 학창 시절과 마이너리그를 전전하던 시절을 보내고 한국프로야구에 도전해 새로운 야구 삶을 살아가게 됐다. 그의 야구는 앞으로 더욱 발전할 가능성이 보이고, 언젠가 그가 메이저리그 마운드에 서는 모습을 볼 수 있을지도 모르지만 2013년 현재 주키치는 한국야구와 트윈스 팬과의 사랑에 흠뻑 빠져 있다.

LG 트윈스가 선택한 외국인 선수들

외국인 선수들 덕을 유독 못 본 팀이 LG 트윈스다. 사실 LG가 2002년 한국시리즈 준우승 이후 포스트 시즌 진출에 실패한 원인도 이와 무관하지 않다. 1998년 투수 마이클 앤더슨은 마무리를 맡아 21세이브를 올렸지만, 기량적으로 불안한 부분이 많았고, 타자 주니어 펠릭스는 두 시즌 동안 부상과 부진 등으로 제몫을 하지 못했다. 데니 해리거는 2000년 31경기에서 17승10패, 평균자책점 3.12의 호투를 펼치며 LG가 매직리그 1위를 차지하는 데 큰 공을 세웠지만, 이듬해 28경기에서 8승11패, 평균자책점 4.62의 갑작스러운 난조를 보인 끝에 한국을 떠나야 했다. 외야수 매니 마르티네스는 2002~2003년 빠른 발이 인상적이었지만, 2할7푼대 타율을 벗어나지 못했다. 2004년 입단한 메이저리그 스타 출신의 알 마틴도 그다지 영양가는 없었고, 일본프로야구 홈런왕 출신 로페르토 페타지니(2008~2009년)도 추락하는 팀을 구하지는 못했다. 호주 국적의 크리스 옥스프링은 2007~2008년 14승을 올렸으나, 팔꿈치 부상으로 재계약에 실패했다. 2010년 의욕적으로 데려온 일본인 투수 오카모노 신야는 마무리로 5승3패 16세이브, 평균자책점 3.00의 평범한 성적을 남겼다. 그나마 벤자민 주키치와 레다메스 리즈가 올해 3시즌째 원투펀치로 활약해 주는 덕분에 외국인 선수 걱정을 덜고 있다.

Part. 3

롯데 자이언츠

기적을 만들어낸 둘리 셰인 유면

모범생이면서 자유로운 영혼을 지닌 라이언 사도스키

포기하지 말라, 절대로 브라이언 코리

Shane Youman 셰인 유먼

출생 1979년 10월 11일 국적 미국 신체 195cm, 100kg 소속팀 롯데 자이언츠 포지션 투수

기적을 만들어낸 둘리

셰인 유먼

유먼을 처음 만난 것은 2012년 봄 가고시마 스프링 캠프에서였다. 생전 처음 만나 서로 어색한 인사를 나누는데 이 친구가 던진 첫 마디가 "이 재킷 어디서 샀어? 나도 이 정도 두꺼운 게 필요한데 디자인이 아주 마음에 드는데"였다. 참 엉뚱하다 싶어 절로 피식 웃음이 났었다. 사실 당시만 해도 롯데 자이언츠는 외국인 선수로 영입한 왼손 투수 셰인 유먼(당시 33세)이 어느 정도의 기여를 해줄지 반신반의하던 상황이었다. 강속구가 타자를 압도할 만한 구속이 아니라는 평가도 있었고, 최우선의 선택이 아니라 원하던 선수들을 잡지 못해서 어쩔 수 없는 차선책이라는 말도 있었다.

그러나 시즌이 시작되고 가장 놀라운 반전을 보여준 외국인 선수가 바로 유먼이었다. 초반 6게임에 등판해 3승1패 평균자책점 2.34로 다승과 평균자책점 선두권에 올랐다. 5번의 퀄리티 스타트를 비롯해 경기당 7이닝은

7.1이닝의 윤석민에 이어 류현진, 니퍼트와 함께 공동 2위를 차지했다. 이닝당 진루를 따지는 WHIP는 0.94로 윤석민과 류현진에 이어 3위이니 대단한 반전이었다. 초반 돌풍에 그치지 않을까 우려도 있었지만 그의 기세는 계속 이어졌다. 결국 2012시즌 내내 롯데 선발진에서 유일하게 10승을 넘은 선수는 유먼뿐이었다. 그는 29경기에 등판해 13승7패 평균자책점 2.55에 179 2/3이닝을 던져 모든 부문에서 롯데 투수진 1위를 기록했다. 리그 전체에서도 평균자책점 3위에 다승 4위의 빼어난 성적이었다.

롯데가 '유먼 로또'에 당첨됐다는 말을 들을 만큼 그는 롯데는 물론 한국 야구를 위해서도 큰 즐거움을 안겨주는 최고의 데뷔 시즌을 보냈음이 틀림없다. 롯데는 2013시즌을 앞두고 유먼과 제일 먼저 재계약을 하면서 그를 꼭 잡았다.

첫 인상에서 유먼의 한국 정착이 어렵지 않을 것이라는 느낌을 받았었다. 그리고 2012년 5월 중순 대전의 원정 숙소에서 다시 만나 정식으로 인터뷰를 하면서 들은 이야기 역시 예상대로였다. 불과 몇 달이 지났을 뿐이지만 유먼에게 한국 생활은 더 이상 좋을 수가 없는 안정적인 상태라고 했다. 모든 외국인 선수들에게 늘 과제인 다른 야구 문화에 대한 적응이나 또 동료들과의 커뮤니케이션 문제 등에 대해 유먼은 아무런 문제가 없다며 특유의 서글서글하고 유머러스한 표정을 지어 보였다.

"동료들도 정말 편하게 잘해주고 야구도 기대 이상으로 잘 되고 있다. 별 어려움을 느끼지 않을 정도로 행복하다. 야구 문화는 좀 다른 것 같다. 선후배 간에 규율도 엄격하지만 팀이 하나로 뭉쳐 있다. 미국에서는 보기 드문 그런 즐거운 야구다."

이렇게 눈부신 실력을 발휘하며 한국야구계에 안착한 유먼의 야구 인생이 언제나 순탄했던 것만은 아니었다. 아니 소설과도 같은 파란만장한 야구 인생을 살았다고 해도 어울린다. 물론 어린 시절부터 그는 야구를 아주 즐겨하던 소년이었다. 5살 무렵 어머니가 티볼 야구팀에 그를 등록시켰는데 글러브조차 제대로 없었기 때문에 부랴부랴 삼촌이 글러브를 마련해주었다. 하지만 주문이 잘못되어 오른손잡이 글러브가 도착했고, 다시 주문을 해 겨우 그의 손에 맞는 왼손 글러브를 준비할 수 있었다고 한다.

그러나 글러브만 도착했을 뿐 그는 야구를 전혀 몰랐다. 야구는 그저 친구들과 어울리는 놀이에 불과했다. 9살 때 처음 투수를 하게 됐는데 공을 던지는 동작을 몰라 코치가 직접 오른발을 들고 공을 던지는 방법부터 가르쳤다니 야구 천재는 아니었던 모양이다. 하지만 신기하게도 일단 배우고 나니 큰 어려움이 없었다. 그렇게 고등학교 때까지 무난하게 야구를 즐기며 보기 드문 왼손잡이 유격수이자 투수로서 동네선수 생활을 이어갔다.

그러던 그에게 야구가 돌연 진지한 의미로 받아들여졌던 것은 투수로서 괜찮은 실력을 지닌 선수라는 평가를 받고 미래를 고민하기 시작할 고2 무렵이었다. 사실 그때까지는 야구를 제대로 알면서 심각하게 하는 것은 아니었다. 재미있으니까 하고, 그저 적당히 잘하는 수준. 그러나 주위에서 상당히 뛰어난 왼손 투수라는 평을 듣기 시작한 고교 2학년이 되니 과연 야구선수로 대학에 진학할 것인지, 아니면 프로로 갈 기회가 올 것인지 심각하게 고민하지 않을 수 없었다. 자연스럽게 야구가 그에게 커다란 의미로 다가왔고 진지해졌다. 그때부터는 단지 즐기는 수준으로 야구에 임할 수는 없었다. 일단 항상 열심히 야구를 하면서 진중하게 스스로를 돌아보기 시

작했다. 루이지애나 주 뉴 아이베리자 고등학교에 상당히 유망한 왼손 투수가 있다는 소문이 프로 스카우트 간에도 돌기 시작했다.

사실 그는 고교 시절 농구선수로서도 꽤나 괜찮은 능력을 갖추었었다. 스몰 포워드로 활약했었는데 곰곰이 생각해보면 야구보다 농구에 더 소질이 있는 것도 같았다. 야구와 달리 몸과 몸이 부딪히고, 눈앞에서 설전을 주고받으며 신경전을 벌이는 농구가 그의 적성에 더 맞았기 때문이었다. 하지만 결과적으로 그를 현재의 위치로 끌어올려 어엿한 프로 선수로 만들어준 것은 다름 아닌 야구이며, 그도 이 길을 선택한 것이 아주 현명했다고 생각하고 있다.

가난하고 여의치 않은 형편 속에서 야구를 해야 했던 그는 고교를 졸업

나의 야구는
끝난 것이 아니다

하며 프로와 대학이라는 결정을 두고 고민에 빠져들었다.

"약간의 계약금까지 제시한 프로행도 분명히 솔깃하긴 했다. 그러나 당시 나는 17세에 불과했고, 어려서부터 대학 야구를 호령한 내 고향의 명문 야구팀 루이지애나아주립대학교(LSU) 야구부에서 뛸 기회가 주어졌다는 것은 뿌리칠 수 없는 것이었다. 특히 대학야구 역사상 최고의 지도자 중의 하나인 스킵 버크맨 감독님이 직접 전화해서 같이 뛰자고 하셨을 때는 꿈만 같았다."

그는 LA 다저스에 드래프트되었지만 결국은 꿈이라 생각했던 대학 야구부로 진학을 결심했다. 그리고 그 결심에는 커다란 전기가 있었다. 사실 그 무렵 아버지를 처음 만났고 앞으로 자신의 진로에 대한 이야기도 처음 제대로 나눠볼 수 있는 기회가 생긴 것이었다. 아버지를 고등학교 때 처음 만났다는 그의 말에 순간 어리둥절했다. 고교 졸업 무렵에 아버지를 처음 만났다니 무슨 소린지.

사연이 있었다. 아버지는 유먼이 아주 어린 시절부터 그와 떨어져 지냈고 어머니와 외조부모가 그를 키웠다. 그러다가 고3이 돼서야 자신의 아버지가 누구인지 알 수 있었다. 돌연 아버지가 그를 찾아왔기 때문이었다.

아버지와의 사연을 들려줄 수 있느냐고 묻자 그는 담담히 입을 열었다. 아버지가 없는 그의 삶은 우여곡절이 많았을 것 같지만 다행스럽게도 다복한 가정에서 외조부모와 삼촌들의 사랑을 받으며 성장할 수 있었다고 한다. 대학을 다니던 어머니가 열아홉 무렵 그를 가졌는데 아버지는 나이지리아 출신의 유학생이었다. 그들의 인연은 계속 이어지지 못했고 어머니는 공부와 취업을 병행해야 했다. 유먼이 태어난 후 외조부모는 어머니를 도와 그를 양육했고 어머니의 형제들인 6명의 삼촌은 그에게 아버지를 대신해 멘토이자 친구의 역할을 자청해주었다. 어머니의 여자형제들까지 9남매였으므로 특별히 부정의 부재를 느낄 만큼 홀로 외롭다거나 고독한 시절은 아니었다.

물론 가끔은 아버지가 어디에 있을까, 누구일까 생각하긴 했지만 어린 그에겐 답이 없는 시시한 의문 정도였다. 그러다가 고3이 되었을 때 아버지는 그를 처음 찾아왔다. 나이지리아로 돌아갔다가 다시 미국으로 가 텍사스 주에 거주하게 됐는데 자신의 아들이 생겼다는 것을 나중에 알고는 꾸준히 그를 찾다가 마침내 만나게 되었다. 유전자 검사까지 거쳤다. 그렇게 어느 날 갑작스럽게 아버지가 생긴 셈이지만, 그때부터 지금까지 아버지와 긴밀한 관계를 유지하며 공식적인 기록에 아버지의 성인 오수오하(Osuoha)를 포함한 이름을 사용하고 있다. 그의 정식 이름은 셰인 데스몬드 유먼 오수오하다.

그의 인생에 돌연 나타난 아버지는 그에게 대학교육을 강조했다. 꼭 대학에 가서 많은 것을 배우고 누려보라고 조언했고, 어머니나 그를 길러준 조부모님들은 프로든 대학이든 그의 결정을 존중하겠다고 했다. 프로의 유혹에 잠시 갈등도 했지만, 그는 자신이 오랜 시간 마음속으로 품어왔던 LSU 대학 야구부를 선택했다. 그 선택은 탁월했고 그 어떤 것과도 바꿀 수 없는 소중한 경험이 되었다.

"대학에 가서 처음 비행기도 타보고, (웃음) 대학 월드시리즈 우승 반지도 받았다. 그리고 인간적으로 훨씬 성숙해지고 많은 것을 배웠다. 나는 작은 마을에서 자랐는데 거대한 대학에 가서 많은 사람을 만나고 공부하고 운동을 하면서 오늘의 인생을 사는 데 필요한 많은 것을 배웠다. 대학에서는 교육학 전공에 부전공이 커뮤니케이션이었는데 졸업장을 받으려면 아직 두 학기가 남았다. 조만간 온라인 코스라도 택해서 졸업장을 받을 것이다."

2학년을 마치고 프로에 드래프트돼 학교를 떠났지만 그는 스무 살 무렵 가슴속에 간직해오던 꿈을 꼭 마무리하고 싶어 했다. 그래서 틈틈이 학점을 땄고 이제 두 학기 정도를 남기고 있다. 오프 시즌마다 학업을 계속할 계획이다.

2000년 대학월드시리즈에 우승하며 유먼도 좋은 시즌을 보냈지만 2001년에는 성적이 좀 저조했다. 결국 드래프트에서 기대보다 훨씬 낮은 43라운드에서야 피츠버그가 그를 뽑았다. 그래도 프로가 됐다는 사실이 마냥 기뻤다. 드디어 프로가 됐으니 꿈은 하나, 메이저리그로 진출하는 것이었다. 그리고 프로선수가 된지 5년 만인 2006년 드디어 빅리그가 그를 불렀다.

"마이너에선 주로 구원 투수로 뛰었다. 그러다 2006년 더블A에서 선발로도 약간 뛰었다. 그런데 그해 9월에 갑자기 빅리그에 불려갔고, 첫 등판이 선발이라고 얘기를 들었을 때 멍해지는 느낌이었다. 신시내티와의 원정 경기였다. 잘 던졌지만 결과적으로는 패하고 말았다. 5회까지 무실점으로 2-0으로 리드하고 있었는데 6회 말에 동점을 주고 말았다. 교체가 됐는데 내가 남겨 놓은 주자가 득점하며 역전돼 패전 투수가 됐다. 내용은 5⅔이닝 3실점 패였다."

2006년 9월 10일 경기였다. 사실 첫 타자를 삼진으로 잡은 것과 6회의 실점 상황을 제외하면 아무것도 생각나지 않는다고 했다. 얼떨떨한 빅리그 데뷔였고 그저 집중해서 던진다는 생각만으로 경기에 임했다. 그렇게 그해 빅리그에서 5경기를 던졌다. 10월 1일의 시즌 마지막 등판은 참 아쉬웠다. 신시내티를 이번에는 홈으로 불러 재대결했는데 유먼은 7이닝을 단 4안타 무실점으로 역투했다. 그러나 피츠버그 타선도 침묵했다. 결국 0-0에서 8회에 구원 투수로 교체됐고 팀이 뒤늦게 1점을 뽑고 1-0으로 승리했지만 그의 기록은 '승패무관'에 그치고 말았다.

2007년 스프링 캠프 때 활약이 꽤 좋아 곧바로 메이저로 갈 수 있으리라 기대했지만, 다시 트리플A에서 시작해야 했다. 실망이 컸는지 초반에는 고전이었다. 하지만 차츰차츰 나아졌다. 여름이 되면서 성적이 눈에 띄게 좋아졌고, 7월에 유먼은 다시 빅리그로 승격했다. 그리고 드디어 그는 메이저리그 승리 투수가 된다.

"첫 등판이 밀워키 브루어스전이었다(2007년 7월 3일). 6이닝 동안 2점을 내줬고 승리 투수가 됐다. 프린스 필더, 라이언 브런, 코리 하트 등 좋은 타자들이 많았지만 마이너에서 익힌 체인지업이 잘 통했다. 빅리그 시즌 첫 등판에서 승리를 거뒀고 다음 등판인 시카고 커브스전에서도 6이닝 2실점으로 연승을 거뒀다."

2연승 후에도 계속 선발로 나선 그는 휴스턴전에서 8이닝 1실점 하고도 패전 투수가 되기도 했고, 또 루키답게 굴곡을 보인 경기도 있었다. 그런데 갑자기 불펜 통고를 받았고 열흘이 넘는 동안 한 경기도 출전하지 못했다. 그러다가 갑작스레 다시 더블헤더의 선발로 나가게 되었다. 8월 13일, 샌프란시스코 자이언츠전이었다.

그날 경기는 아직도 잊지 못한다. 왼손 강타자 라이언 클레스코에게 완벽하게 당한 날이었다. 6이닝 동안 5점을 줬는데 클레스코가 적시 2루타에

이어 만루 홈런으로 5타점을 올려버렸다. 그리고 선발에서 밀려 구원 투수로 기용됐다.

9월에는 마지막 4경기에서 7이닝 2안타 무실점으로 아주 잘 던졌다. 그런데 팀의 단장이 교체되며 돌연 그를 방출하기로 결정했다. 유먼은 팀에서 큰돈을 투자한 선수도 아니었고 그를 인정해주던 구단 직원들은 팀을 떠났다. 피츠버그는 젊은 선수로 리빌딩을 시작했고 야구라는 비즈니스는 그렇게 잔인하게 여전히 꽃피울 가능성이 큰 28세의 선수를 버렸다. 그러자 필라델피아 필리스가 그를 데려갔는데, 다시금 찾아온 그 기회를 결과적으로 자신이 잘 살려내지 못해 다음 해인 2008년 여름 또다시 방출되고 말았다.

"2008년 스프링 캠프가 끝나고 필리스는 나를 더블A로 보냈다. 그리고 불펜에 배속했다. 바로 전 해에 빅리그에서 선발로 나름 잘했는데 이해할 수 없었다. 거기서부터 정신적으로 추락했던 것 같다. 당시는 몰랐는데 우울증이 왔었다. 힘들었지만 나중에 증세를 알고 나서도 나는 자존심으로 버티려고 했다. 약이나 도움 따위는 필요 없다고 생각했다."

급격한 내리막이었다. 그 뒤로는 독립리그에서 뛰었지만 그곳에서조차 성적이 제대로 나오질 않아 애가 타는 시절이었다. 2008년에는 독립리그에서도 4승5패에 평균자책점 7.01로 형편없었다. 2009년에는 더 심했다. 1승 7패를 기록하는 와중에 다시 결정적인 시련이 닥치고 만다. 다시 공에 속도가 붙으며 제법 일상으로 돌아가고 있다고 느끼던 나날이었다. 성적은 나오지 않았지만 평균자책점은 4.01로 많이 안정을 찾았다.

그런데 마운드에서 공을 던지다가 타자가 친 라인드라이브를 얼굴에 정통으로 맞았다(여전히 그의 왼쪽 눈썹 부위에는 상처가 남아 있다). 거의 두 달 정도 야구를 할 수 없었다. 무기력과 좌절감에 빠져 최악의 상태에 빠졌는데 돌연 피츠버그에서 연락이 왔다. 다시 마이너 계약을 하자는 연락이었다. 이젠 드디어 야구를 포기해야 하는 것 아닌가 깊은 회의에 빠져 있을 때 그 제안은 처음엔 차라리 독약과도 같았다. 당시 그는 야구를 할 수 있는 상태가 전혀 아니었으니까.

하지만 그 제안이 무력증에 빠져 있던 그에겐 변화의 계기가 되었다. 아버지는 학교로 돌아가라고 했지만 도저히 야구가 포기되질 않아 그저 매달려 있는 상황이었다. 그렇게 포기를 하느냐 마느냐의 끄트머리에서 고민하고 있을 때, 야구가 그를 찾아온 것이다.

다시 해야겠다는 의지를 다지게 됐지만 혼자 벗어날 수 있다고 생각한 것은 오산이었다. 얼굴의 상처는 치료를 받고 시간이 지나면서 나아졌지만 우울증은 그런 식으로 치료되지 않으니까. 결국 2010년 자신을 잘 아는 투수 코치의 강력한 권유로 의사를 찾아갔다. 두 번의 방출을 겪고 독립리그에서도 부진에 빠지면서 그는 야구를 할 수 없는 심리 상황이었음에도 계속해서 고집스럽게 야구를 하며 멘탈에 큰 상처를 입고 있었는지도 몰랐다.

약을 복용하지는 않았지만 심리치료로 사고방식을 고쳐나가는 노력을 하며 의사와 코치와 많은 대화를 나누었다. 우울증은 서서히 나아졌다. 2010년 유먼은 두 독립리그 팀에서 27경기에 나서 6승5패에 127이닝을 던지며 다시 야구선수의 모습을 갖춰가기 시작했다. 그러나 2011년도 시작은 유먼에게 퍽이나 잔인했다. 어이없게도 그는 시즌 초까지만 해도 독립리그에서조차 야구를 하지 못하는 지경에 빠지고 말았다.

"멕시코리그에서 뛰기로 다 말이 됐는데 갑자기 그 팀에서 나를 포기한다는 연락을 받았다. 그런데 시기적으로 독립리그는 이미 로스터가 꽉 차 있었다. 공을 던질 수 있는 프로팀이 없었다. 그래서 고향에서 혼자 운동을 하면서 아이들에게 야구를 가르쳤다. 실은 그것도 늘 하고 싶었던 일이었기에 두 팀에서 아이들과 함께 뛰며 야구를 가르쳤다. 그러다가 롱아일랜드의 독립리그에서 뛰는 친구가 팀에서 투수가 필요하자 나를 추천했다. 테스트를 받고 곧바로 팀에 합류했는데 그때부터는 갑자기 불운이 사라져 버렸다. 모든 것이 달라졌다."

새로운 구질을 익힌 것도 크게 체력 보강을 한 것도 아닌데 구위가 돌연 좋아졌다. 13경기(7선발)에 나서 거둔 성적이 7승1패에 평균자책점이 0.66이었다.

"사실 그렇게 성적이 좋으리라고 기대한 건 아니었다. (웃음) 말했지만 달라진 것이라면 정신적인 안정이라고 해야 할까. 운동장 안에서나 밖에서나 야구를 대하고 삶을 대하는 것이 달라진 것 같다. 그리고 누구든 삶의 정상에 오르는 시기가 각각 다른 것 같은데 나의 야구 인생은 작년(2011년)부터 상승세를 타기 시작한 것 같다. 그리고 타이완으로 가는 기회가 생겼고 새로운 세계가 시작됐다."

가장 포기하고 싶은 순간에 야구만은 놓을 수가 없어서 그 주변을 뱅뱅 배회하다 보니 많은 것을 놓게 되고, 정서적으로 긴장과 압박을 벗어날 수 있었던 것이다. 자연스럽게 우울증도 나아졌고 멘탈은 강해졌다. 그 뒤 도미니카공화국 윈터리그에서도 그는 대단했다. 5승1패에 0.88로 평균자책점 리그 1위를 기록했다.

"그건 정말 기대 밖이었다. 윈터리그 하면 도미니카공화국 리그가 최강이다. 좋은 타자와 좋은 투수들이 정말 많다. 전에도 다른 윈터리그에서 4번인가 뛰어봤지만 역시 도미니카공화국 리그가 가장 강했다. 그렇지만 그곳에서 아주 좋은 성적을 거뒀고, 그것이 롯데 자이언츠로 이어지는 계기가 됐으니 내겐 행운이었다."

느슨하게 스스로를 놓아주니 더 탄탄하게 야구가 달라붙었다. 얄궂지만 결과적으론 그에게 야구에서 가장 중요한 것이 무엇인지를 깨닫게 한 경험이 되어준 셈이었다.

롯데는 스카우트를 보내 도미니카공화국에서 유먼을 직접 지켜보았고 최종적으로 그를 낙점했다. 그를 원하는 다른 한국팀이 없었던 것은 아니었으나 롯데는 그중 가장 적극적이었다. 롯데가 오퍼를 내고 나서야 다른 팀에서도 관심을 더 보이기 시작했지만 그는 롯데로의 결정을 뒤바꾸고 싶지 않았다. 그건 의리의 문제라고 생각했다.

한국에서 시작한 그의 새로운 야구 인생은 그 자신도 깜짝 놀랄 만큼 대단했다. 한국야구의 역사에 대해서는 조금 알고 있었다. WBC에서 늘 잘했고, 올림픽 금메달도 딴 코리아. 그리고 타이완과 롯데에서 뛴 브라이언 코리를 만나 이야기를 나누며 한국에 대한 이야기를 많이 접했고, 파이어리츠에 있을 때는 스프링 캠프에서 한국팀의 훈련 모습을 구경한 적도 있다. 그러나 한국야구를 어느 정도 알고 있다는 것과 한국야구에서 잘할 수 있다는 것은 전혀 별개의 문제다.

"물론 타자들이 이렇게 파울볼을 많이 내고, 내게 공을 많이 던지게 할 줄은 몰랐다. (웃음) 그런 점들은 정말 쉽지는 않지만 나도 적응을 하고 있다. 한국 타자들은 정말 적응을 빠르게 잘한다. 그래서 살아남으려면 나도 계속 적응하고 변화해야 한다. 항상 집중해야 한다."

기대 이상의 활약을 펼치면서도 그는 자만하지 않고 될 수 있는 대로 많은 것을 배우려고 노력한다. 추락해본 적 있는 새의 지혜로움이랄까. 유먼에게서는 그런 영민함이 엿보였다. 특히 거구의 힘 있는 타자를 상대할 때보다 작은 체구의 다부진 타자들에게 자칫 방심하거나, 긴장을 늦춰 실점하지 않으려 노력하고 있다는 당시 그의 말은 한국 진출 몇 개월 만에 이미 한국형 야구에 빠르게 적응하는 능력을 그대로 보여주는 대목이었다.

2012년 4월 29일 유먼은 프로 진출 후 첫 완봉승을 이뤄내기도 했다. 그가 전에 뛰었던 미국과 도미니카공화국과 멕시코와 대만을 통틀어 처음이었다. 9이닝 동안에 단 1안타만 내준 걸작이었다.

"고등학교 때 이후 처음이자 프로로 진출해서 첫 완봉승이었다. 경기 전에는 비가 안 오기만을 바랐다. 그리고 첫 번째 대결(2012년 4월 11일 프로야구 데뷔전, 7이닝 6안타 3실점)에서 안타도 좀 맞고 점수도 내줘 조금 더 집중하겠다는 생각이었다. 9이닝을 던지리라고는, 1안타만 맞을 것이라곤 생각도 못했지만 3, 4회에 조성환을 비롯해 정말 좋은 수비를 해주면서 자신이 생겼다. 7이닝은 갈 수 있겠다는 생각이 들었고 7회를 마치자 8회를 끝내자는 생각을 했다. 그렇게 9회가 끝나고 나의 생애 첫 완봉승이 이루어졌다. 기대하지 않았던 기쁨이었다. 경기가 끝나자 안도감이 들었다. (웃음)"

매운 음식을 상당히 좋아하는 유먼은 딱 한국 체질인 것 같기도 하다. 2012시즌이 끝나고 식사할 기회가 있었는데 부대찌개를 먹고 싶다고 해서 소주잔을 기울이기도 했었다. 롯데 자이언츠의 팬 문화 역시 그에겐 열광

적이고, 사랑스러운 존재들이다. 도미니카공화국 팬들의 열성도 만만치 않지만 한국의 팬 사랑은 더 감동적이고 놀랍다. 오히려 요란하면 요란할 수록 즐겁다고 하니 천생 한국이 그의 제2의 고향일지도 모르겠다는 생각도 든다.

유먼은 스스로에게 많은 기대를 하지만, 심각할 정도로 중압감을 주지는 않으려고 늘 노력한다. 자신감을 가지되, 멘탈이 흔들려서는 안 된다는 지혜로움, 그것이 말처럼 쉽지 않다는 것은 야구를 혹은 인생을 겪어본 사람은 알 수 있다. 그러나 안다는 것과 실행한다는 것의 괴리는 때로는 범인이 넘기 어려울 만큼 크다. 아마도 유먼이 야구를 하면서, 삶을 살면서 겪었던 수많은 질곡이 그를 그렇게 단단하면서도 또 유쾌할 줄 아는 선수로 만들어줬겠구나 하는 생각이 들었다.

야구를 하면서 유먼의 목표는 아주 간단하다. 어떤 경기든 수준급의 7이닝을 끌고 가는 것을 늘 목표로 경기에 임한다.

"선발이 그렇게 해주면 불펜도 그렇고 팀 전체를 도울 수 있다. 내가 최선을 다해 7회 이상을 끌어가면 수비도 더 집중하고 타선도 더 열심히 한다고 생각한다. 중요한 것은 건강하게 풀시즌을 마치고 매 경기 팀 승리에 기여할 수 있다면 내 개인 승리는 크게 개의치 않는다."

기본적으로는 강속구를 위주로 한 공격적인 피칭을 하지만 절묘한 체인지업을 지녔고 슬라이더를 섞어 던지는 유먼은 마운드에서 투지를 불태우는, 때로는 흥분을 누르기 위해 노력해야 할 정도로 승부욕이 강한 투수다. 등판하지 않는 날에는 더 이상 편할 수 없는, 때론 철없는 개구쟁이처럼 행동하지만 선발 등판하는 날이면 아무도 말을 붙이지 못할 정도로 신중하고 냉정해진다. 야구를 대함에 있어 신중함과 지혜로움이 물씬 풍겨져 나온다고 해야 할까.

한국 어린이들에게 인기 최고인 만화 캐릭터 둘리를 닮았다는 동료들의 말에 꼭 동의하진 않지만, 그 때문에 모두 즐겁기 때문에 그 역시도 마음에 든다며 활짝 웃는 셰인 유먼. 메이저리그로 돌아가 더 잘 던지며 스스로를 증명하고픈 욕심도 있지만, 할 수만 있다면 롯데의 일원으로서 우승을 하고 싶다는 그의 말에는 진심이 묻어난다. 야구만을 바라보다가 야구에 휘둘리고 다시금 야구로 일어선 그의 인생 전체는 그저 '야구선수'라는 간결한 단어 하나로 요약된다 해도 과언이 아닐 듯싶다. 태평양을 건너 대한민국 부산에 와서 자신의 야구 생애의 꽃을 피우고 있는 유먼을 당분간 사직구장 마운드에서 볼 수 있다면 그건 즐거움이다.

Ryan Sadowski **라이언 사도스키**

출생 1982년 10월 4일 국적 미국 신체 193cm, 88kg 소속팀 샌프란시스코 자이언츠 포지션 투수

모범생이면서 자유로운 영혼을 지닌

라이언 사도스키

한국 생활 첫해이던 2009년과 그리고 마지막 해가 된 2012년, 두 번에 걸쳐 이 선수와 인터뷰를 했다. 첫 번째 인터뷰에서 받은 인상은 완전히 전형적인 모범생, 그러나 두 번째 인터뷰에서는 또 전혀 다른 자유로운 영혼을 맘껏 보여주기도 했다. 한국 생활 3년째이던 2013년 라이언 사도스키는 능숙하게 한국어를 구사하고, SNS를 통해 한국어로 소통을 할 만큼 반 한국인이 돼 있었다. 첫 대면에서는 오직 모범생인 줄만 알았던 그였지만 야구장에서 마주칠 때마다 그는 전혀 다른 면이 꽤 많은 매력적인 선수였고 인간이었다. 3년이 지나도 여전히 변하지 않은 것이 있다면 아직도 오이장아찌를 먹지 않는다는 것.

"이젠 여러 가지 한국 음식을 잘 먹지만 피클(오이장아찌)은 여전히 안 먹는다. 사실 반찬은 잘 안 먹는 편이다. 첫 인터뷰 때 찜닭을 좋아한다고 말했을 텐데 이젠 다른 음식도 많이 먹는다. 아귀찜, 해물찜, 해물탕. 닭과 생선을 좋아하기 때문에 한국 음식 중에 먹을 게 많다."

좋아하는 음식이 모두 매운 음식들이라 걱정돼 맵지 않느냐고 물었더니 한국 사람들은 곧잘 그런 오해를 한다며 너털웃음을 지었다. 미국에도 아주 매운 핫소스가 있다며, 자신이 한국 식당에 앉으면 포크와 커다란 물병을 갖다 주는 것이 아주 재미있다고 했다. 오히려 소주 한 병과 젓가락을 갖다 주면 모를까, 그는 이젠 정말 한국 사람처럼 말하고 행동하고 먹을 줄 아는 친구가 돼 있었다.

라이언 사도스키에게서는 학자풍을 느낀다는 팬이 꽤 많다. 과거 넥센의 덕 클락이 늘 책을 가까이 하는 생물학도라면, 사도스키 역시 경영학과 교육학을 복수 전공한 학구파였으므로 그런 팬들의 짐작이 맞아 떨어진다. 고교 시절에는 올 A⁺를 받은 '엄친아'였으니까. 첫 인터뷰 때에도 놀랐지만 2년여 만에 한국말을 정확한 발음으로 구사하는 것 역시 매일 한국어 공부를 한 시간 이상 할 정도의 대단한 학구열 덕분이었다.

그가 학구파 학생이 된 데에는 부모님의 영향이 컸다.

"우리 부모님은 두 분 다 교사다. 그래서 집에서는 늘 공부가 최우선이었다. 나도 공부는 어느 정도 잘했지만 내 형이 정말 모범생이어서 우리 집에서는 멍청한 아이였다. 나는 공부보다 늘 다른 것에 한눈을 팔아 어머니는 항상 걱정이셨다. 음악이나, 스포츠, 친구들과 노는 것을 좋아했던 반면 형은 항상 공부에만 몰두한 최고의 모범생이었다. 현재 미국 대기업에서 전자공학 관련 일을 하고 있다. 물론 나도 학점은 잘 받았다(고교 시절 그의 졸업학점은 4.70이었다. 거의 전 과목에서 A⁺를 받았다). 그러나 형과는 완전히 다른 학생이었다. 형은 학생의 길을 완벽하게 갔지만 나는 조금 달랐다."

공부보다 노는 것이 좋았던 사도스키는 특히 아주 어린 시절부터 야구에 심취해 있었다.

"정말 어렸을 때부터 길거리에서 야구 놀이를 하고 놀았다. 5살 때부터 리틀리그에서 야구를 했고, 11살 때부터 투수를 했다. 그리고 고교에 가서 내가 다른 애들보다 야구에 재능이 있다는 것을 느꼈다."

다른 아이들은 둘 중 하나에만 집중하기에도 모자란 유년을 그는 스포츠를 즐기면서도 항상 우수한 성적을 거두었던 셈이다. 특이하게도 대학에 진학할 때는 야구 장학금보다 공부 장학금을 더 많이 받았을 정도였다. 학업으로는 여러 학교에 장학생으로 갈 수 있었으므로 그는 선택의 여지가 많았다. 하지만 그의 어머니가 먼 곳의 학교로 가는 것을 만류했다.

"특이한 내 성미 때문이었다. 예를 들어 숙제가 있으면 쉬는 시간에 모두 해버리고 집에 가면 음악을 듣거나 뭔가 새로운 평범하지 않은 일들을 시도했다. 피아노도 형이 배워서 어깨 너머로 배우고 기타도 친구에게 배우고 그랬다. 나는 늘 독학파다. (웃음) 때문에 집중력을 잃으면 언젠가는 내가 일을 낼 것이라고 어머니가 늘 걱정이셨다."

그에게 장학금 제의를 해온 대학은 많았다. 그중엔 '아이비리그' 명문인 예일대학교도 있었지만, 그는 심각한 고민 한 번 없이 예일대의 제의를 거절했다.

"예일대학교 야구팀 감독이 내게 전화를 했었다. 나에게 관심이 많고 야구 장학금을 줄 수 있다고 했다. 그렇지만 나는 감독님에게 '예일이 대단히 좋은 학교인 건 알지만 야구팀의 명성에 대해서는 들어본 적이 없다. 그리

고 나는 춥고 집에서 먼 곳을 선호하지 않는다'라고 거절했다. 그래서 어머
니가 정말 화가 많이 나셨던 적이 있다. 그때가 17세 때인가 그랬다."

　예일대를 거부한 아들이라니. 특히 공부를 중시하던 어머니가 화를 내
신 것도 당연했다.

　그런 사건(?)을 거쳐 그는 집도 가깝고 야구를 할 수 있는 마이애미대학
교로 진학하게 되었다. 말로는 대충대충 대학을 다닌 것처럼 말하지만 실
은 그는 전공을 두 개나 이수할 만큼 여전히 뛰어난 학생이었다. 하나는 경
제학, 다른 하나는 교육학의 복수 전공이었다. 3학년 때 프로에 드래프트
됐지만, 그 후에도 남은 학점을 이수해 졸업장을 무사히 따냈다. 대학에서
도 학점은 늘 상위권이었다.

그런데 한번은 대학 야구를 거의 그만둘 뻔한 일도 있었다. 대학 1학년 때 갑자기 감독이 교체되었고, 야구부에 불화가 생기면서 사도스키뿐만 아니라 다른 선수들까지도 야구를 계속할지 기로에 놓였었다. 다른 대학으로 갈 것인지, 야구를 그만두어야 하는지의 기로에서 그는 과감하게 야구를 그만두었다. 학교팀의 야구는 그만두었지만 그대신 대학 서머리그에서는 계속 뛰었다. 그의 고등학교 감독이 야구를 계속하라고 권유했기 때문이었다. 서머리그에서 마무리로 뛰면서 투수의 감을 계속 키웠고 성적도 좋게 나오자 프로에서도 그에게 관심을 보였고, 2003년에 샌프란시스코 자이언츠에 12라운드에 드래프트될 수 있었다. 프로에서는 곧바로 다시 선발 투수로 투입되었다.

2003년 후반기 순조롭게 마이너리그 생활을 시작했고 처음 얼마간은 별 문제가 없었다. 하지만 야구는 순탄함을 시기하는 드라마였다. 프로 첫 시즌이 끝날 무렵이 되자 이상하게 피로감이 느껴지면서 머리가 아파왔다. 처음엔 대수롭지 않게 생각했지만 두통이 견디기 어려울 정도로 심하고 또 계속됐다.

뒤늦게 검사를 받았더니 경막하출혈(subdural hemorrhage)이라는 진단이 내려졌다. 쉽게 말하면 뇌 안에 피가 고인 것이었다. 처음 병원을 찾은 그날 정밀 검사를 거쳐 바로 저녁에 수술을 받았다. 당장 수술을 하지 않으면 안 될 만큼 상황이 급박했던 것이다.

수술을 받았지만, 의사는 다시 야구를 할 수 있을지 모르겠다며 암울한 소견을 밝혔다. 의사는 계속해서 건강을 찾는 것이 우선이라고 했다. 뇌수술이라면 사실 스포츠가 문제가 아니었다. 당시 사도스키는 대학에서도 그렇고 3, 4년 동안 야구를 그다지 많이 하지 않았었기 때문에 야구를 할 수 없다면 다른 일을 찾아봐야겠다는 생각을 하기도 했었다고 말했다. 그런 심각한 상황에서도 태연하고 엉뚱한 성격, 그는 자유로운 영혼을 지닌 청년이었다. 다행히 그의 건강은 회복되었고, 무엇보다 다시 야구를 하게 되었다. 그렇지만 10년이 지난 지금도 그는 야구를 열심히 하고 있다.

물론 뇌수술에서 돌아온 2004년 해거스타운 싱글A 전반기까지는 ERA가 10.00을 넘길 만큼 엉망이었지만 수술 뒤 1년쯤 지나면서부터 컨디션도 좋아지고 체력도 좋아져 다시 이전만큼의 실력으로 야구를 잘하게 되었다. 수술은 위중했지만 그 심각함에 휘둘리고 싶지는 않았다.

"물론 심각한 수술이었지만 내가 컨트롤할 수 있는 건 없었다. 많은 사람들은 때론 컨트롤할 수 없는 일을 너무 걱정한다. 나는 그때 고작 21살이었다. 21번째 생일 때 수술의 여파로 파티를 하지 못했으니까 아마 수술은 내 생일 바로 전이었을 것이다."

그러나 아무리 정신력이 강하고 낙천적인 사도스키라도 수술대에 누웠던 그 순간엔 이제 야구 인생이 끝나게 될지도 모른다는 생각이 들 수밖에 없었다.

"수술을 받는 순간은 야구에 관한 모든 것이 끝났다고 생각했다. 살아나면 학교로 돌아가거나 직업을 구해야 할지 모르겠다고 생각했다. 그러나 운이 좋았고 다행히 몸이 다시 건강해졌다. 그밖에도 마이너 생활에 어려움이 많았지만 결국은 야구를 계속했다. 야구를 한다는 것 자체가 즐거움이다. 나이를 먹을수록 몸도 아프고 힘들지만 야구를 한다는 것, 동료들과 함께 운동을 하고 생활을 하는 것, 그런 모든 것이 즐거움이다. 그리고 어린 시절부터 야구는 나의 꿈이었다. 어린 시절의 꿈을 이뤄나가는 사람이 얼마나 많겠는가."

하지만 사도스키는 그 뒤로 마운드에 오를 때면 모자 속에 보호대를 착용했다. 머리에 수술한 구멍이 남아 있어 반드시 보호대를 착용해야 한다는 조언 때문이었다. 어쩌면 머리 보호대는 모든 투수에게 필요한 것인지도 모르지만 확실히 사도스키에게는 필수다.

책을 읽고 공부하는 일보다 야구공을 만지고 던지는 일이 좋아 뛰어든 야구였다. 그는 꿈을 이룬다는 게 얼마나 행복한 일인지 뇌수술 덕분에 새삼 감사할 수 있었다.

꾸준히 마이너리그의 단계를 올라가던 그에게 드디어 기회가 찾아왔다. 2009년 6월 하순, 메이저리그에서 승격 전화가 걸려온 것이었다. 당시 샌프란시스코는 랜디 존슨을 비롯해 맷 케인, 팀 린스컴, 배리 지토 등 최고의 선발 투수들이 포진해 있었다. 또 다른 선발 조너선 산체스의 부상으로 그에게 기회가 돌아온 것이었다.

사도스키의 빅리그 데뷔는 대단히 인상적이었다. 2009년 밀워키 원정 경기에 선발로 나선 그는 6이닝 동안 단 4안타만 내주고 무실점으로 승리 투수가 된 데 이어 두 번째 경기인 7월 3일 휴스턴전에서도 7이닝 3안타 무실점으로 데뷔 후 2연승을 기록했다.

"마이너와 큰 차이는 없었고 관중이 더 많은 가운데 경기를 치른 정도였는데 다행히 결과가 좋았다. 두 경기에서 연승을 거뒀다. 돌이켜 생각하면 그때 그렇게 데뷔전을 잘 치른 것이 오늘날 내가 한국에서 뛸 수 있는 것까지 연결이 된 것 같다."

하지만 좋을 때가 있으면 나쁠 때가 있는 게 야구. 그 뒤로는 성적이 좋지 않았다. 앞서 언급했지만 당시 자이언츠 로테이션은 메이저리그를 호령하던 랜디 존슨, 팀 린스컴, 맷 케인, 배리 지토와 무명의 5선발 사도스키였다. 다른 주전 투수들은 쉬던 올스타 휴식기 동안 그는 마이너로 가서 선발로 등판했다. 신인 투수의 감각을 유지시키기 위한 방편으로 그의 등판 간격을 맞추기 위한 팀의 배려였는데 공을 던지면서 뭔가 조금 잘못되었다는 생각이 들었다. 이상할 정도로 구위가 유난히 좋질 않았다. 사도스키는 변명은 하지 않겠다고 했지만 그 경기에서 부상이 왔고 결국 그 후 메이저에서 세 경기 연속으로 잘 던지질 못하며 다시 마이너로 돌아간다.

그러다가 결국 2009시즌 후 웨이버에 공시됐고 휴스턴과 마이너 계약을 했다가 마침내 한국으로 오게 되었다. 휴스턴과 계약할 때 만약 12월 말 전에 한국이나 일본팀과 계약이 이루어지면 풀어준다는 조건을 넣었기 때문이었다.

정확한 타이밍에 롯데 자이언츠를 맡았던 로이스터 감독에게 연락이 왔다. 한국 생활에 즐겁게 적응하며 10승8패 3.87의 좋은 시즌을 보낸 2010년이 끝나고 일본팀에서 오퍼가 오기도 했지만, 그에겐 삶이 편안한 한국이 우선이었다. 니혼햄에서 내민 조건은 롯데의 조건과 거의 같았다. 한국을 더 좋아하는데 옮길 이유가 없었다.

사실 사도스키의 한국행은 의외의 선택이긴 했다. 당시 만 27세, 빅리그에서도 통할 정도의 안정적인 실력이었고 미래도 밝은 선수였다. 그런데 모험일 수 있는 한국행을 택한 이유가 궁금했다.

"마이너에서는 나와 비슷한 선수들이 매우 많다. 패스트볼 구속은

140~147킬로미터 정도고 비교적 안정된 제구력을 지닌 그런 투수들. 내가 던지는 것을 꽤 오래 관찰하고, 내가 경기를 운영하는 것을 제대로 알지 않는 한 그런 비슷한 많은 선수들과 나의 차이를 보여주기는 정말 쉽지 않은 일이다. 또한 비슷한 수준의 선수라면 구단은 계약금을 많이 준 스무 살짜리 선수에게 기회를 주기 마련이다. 나는 12라운드에 뽑혔고, 계약금도 많이 받지 못했다. 또한 한국에 오면 경제적으로도 가족에게 도움을 줄 수 있지만, 무엇보다 새로운 기회를 잡아 더욱 발전할 수 있다고 생각했다. 미국에서는 내게 주어지지 않던, 팀을 이끌고 나갈 수 있는 그런 기회를 잡을 수 있다고 생각했다. 팀이 4연패를 하면 그 연패 행진을 끊고 연승 행진을 시작할 수 있는 그런 기회. 투수진의 리더가 될 수 있는, 나를 테스트해볼 수 있는 그런 기회를 통해 더욱 좋은 투수가 될 수 있다고 생각했다."

결국 기회의 문제라는 이야기였다.

"혹시 내 유튜브를 봤는지 모르지만 내가 한국에 온 이유를 설명한 것이 있다. 가장 큰 이유는 트리플A에서는 경험할 수 없는 그런 발전의 기회를 한국에서 잡을 수 있다고 생각했기 때문이다. 꼭 에이스가 아니더라도 많은 이닝을 소화하고 팀의 연패를 끊고 또 연승을 시작할 수 있는 그런 능력을 계발하고 발휘할 수 있는 기회를 잡고 싶었다. 투수로서 한 단계 올라설 수 있는, 나를 발전시킬 수 있는 그런 기회를."

불투명한 미래에 매달리기 보다는 자기 자신을 뛰어넘을 수 있는 도전의 기회를 찾고 싶다는 말이었다. 그렇기 때문에 그의 꿈은 여전히 지금보다 더 먼 곳에 놓여 있다. 매 순간, 자기 자신의 한계를 넘어 도전하고 자신을 보다 나은 상태로 만드는 바로 그런 과정을 통해 더 높은 곳을 향해 나아가

야 한다고 생각하고 있다.

외국인 선수에게 가장 큰 압박은 팀의 승리도 중요하지만 자기 자신의 역량을 곧바로 보여주어야 한다는 점일 것이다. 하지만 사도스키는 그것이 바로 야구라고 생각했다. 야구뿐만 아니라 그는 한국 생활에도 거의 정착이 아닌 밀착 수준으로 꾸준히 노력했다.

2년 전에도 이미 한국어로 "카페라테 너무 달지 않게 해주세요" 같은 구체적인 의사소통을 할 수 있었지만 2012년에는 억양과 발음이 모두 한국인처럼 변했다. 사도스키는 한국어를 과학적인 언어라고 치켜세웠다. 그러면서 철자법을 익히기는 쉬울지 모르지만 영어와 전혀 다른 언어구조를 지니고 있어 영어권의 사람들은 능숙해지기가 쉽지 않다고 했다. 하지만 사도스키는 포기하지 않았다.

"한국어 공부 책이 몇 권 있다. 그리고 온라인에는 한국어 문장을 배울 수 있는 툴이 상당히 많다. 매일 하루에 1시간 정도는 한국어 공부를 하려고 노력한다. 플래시 카드를 가지고 다니면서도 공부하고. 그건 아주 중요한 일이라고 생각한다. 또한 결정적인 계기가 있었다. 한국에서 2년간 영어 선생님을 하고 있는 친구를 만났는데 한국말로 '왼쪽과 오른쪽'도 구분을 못하더라. 그래서 나는 한국말을 열심히 배워야겠다는 생각을 했다. 그리고 김사율이 영어를 열심히 배우는데 나는 사율에게 꼭 영어를 전체 문장으로 완전히 말하라고 가르친다. 그리고 나도 꼭 한국말을 문장으로 완전히 말하려고 노력한다."

학구파여서 그럴까. 그저 열심히 하는 수준이 아니라 체계적으로 언어의 특성을 파악하고 접근하려는 노력이 노련하기까지 했다. 한국어에 대한 그의 노력에 자긍심을 불어 넣기 위해 두 번째 인터뷰에서는 한국어로 일부 인터뷰를 시도해보았다. 그는 무척 긴장한 듯 드문드문 말을 이어나갔지만 문법적으로 정확한 존댓말로 대답을 해냈다. 처음 한국말을 시작한 의도를 다시 물었다.

"처음에 한국야구를 더 잘 알기 위해서 시작했어요. (긴 한숨) 한국말 어려워요. 지금도 가슴이 떨려요. (웃음) 공부하면서 한국 문화, 한국 사람들에 대해서 많이 알게 됐어요. 한국어 공부는 그 전 통역사 보비 홍이 많이 도와줬어요. 지금도 보고 싶어요. 한국 친구가 도와주고 책을 보고 인터넷에서 공부했어요. 매일, 매일, 매일 공부해요. 이젠 다 읽을 수 있어요, 듣는 건 70퍼센트 정도."

그의 동료들은 아무래도 경상도 사투리를 많이 사용할 텐데도 그의 억양이나 문법은 표준어에 가까웠다. 동료들과도 한국어를 하느냐고 묻자 그는 일부 동료들과 한국어로 이야길 나눈다고 했다. 대표적으로 홍성흔을 꼽았지만 역시나 부산 사투리를 알아듣는 데는 어려움이 있다며 웃었다.

혹시 한국어나 영어 선생님 같은 활동을 해볼 생각은 없느냐고 물었지만 그는 단호하게 고개를 저었다.

"아니에요. 은퇴하면 한국에서 한국야구와 관련해서 일하고 싶어요. 처음 선택은 롯데였으면 좋겠는데 안 되면 다른 팀에서라도 일하고 싶어요. 아직 부인에겐 비밀이에요. (웃음)"

대개 엉뚱하고 천방지축인 사고방식의 야구선수들은 삶을 대하는 태도가 진중하질 못한 때도 종종 있다. 하지만 사도스키는 삶에는 진지하게, 그러나 사고는 가볍고 자유롭게 하려는 현명한 면이 분명히 있다. 진지하고 현명한 태도로 야구를 대하고 있는 사도스키에게는 앞으로도 야구는 즐거움일 것이다. 때문에 그는 스스로를 행운아라고 생각한다. 즐거운 일을 직업으로 할 수 있는 사람이 세상에 얼마나 되겠는가. 뇌수술에 팔 수술을 두 번이나 받고도 아직도 그는 던지고 있다.

2010년 첫 인터뷰 때 사도스키는 "로이스터 감독 밑에서 오래 뛰며 우리 롯데의 우승과 꼭 함께하고 싶다"라고 말했었다. 그러고 나서 기회가 주어진다면 메이저리그에 다시 도전하겠다고 했지만 결국 그는 롯데 자이언츠에서 우승의 기회를 잡지는 못하고 2012시즌을 끝으로 3년 만에 다시 미국으로 돌아갔다. 2011시즌 막판에 부상으로 포스트 시즌에 출전하지 못하면서 약간의 불협화음이 있었다. 외국인 선수 영입에 어려움이 있던 롯데는 재계약을 검토하기도 했지만 결국 사도스키는 샌프란시스코 마이너리그와 계약을 맺었다.

그러나 그의 야구는 계속될 것이다. 건강이 허락하는 한 더 오래 던지고 싶다는 사도스키.

"누군가가 내 손에서 공을 빼앗아 갈 때까지 던질 것이다.(웃음) 매일 즐겁게 경쟁을 하는 것일 뿐이다. 팬들이 많이 찾아오는 가운데 할 수 있다면 더욱 즐겁고. 나는 행운아다."

사도스키에게 마지막으로 팬들에게 하고 싶은 말을 한국어로 부탁했다.

"안녕하세요, 롯데팬들. 여러분이 세계 최강입니다. 감사합니다."

사도스키의 이야기를 듣고 있으면 마치 사랑을 시작하는 연인들의 설렘처럼 야구를 대하고 있다는 생각도 든다. 야구를 존중하고 이해하고 사랑으로 감싸주려는 야구에 대한 그의 존경과 열정은 평생 그의 마음에 함께

할 것이라 확신할 수 있다. 그의 몸과 팔꿈치, 어깨가 경쟁력 있게 버텨주는 한, 사도스키는 식을 줄 모르는 야구 사랑으로 공을 손에 쥘 것이고, 또 힘껏 던질 것이다.

Bryan Corey **브라이언 코리**

출생 1973년 10월 21일 국적 미국 신체 183cm, 82kg 소속팀 클리블랜드 인디언스 포지션 스카우트

포기하지 말라, 절대로

브라이언 코리

운동선수치고는 그다지 크지 않은 체격이나 순한 인상의 얼굴, 그리고 조용하면서도 조리 있고 차분한 능변의 소유자. 2011년 롯데 자이언츠에서 뛴 브라이언 코리를 만난 곳은 어느 주말 롯데 자이언츠의 원정 숙소였다. 애초 30~40분 정도를 생각했던 인터뷰는 끝도 없이 이어졌고 2시간이 넘도록 이야기를 나눴다. 그런데도 여전히 듣고픈 이야기가, 하고픈 이야기가 남았을 정도로 그와는 야구에 대해서 나눌 이야기가 무궁무진했다.

그의 야구 인생 19년은 한 편의 드라마와 같았다. 1973년생, 당시 우리 나이로 39세였던 코리는 유격수로 프로에 드래프트돼 투수로 전향했고 길고 험한 야구 인생의 여정을 거쳐 한국프로야구에 뛰어들었다. 대단히 모험심이 강하고 도전을 두려워하지 않는, 부드러우면서도 강한 외유내강형의 성격을 지닌 선수. 브라이언 코리의 이야기다.

처음 그가 야구를 시작한 것은 기억조차 희미한 어린 시절의 일이었다. 4살이 되던 무렵이었을 것으로 추측된다. 무슨 이유였는지도 모르겠지만, 던지는 것이 그에겐 아주 쉬웠다. 늘 뭔가를 집으면 던졌다고 했다. 아버지는 어린 브라이언이 공을 던지는 동작과 모습이 무척이나 자연스러웠다고 당시를 회고하곤 했다.

그렇다면 타고난 투수였냐고 묻자, 그는 유격수였던 시절을 떠올렸다.

"나는 유격수였다. 피어스대학 때까지도 유격수였고, 프로에도 유격수로 드래프트됐다. 투수는 거의 하지 않았다. 고등학교 때 4이닝, 대학 때 10이닝을 던진 것이 전부였다. 그나마 타격 슬럼프에 빠졌을 때 잠깐 마무리로 던진 것뿐이었다. 투수라기보다는 그저 공을 세게 던지려고만 했었지만."

그는 공을 항상 빠르게 던질 수 있었다. 보통 150~152킬로미터 정도를 던졌고 최고 구속은 156킬로미터가 나온 적도 있었다. 2004년인가 요미우리에서 뛸 때였다.

한국에서 뛴 2011년에는 속구의 구속이 145킬로미터를 오르내렸지만 구질을 다양하게 이용하고 타자를 상대하는 방법을 터득하면서 구속 자체에 지나치게 집착하지 않는 마음 자세도 다질 수 있었다.

그가 투수가 된 인연도 기묘했다. 1993년에 디트로이트 타이거즈에 유격수로 뽑혔지만 빠른 스피드와 수비에 비해 타격이 시원치는 않았다. 2년간 내야수를 하다가 3년째가 됐는데 스프링 캠프를 앞두고 구단에서 연락이 왔다. 투수로 전향시키려고 하니, 만약 원치 않으면 팀을 떠나도 좋다고. 하루 동안 고민을 한 뒤, 결국 투수가 되기로 결정했다. 오프 시즌 내내 내야 훈련을 열심히 했지만 선택의 여지가 없었다. 야구를 포기할 수는 없다고 생각했고 투수 전향은 결과적으로 좋은 결정이었다. 3년 반 후에 투수로 빅리그에 올라갔으니 말이다. 내야수로는 아마도 빅리그에 가지 못했을지 모르니 선택을 후회할 이유는 없었다.

브라이언은 일단 결정을 하면 끝까지 내달리는 성격이다. 투수로 전향한 뒤로 19년째 그는 마운드에서 공을 던지며 지냈다. 그리고 투수가 된 지 3년 만에 빅리그에 올랐다.

"정확히는 3년 반 만이었다. 싱글A와 더블A를 거쳤고 주로 구원 투수, 마무리로 뛰었다. 사실 당시 나는 빅리그 준비가 완전히 돼 있지는 않았다. 그런데 애리조나 다이아몬드백스가 새로 생겼고, 신생팀 드래프트에서 나를 뽑았다. 당시 애리조나는 아직 더블A 팀이 없어서 트리플A로 갔는데 투수가 필요하자 갑자기 나를 빅리그에 올린 것이다. 그래서 잠깐 뛰었다(3경기). 나는 더블A 수준의 투수였고 아직 준비가 덜 됐었다."

첫 경기에 대한 기억도 여전히 선명하다. 1998년 5월 13일 밀워키와의 경기였는데 첫 타자를 공 4개로 걸어 보냈고 두 번째 타자가 밥 해몬드였는데 그가 던진 공을 우측 펜스 뒤의 수영장에 꽂아버렸다. 그러고는 연달아 세 타자를 잡고 내려갔다.

그렇게 짧지만 강렬한 경험을 했지만 그 후로는 참 오래 기다렸다. 그러고는 4년 후에나 다시 빅리그 마운드에 설 수 있었다. 그 뒤 팀도 거의 매년 바뀌었다.

1998년이 끝나자 애리조나는 대형 선수들을 영입하기 시작했다. 랜디 존슨이 들어오면서 브라이언은 40인 로스터에서 빠졌고 웨이버 공시된 그를 디트로이트가 다시 데려갔다. 1999시즌이 끝나자 마이너리그 FA가 됐고

오클랜드와 계약할 수 있었다. 기회가 많은 팀으로 갈 것인지, 그에게 관심이 많은 팀으로 갈 것인지를 고민하다 오클랜드를 택했다. 마이너리그는 늘 1년 계약이고 2000년 시즌이 끝나 다시 FA가 되면서 샌디에이고 파드리스와 계약했다. 오클랜드는 재계약을 원했지만 파드리스의 케빈 타워스 단장이 그에게 직접 전화를 했다. 그를 선발로 원한다고 했다. 파드리스 트리플A에서 선발로 뛰다가 불펜 강화를 위해 다시 구원으로 뛰기도 했다.

2002년에는 3년간 그를 데려가고 싶어 했던 LA 다저스와 계약했다. 또 새로운 시작이었지만 다저스에는 당시 9명의 뛰어난 구원 투수가 저마다 빅리그 로스터의 한 자리를 노리고 있었다. 결국은 개막전 로스터에 들지 못하고 트리플A로 갔는데 거기서 사고로 큰 부상을 당했다.

나의 야구는
끝난 것이 아니다

투수의 숙명인 어깨나 팔꿈치 부상이 아니었다. 훈련 첫날에 얼굴 왼쪽에 공을 맞았던 것이다. 타자들은 타격연습 중이었고 그는 1루에서 공을 받아주고 있었다. 그때 한 타자가 친 직선타구가 무척 강했는데 앞에 세워놓은 보호망 사이를 뚫고 정확히 그의 얼굴 측면을 강타했다. 턱뼈가 두 군데나 부러지고 말았다. 철사로 턱을 얼기설기 연결하고 5주간 재활을 해야 했다.

턱이 부러졌는데 한 달 조금 넘어 다시 마운드에 올랐다는 것은 믿기 어려운 사실이지만 그는 고집을 부렸다. 누구라도 성급하다며 말려야 하는 상황이었지만 그는 복귀가 간절했다. 빨리 복귀해서 활약을 보여주지 못하면 빅리그 가능성이 사라질 것이었다. 통증이 심했지만 하루도 운동을 쉬지 않았다.

가장 힘든 것은 음식을 먹지 못하는 것이었다. 4주 동안 액체 음식만 마셨다. 하루에 10깡통도 더 마셔야 했다. 만약 그의 몸무게가 3킬로그램 이상 빠진다면 당분간 운동을 할 수 없다고 말했기 때문에 하는 수 없이 그 맛없는 것을 정말 열심히 먹었다. 수프도 먹을 수 없었으니 배고픈 것은 엄청난 고통이었다. 하지만 액체 음식을 마셨다. 결국 액체 음식만 먹고도 오히려 1킬로그램이 불었다. 5주 동안 아무것도 씹지 않았더니 철사를 빼고 난 뒤에 아주 연한 음식을 먹었는데도 이가 너무 아팠다. 복귀 첫 경기에서 턱을 보호해야 한다면서 마우스피스를 받았는데 잇몸이 너무 아파서 몰래 꺼내 뒷주머니에 집어넣기도 했다.

그런데 복귀전에서 브라이언 코리와 한국의 첫 인연이 생기게 된다. 복귀하며 첫 경기에서 최희섭을 상대 타자로 만난 것이다. 아이오와 트리플A

와 경기에 복귀해 처음 마운드에 올랐는데 그곳에 최희섭이 있었다. 첫 이닝을 삼자범퇴로 막았더니 다음 이닝에 또 던지라고 했다. 그는 5주간 제대로 된 음식을 거의 먹지 못했기 때문에 2이닝째는 공을 던질 힘조차 없었다며 웃었다.

그리고 3주 후 그는 빅리그에 올라갔다. 4년 만의 빅리그 복귀였다.

"그날 빅리그로 가는 길이 얼마나 어려웠는지 모른다. 당시 트리플A 팀은 포틀랜드 원정이었는데 새벽에 팀에서 연락이 왔다. 그날이 미국의 현충일이었는데 비행기를 타고 곧바로 LA로 날아갔더니 운동장 인근 패사디나 시의 한 호텔에서 기다리라고 했다. 계속 기다렸다. 알고 보니 케빈 브라운을 DL에 올릴지를 놓고 결정을 내리지 못하고 있었다. 낮 1시 경기였는데 11시 45분에 전화를 하더니 곧바로 다저스타디움으로 오라고 했다. 시간을 못 맞추면 다시 트리플A로 가야 한다며."

그에겐 너무나 소중한 기회였다. 애리조나 시절에는 운 좋게 밀려서 빅리그에 올라간 것이지만 이번에는 정말 많은 고생과 투쟁과 도전을 거쳐얻게 된 기회였다. 그런데 다저스타디움으로 가기가 그렇게 어려울 줄은또 몰랐다.

경기장으로 가기 위해 탄 택시 기사가 갓 이민을 온 사람이었다. 영어를 거의 못했고 길조차 제대로 몰랐다. 10분 거리였는데 길을 잃어 40분이나도로에서 시간을 허비했다. 운동장에 도착해 가방을 메고 입장하는 팬 사이를 뚫고 뛰었다.

클럽하우스 세탁장 바닥에서 계약서에 사인을 한 기억이 지금도 생생하다. 40인 로스터에 들어가려면 계약을 해야 했으므로. 경기기 시작되기 직전이었다.

너무 정신이 없고 시간도 없어 아내에게만 겨우 전화를 할 수 있었다. 부모님과 형에게 전화를 하려 했지만 급히 유니폼을 갈아입고 불펜으로 가야 했다. 그런데 그날 경기가 ESPN을 통해 전국에 중계됐고, 그가 7회에 불펜에서 몸을 푸는 모습이 TV에 그대로 중계되었다. 체육관에서 운동을 하던 그의 형이 다저스 경기를 보고 있다가 동생이 몸을 푸는 모습을 봤고 그렇게 그의 가족, 친지들은 TV를 통해 브라이언 코리의 빅리그 복귀 소식을 극적으로 알게 됐다.

그런데 2002년 LA 다저스에서는 딱 한 경기를 뛴 것이 전부였다. 그해에는 어이없는 부상 때문에 지독히도 운이 없었다. 5월 28일 상대는 공교롭게도 그가 메이저리그 데뷔전을 치른 밀워키였다. 이번에는 한 이닝을 공 9개 삼자범퇴로 말끔히 마무리하고 콜로라도로 원정을 갔는데 다시 사고가 있었다.

불펜에서 몸을 풀려고 하는데 스파이크가 마운드 진흙에 딱 걸리면서 왼쪽 발목이 완전히 돌아가고 말았다. 다시 재활을 해야 했고 그 사이에 다저스는 노장 좌완 테리 멀홀랜드를 로스터에 포함시켰다. 정말 끔찍한 기억이었다. 그때 부상만 없었더라면 코리의 야구 인생은 완전히 바뀌었을 것이다. 4년간 각고의 노력 끝에 두 번째로 빅리그에 올라갔는데 단 한 경기만에 또 예측할 수 없었던 부상이 그의 앞길을 막았다.

그렇지만 그는 포기하지 않았다. 다시 빅리그에 복귀하는 데 또 4년이나 걸렸는데도 말이다.

"다음 해에는 다저스 트리플A에서 아주 좋았다(60경기 4승5패 2.97). 그러나 기회는 오지 않았고 나는 변화가 필요하다는 것을 느꼈다. 서른이 다 됐고 빅리그는 멀었다. 그래서 2003시즌이 끝나고 멕시코 윈터리그에 갔다. 선발로 변신을 노렸고 일본리그에 진출하겠다는 계획을 세웠다. 2004년에 시카고 커브스와 계약을 했는데 나의 일본행을 돕겠다고 했다. 시범 경기에서 잘 던졌지만 마지막에 개막전 로스터에서 탈락했고, 오히려 그 덕분에 일본으로 갈 수 있었다. 트리플A에서 몇 경기 던지고는 요미우리 자이언츠와 계약을 했다."

그러나 일본에서의 시작은 엉망이었다. 곧바로 팀에 합류할 줄 알았지만, 서류 절차 등으로 3주간이나 집에서 기다려야 했다. 적응하는 데도 야구 외적으로 너무 신경이 많이 쓰였다. 그리고 일본야구는 상당히 까다로웠다. 항상 완벽해야 했다. 그러나 야구라는 경기에서 완벽은 없지 않은가. 그 누구도 없었고, 앞으로도 절대 없을 것이다. 그러나 그는 완벽하려고 했고 모두를 만족시키려고 노력해야 했다. 첫 해외 리그에서의 그런 접근법은 오히려 그를 더욱 힘겹게 만들었다.

그 전 해에 많은 이닝을 던지고 곧바로 멕시코리그에 가서 겨울 동안 내내 던진 것도 무리가 돼서 돌아왔다. 요미우리에서 구원으로도 뛰고 마무리로도 뛰었지만 경기는 제대로 풀리지 않았다. 기복이 심했고 팀에 도움을 주지 못했다. 그렇게 무리하다 보니 팔에 통증까지 왔다. 2004년 일본 도전의 결과는 대실패였다.

일본에서 실패한 뒤 만 서른을 넘긴 나이에 다시 마이너에서 시작해야 했다. 2005년에 플로리다 말린스와 마이너 계약을 했다. 사실 그는 그해에 야구를 포기하려고 했다. 더는 희망이 없을 것 같았고 더 이상 야구가 즐겁지도 않았다. 은퇴를 생각했고, 야구는 정말 최악이었다(44경기 3승6패 7.65). 그러나 동료와 감독, 그리고 부인도 그런 상태에서 야구를 포기하지는 말라고 조언했다. 여전히 그의 능력을 믿어줬다. 시즌 후에 다시 멕시코 윈터 리그에 가서 겨우 한 자리를 얻어 재기를 노렸다.

그리고 2006년, 코리는 결국 다시 빅리그에서 재기에 성공할 수 있었다 (32경기 2승1패 3.69). 하지만 기록에서 보이는 것처럼 쉬운 과정은 아니었다. 커브스와 마이너 계약을 하고 캠프로 갔는데 첫 시범 경기에서 아웃카운트를 하나도 잡지 못하고 7점이나 내줘야 했다. 오클랜드전이었는데 일어날 수 있는 최악의 상황은 모두 발생한 경기였던 것으로 기억될 정도였다. 5-0으로 이기던 경기에서 한 타자도 못 잡고 7점을 내줬다. 두 경기를 더 던졌지만 결국 방출되었다. 그러니까 만 32세에 캠프에서 방출되고 갈 곳도 없어진 셈이었다.

물론 애리조나 캠프 인근에 머물 집도 있었고 어떤 팀에서든 불러만 준다면 던질 준비도 돼 있었다. 그러나 이미 스프링 캠프가 절반 이상 지난 그 시점에서 그처럼 나이가 많고 졸전으로 방출된 선수를 불러줄 팀은 사실상 없었다. 결국 그는 글러브와 스파이크를 들고 팀을 찾아다녔다. 텍사스 레인저스와 캔자스시티 로열스 등 캠프에 새벽부터 가서 기다렸다. 그저 딱 한 번 불펜 피칭을 던지게 해달라고. 그건 미국프로야구에서도 아주 드문 일이 아니라 그런 일이 실제로 가능할 수 있는지 내가 놀라워하자 그는 담담히 자신의 이야길 계속 풀어나갔다.

"당시 나는 13년째 프로야구판에서 뛰었고 아는 사람도 꽤 있었다. 그리고 무엇보다 나는 던지고 싶었다. 안면이 있는 사람을 만나면 딱 15분의 시간과 포수, 그리고 마운드만 제공해달라고 했다. 딱 한 번만 불펜 피칭을 할 테니 봐달라고. 나는 잃을 것이 없다고 생각했다."

그러던 어떤 날 아침 7시쯤에 레인저스에 갔는데, 10시 반쯤 다시 와보라는 말을 들었다. 어쨌든 관심을 보인 것도 처음이었다. 그래서 바로 옆의 로열스 캠프로 갔는데, 문전박대를 당했다. 사무를 보는 여직원이 그를 정신 나간 야구광 정도로 생각했던 모양이었다. 글러브와 스파이크만 들고 갑자기 나타났으니 그렇게 생각해도 무리는 아니었다. 그러다 전 동료이던 마크 글루질라넥을 만났고 그가 팀에 이야기를 해주었지만 결과적으로 로열스는 이 퇴물 투수에게 관심이 없었다.

10시 반이 다 되어 레인저스로 갔더니 기회를 줘서 불펜 피칭을 했는데 꽤 잘 던졌다. 그전부터 알던 벅 쇼월터 감독과 마크 코너 코치도 관심이 있다고 했다. 연락을 기다리라고 했지만 2주 반 동안 레인저스에서는 아무런 연락이 없었다. 캠프는 끝나갔고 결국 그는 멕시코리그로 갈 것인지 고민에 빠져들었다.

그런데 정규 시즌 4일을 남기고 레인저스에서 연락이 왔다. 하지만 트리플A에도 자리가 없어 일단 더블A로 가야 한다고 했다. 그가 더블A에서 마지막으로 뛴 것은 9년 전의 일이었다. 하지만 선택의 여지는 없었다. 레인저스 마이너 캠프에 합류해 마지막 시범 경기에서 한 경기를 던졌고, 꽤 쉬었지만 공은 그런대로 나쁘지 않았다.

그리고 기적 같은 일이 일어났다. 루 버트라는, 예전에 그와 함께 야구를 한 친구가 하루는 애리조나로 브라이언을 보러 왔다. 마이너에서 타자에서 투수로 전업하고 얼마 후에 그에게 체인지업을 가르쳐준 친구였다. 그

나의 야구는
끝난 것이 아니다

를 찾아온 루와 캐치볼을 하는데 공을 던질 때 글러브에서 공을 조금 더 빠르게 빼보면 어떻겠냐고 조언해주었다. 약간 불편하다고 느낄 정도로 조금 빠르게 빼서 던져보라는 말이었다. 그런데 놀랍게도 그것이 모든 것을 바꿔놓았다. 투구 동작부터 팔이 올라가는 각도와 공을 놓는 릴리스 포인트까지. 그 스스로도 구체적으로 설명할 수는 없었지만 단지 공을 빨리 빼는 것만으로 모든 것이 바뀌었다.

"처음엔 불편했다. 그때까지 전반적으로 나의 투구 템포나 동작 등은 느린 편이었다. 그런데 글러브에서 공을 조금 더 빨리 빼는 것으로 모든 것이 변했다. 모든 것이 너무 좋아졌다. 체인지업도 좋아졌고, 슬라이더는 커터로 변했고 구속도 빨라졌다."

그렇게 새로운 투구 동작으로 더블A를 맞이했다. 3개의 더블A 리그 전체에서 그는 최고령이었고 때론 코치들보다도 나이가 많았다. 그리고 텍사스의 마이너리그에만 적어도 10명의 젊고 유망한 투수가 그의 앞길을 막고 있다고 할 만큼 빅리그의 길은 멀었다.

물론 그들은 브라이언의 변화를 알지는 못했다. 그는 글러브에서 공을 조금 일찍 빼는 변화를 주었고 제구력, 구속, 공의 움직임 그 모든 것이 훨씬 좋아졌다. 자연스럽게 경쟁자들을 모두 제칠 수 있었고 약 7주 만에 빅리그에 올라갈 수 있었다.

그는 4년마다 한 번씩 메이저리그 마운드에 서는 진기한 기록을 수립하는 투수가 됐다. 당시 팀은 오마하 원정 중이었는데 갑자기 보스턴으로 급히 날아오라는 연락이 왔다. 텍사스 레인저스는 보스턴 레드삭스와 원정 경기를 벌이고 있었다. 그리고 역사적인 보스턴의 펜웨이파크에서 코리는 생애 최초의 빅리그 승리를 거두게 된다. 그의 야구 인생이 그러했던 것처럼 생애 최초의 빅리그 승리 역시 아주 극적이었다.

"2006년 6월 10일이었다. 비행기에서 내려 운동장에 가자마자 곧바로 몸을 풀고 준비를 하다가 구원 투수로 등판해 4명의 타자를 상대했고, 4명을 모두 삼진으로 잡았다. 6회 투아웃에 마운드에 올라 첫 타자를 삼진으로 잡았고 7회에도 세 명을 모두 삼진 처리했다. 6회에는 알렉스 곤살레스가 무슨 일인지 J. T. 스노우 대타로 나왔다가 삼진으로 이닝이 끝났고, 7회에는 코코 크리습, 케빈 유킬리스, 그리고 데이비드 오티스였다."

당시 보스턴을 대표하던, 그리고 2012년에도 현역으로 뛴 대단한 선수들이었지만 코리는 그들을 모두 삼진으로 잡아냈다. 그리고 동점이던 경기를 8회에 레인저스가 역전시키면서 그는 승리 투수가 됐다. 프로 생활을 한 지 13년 만이자 처음 빅리그 마운드에 선 지 8년 만의 일이었다.

그날 그가 마운드에 오르며 한 생각은 오직 하나. 더 잃을 것이 없다는 마음이었다. 불과 두 달 전에 스프링 캠프에서 방출돼 다른 선수들이 모두 훈련을 하고 있던 운동장을 쓸쓸히 떠나 집으로 가야 했던 날을 떠올렸다. 집에 도착했을 때는 여전히 이른 아침이었고 그의 아내는 자고 있었다. 방출됐다는 이야기를 해야 했다.

그는 13년 동안 매달린 야구에서 방출되었었다. 그리고 포기하지 않고 혼자 운동을 하다가 더블A와 트리플A를 거쳐 다시 빅리그 마운드에 서게 된 것이었다. 이제 더 잃을 것이 무엇이 있겠느냐는 심정으로 담담하고 공격적으로 던졌다. 메이저리그 마운드에 다시 선 것만으로도 큰 축복이었다. 쇼월터 감독은 4-4의 팽팽한 경기에 막 마이너에서 올라온 그를 출전시키며 믿음을 실어주었다.

"그 순간은 내 인생의 보너스나 마찬가지였다."

다음 날도 그는 또 마운드에 올랐다. 더블헤더였는데 비가 와서 6시간이나 지연된 끝에 경기가 열렸고 그는 1.1이닝을 무실점으로 막았다. 아내와 딸이 관중석에서 보고 있었다. 전날 승리가 우연이 아니었음을 보여주고 싶었고 정말 열심히 던졌다.

그렇게 텍사스 유니폼을 입고 16경기를 던졌다. 물론 잘 던진 경기도 있고 못 던진 경기도 있었다. 그러나 늘 온힘을 다해서 던져야 한다고 생각했다. 실제로도 그는 온힘으로 던졌다.

그러나 코리는 늘 25명 로스터의 마지막 자리를 채우는 선수였다. 부상했던 주전 투수가 돌아오고 그는 다시 웨이버에 공시됐고, 곧 보스턴으로 트레이드됐다. 빅리그 한 경기에 등판했는데 주전 포수 베리텍이 다치면서 마이너에서 포수가 올라오고 로스터 자리 마련을 위해서 그는 또다시 웨이버에 공시됐다. 일주일 후에 다시 보스턴과 마이너 계약을 하고 트리플A에서 남은 시즌을 뛰었다.

그리고 일주일 후인 8월 하순에 다시 빅리그로 올라갔다. 캐나다 오타와에서 열릴 트리플A 낮 경기를 준비하는데 보스턴에서 전화가 왔고 곧바로 비행기로 날아갔지만 이미 경기는 진행 중이었다. 그렇게 불펜에서 대기하다가 경기가 끝나자 그날 밤에 시애틀 원정을 위해 또 비행기를 탔다. 그렇게 시즌 끝까지 보스턴에서 뛰었다. 2006년에만 시카고 커브스-텍사스 더블A-텍사스 트리플A-텍사스 레인저스-보스턴 레드삭스-보스턴 트리플A-보스턴 레드삭스 등 소속을 7번이나 옮긴 셈이었다.

코리의 야구 인생 이야기는 끝이 없었다. 다음 해인 2007년 포스트 시즌에도 그는 특별한 경험을 했다. 2007시즌 대부분을 보스턴 마이너에서 보냈지만 9월에 빅리그에 올라가 9경기에서 1승에 1.93의 성적을 거뒀다. 그리고 포스트 시즌 내내 팀과 함께 준비했다. 로스터에 들지는 못했지만 너클볼 투수 웨이크필드가 부상 위험이 있었고 혹시라도 투수 중에 누군가 잘못되면 곧바로 투입될 예정이었다. 그래서 다른 투수와 똑같이 훈련하고 불펜 피칭을 하면서 준비하고 기다렸다. 25명 로스터에 들지 못한 26번째 선수였던 셈이다.

실제로 경기에서 던진 것만 제외하고는 모든 것이 똑같았다. 클리블랜드에 1승3패로 뒤졌을 때 선수만의 미팅을 하며 결의를 다졌던 순간의 기억도 생생하다. 결국, 마지막까지 아쉽게 로스터에 들지는 못했지만 우승의 순간까지 함께했고, 월드시리즈 우승 반지도 받았다.

2008년에도 그는 메이저리그에서 뛰었다. 시범 경기 성적이 아주 좋았고 레드삭스 개막전 로스터에 들었다. 보스턴이 일본에서 오클랜드와 개막전을 한 특이한 시즌이었다. 그리고 미국으로 돌아가 LA의 콜럿시움에서 다저스와 또 시범 경기를 했다. 그 경기는 내가 현장에서 취재를 한 경기이기도 했다.

"2이닝을 던졌고 거의 트리플 플레이를 끌어낸 투수가 바로 나였다. 주자 1, 2루에서 제프 켄트가 3루 땅볼을 쳤고, 3루수가 베이스를 밟고 2루와 1루로 연결했는데 2루에서 아슬아슬하게 세이프가 되면서 병살에 그쳤었다. 어쨌든 10만 명이 넘게 들어왔던 정말 인상적인 경기였다. 도쿄에서 오클랜드와의 두 경기에서 모두 던졌고 다저스전에서도 던졌고 토론토와의 시즌 첫 원정 경기에서도 던졌다."

하지만 그해에는 보스턴에서 총 7경기를 던진 것이 전부였다. 보스턴으로 돌아가 디트로이트와의 첫 홈시리즈에서 엉망으로 던진 후 그는 또 웨이버 공시됐다. 집으로 돌아가 4, 5일쯤 기다렸다. FA가 될지, 레드삭스와 다시 마이너 계약을 할지 고민을 하다가 엡스타인 단장이 그가 필요하다고 요청을 하자 결국 보스턴과 마이너 계약을 했다.

그렇게 마이너로 가서 이틀째인가 보스턴의 아파트에 있는 짐을 트리플 A가 있는 포터켓으로 옮기려고 갔는데 엡스타인 단장이 어디냐며 전화를 했다. 마이너로 짐을 옮기려고 보스턴에 왔다고 하니까 곧바로 공항으로 갈 수 있느냐고 물었다. 다시 빅리그 호출이었다. 다음 날 탬파와의 원정 경기에 8회 말 동점 상황에서 등판했다. 운동도 하지 않은 상태에서 11일 만의 첫 등판이었고 결과는 좋지 않았다. 그 주말 시리즈가 끝난 뒤 그는 다시 웨이버 공시됐다. 그리고 일주일도 지나지 않아 샌디에이고 파드리스로 트레이드됐다.

또 이적이었다. 보스턴에 있는 짐을 실은 트럭은 아직 풀지도 못한 상황이었다. 트럭을 아예 통째로 이삿짐센터를 통해 부치고 다음 날 샌디에이고로 날아갔다. 그날은 어머니날이었다. 그 경기에 곧바로 구원으로 등판했는데 마운드에서 샌디에이고 포수를 처음 만났다. 인사를 나누고 자신이 어떤 구질을 던지는지를 알려주고 그렇게 첫 등판을 했다. 1이닝을 잘 막았으니 나쁘지 않았다.

그러나 시즌이 만만치는 않았다. 세인트루이스에서 끝내기 만루 홈런을 맞기도 했고, 시즌 막판에는 부상으로 재활을 하기도 했다. 그렇게 시즌을 마쳤고, 결국 다시 방출돼 무적 선수가 됐다. 다음 해에 뛸 팀을 찾아야만 했다.

2009년 그가 만 35세가 되는 해였다. 은퇴를 생각할 때가 됐을 법한데도 그는 계속해서 야구를 하고 싶었다.

"나도 모르겠다. 야구를 좋아하고, 야구를 해서 돈을 벌고 가족을 꾸려가고, 여전히 타자들을 잡아낼 자신이 있었다. 그런 자신이 없었다면 그만두었을 것이다. 텍사스 레인저스와 마이너 계약을 했고, 트리플A에 자리가 없어서 캠프에서 기다리다가 결국 팀에 합류했다. 그리고 아주 중요한 시도를 하게 되었다."

그는 선수 생활 내내 거의 구원 투수로 뛰었다. 마무리로도 많이 뛰었다. 그런데 선발 투수로 뛰어 보겠다는 생각이 왜 그제야 들었는지 모른다. 텍사스 트리플A에서 31경기 중에 15경기에 선발로 나섰다. 시즌이 끝나고는 멕시코리그에 가서 선발 수업을 더 했다. 그리고 일본으로 날아가 치바 롯데의 트라이아웃에 참가했다. 어찌 보면 무작정 시도였다. 파드리스에서 뛸 때 팀 동료이던 이구치의 통역과 가깝게 지냈는데 그가 치바 롯데의 국제 스카우트가 됐다. 그런데 2009년 마이너 시즌 중에 스카우트가 된 그 친구를 우연히 만났다. 마침 그날 브라이언이 선발로 나서 7이닝 1안타로 호투했고, 스카우트를 통해 치바 롯데에서 트라이아웃의 기회가 있다는 것을 알았다. 사흘 동안 일본에 머물면서 불펜 피칭 등을 했고, 그렇게 계약서에 사인을 했다.

그렇지만 2010년 치바 롯데에서는 많이 뛰지 못했다. 선발로 계약을 했는데 좀처럼 기회가 없었다. 팀에서는 그를 불펜 요원으로 쓰려고 했고 코리는 계속 선발의 기회를 달라고 요청했다. 두 번인가 선발 기회를 주기도 했지만 그는 대부분 구원으로 기용했다. 그러다 부진하면 2군으로 갔고, 조금 잘하면 1군에 더 머물고 그런 상황이 반복됐다. 팀은 포스트 시즌에 진출했지만 그는 로스터에 들지 못했다. 그러나 그렇게 치바에서 뛰면서 좋은 관계를 유지했기 때문에 2011년 롯데 자이언츠로 올 기회가 열렸다고 생각했다.

한국행은 어떤 어려움도 없이 결정되었다. 그는 계속 공을 던지고 싶었고 당시도 빅리그에서 뛸 자신이 있을 만큼 의욕적이었다. 그러나 그의 나이는 어느새 만 37세를 넘겼고 155킬로미터의 강속구도 더 이상은 없었다. 아마도 빅리그에서 기회는 어려울 것이었다. 그런 생각들을 할 무렵 한국행 이야기가 나왔고 주변에서 한국야구의 높은 수준이나 좋은 이야기를 많이 들었던 터라 기꺼이 선택을 했다. 꼭 선발을 하고 싶었던 그의 바람도 잘 맞아 떨어졌다.

프로 스포츠 선수로 그 나이에 끝없는 도전을 하는 것이 힘겨울 법도 한데 그는 늘 자신에 차 있었다. 무엇보다 선발은 새로운 도전이었다. 투수는 혼자 마운드에 오르지만 혼자 경기를 하는 것은 아니다. 동료가 모두 함께 라인업에 이름을 올리고 뒤에서 그를 도와주었다. 때문에 책임감도 크고 또 선발 마운드에 선다는 자긍심도 있었다.

인터뷰를 진행할 당시 그는 야구선수로서 19년의 선수 생활을 이어가고 있었다. 그는 1년을 더 채워 선수 생활 20년을 만드는 것이 목표라고 했다. 그 뒤로는 가족들과 함께 시간을 보내는 것이 그의 목표다. 야구에 대해 미련 없이 열심히 달려왔기 때문에 남은 시간들은 모두 가족의 몫으로 남겨

두고 싶었다.

현역으로 활동하는 것에 자긍심을 가지고 있는 만큼 그에겐 체력관리도 아주 중요한 자기관리 중 하나다. 꾸준히, 열심히 운동하는 것. 그는 건강해지기 위한 노력을 게을리하지 않는다. 달리기는 물론 몸에 좋은 음식을 자주 먹고 담배나 술은 절대 하지 않았다. 여전히 장거리 달리기에서 어린 후배들을 모두 제치고 1등을 할 만큼 그는 야구를 하기 위해 자신을 단련하는 일에 철저하다.

그의 이야기를 듣고 있으면 온 생애를 통해 야구를 하고 있다는 그의 말이 전혀 과장처럼 여겨지지 않는다. 그만큼 그는 야구에 열성이었고 야구를 위해 온 청춘을 바쳤다. 야구는 늘 그의 삶의 일부였고 그와 가족에게 많은 것을 주었다. 야구가 그에게 많은 것을 주었으므로 그 역시 많은 것을 되돌려 주어야 한다는 것을 신념으로 간직하고 있다.

야구에 그가 받은 것을 돌려준다는 것은 결코 추상적인 관념만은 아니다. 그는 실제로 야구를 위해 자신이 할 수 있는 것을 고민하고 실천하고 싶어 한다. 가장 처음은 무엇보다 야구를 바르게 하는 태도라고 생각하고 있다.

"야구를 정당하고 바르게 하는 방법이 있고, 위대한 전통과 규칙과 불문율이 있다. 오랫동안 그런 올바른 야구를 배워왔고 그것을 존중하며 야구를 하고 있다. 해야 할 것이 있고, 해서는 안 되는 것이 있는데 야구는 그것을 지켜야 한다. 야구에서 받기만 해서는 안 된다. 명성과 부와 그 무엇이든 그저 받기만 해서는 절대 안 된다. 그만큼 더 열심히 운동하고 능력을 발휘해야 한다. 그리고 사회와 팬에게 봉사하고 돌려줘야 한다. 팬이 없다

나의 야구는
끝난 것이 아니다

면 야구도 없다. 아무도 신경 쓰지 않고 좋아해주지 않는다면 야구가 무슨 의미가 있나. 늘 그런 마음 자세로 선수 생활을 해왔고, 앞으로도 그렇게 할 것이다."

그에게 '야구' 이야기를 전해 들으며 건강하고 활력이 넘치는 야구의 묘미를 고스란히 전달받을 수 있었다. "그건 안 돼"라고 누군가 단정할 때에도, 상황이 정말로 "불가능이야"라고 그에게 통보할 때에도 그는 절대로 포기하지 않았다. 때문에 그는 마지막으로 하고 싶은 얘기를 묻자 절대로 포기하지 말라는 말을 남겼다.

"포기하지 말라. 절대로 포기하지 말라고 말하고 싶다. 의지가 있다면 길은 열린다. 자신의 능력을 믿고 포기하지 말고 도전하면 많은 것이 이루어지리라 생각한다."

마지막 아웃이 기록될 때까지는 절대 끝나는 것이 아닌 야구를 종종 인생에 비유하기도 한다. 포기하지 않는다면 경기가 끝나기 전까지 결과가 어떻게 될지는 절대로 알 수 없다. 그의 야구 인생을 들으면서 책으로 엮고 싶다는 생각이 든다고 말했더니 코리는 실제로 뉴욕의 한 출판사에서 의뢰가 온 적이 있다고 했다. 책이 나오면 한국어판은 내가 맡아주겠노라 약속을 했다.

도전하는 삶이 아름답다는 상투적인 말도 그의 인생 앞에선 경건한 울림과 힘을 갖는 것 같다. 코리, 그가 도전하고 또 도전하는 인생을 살아가길 응원해본다.

2011시즌이 끝난 후 롯데 자이언츠는 코리와 재계약하지 않았다. 코리는 기자에게 몇 차례 연락해 한국에서 계속 뛰고 싶다는 의사를 밝히기도

했었다. 그리고 결국 코리는 2012년 독립리그에서 뛰다가 이젠 트리플A가
된 멕시코리그에서 시즌을 마쳤다. 2012년 그의 성적인 29경기, 25선발에
서 9승10패 5.82였다.

롯데 자이언츠가
선택한
외국인 선수들

롯데 자이언츠에서는 펠릭스 호세가 가장 뚜렷한 족적을 남긴 외국인 선수였다. 롯데가 마지막으로 한국시리즈에 진출했던 1999년, 그 중심에는 호세가 있었다. 그해 호세는 타율 3할2푼7리, 36홈런, 122타점을 기록하며 특급 타자의 면모를 과시했다. 그러나 호세는 그해 삼성과의 플레이오프에서 물병을 던진 관중석을 향해 배트를 던지는 등 다혈질적 행동으로 질타를 받기도 했다. 호세는 2001년 다시 롯데 유니폼을 입고 타율 3할3푼5리, 36홈런, 102타점으로 녹슬지 않은 실력을 과시했으나, 메이저리그 도전을 포기하고 돌아온 2006년과 2007년에는 뚜렷한 노쇠화 기미를 보이며 퇴출되고 말았다.

카림 가르시아도 부산에서 호세 못지않은 사랑을 받았던 외국인 선수다. 2008년 롯데 유니폼을 입은 뒤 3년 동안 타율 2할6푼7리, 85홈런, 278타점을 올렸고, 특히 강한 어깨를 앞세운 총알 같은 외야 송구는 타의 추종을 불허했다. 롯데는 가르시아를 영입해 8년 만에 포스트 시즌에 오를 수 있었고, 부산 사직구장은 야구의 메카로 더욱 뜨거운 열기를 뿜어냈다. 외국인 투수로는 최근 라이언 사도스키, 존 애킨스가 각각 선발과 마무리로 사랑받았고 브라이언 코리는 2011년 구원을 오가며 좋은 활약을 했다. 또한 셰인 유먼은 2012년부터 기대 이상의 활약으로 에이스 역할을 하고 있다.

Part. 4

KIA 타이거즈

슬로우 스타터, 야구로 웃음을 말하디 **앤서니 르루**

야구를 좋아하는 그 천진함에 대하여 **트레비스 블랙클리**

Anthony Lerew **앤서니 르루**

출생 1982년 10월 28일 국적 미국 신체 193cm, 102kg 소속팀 KIA 타이거즈 포지션 투수

슬로우 스타터, 야구로 웃음을 말하다

앤서니 르루

인터뷰를 많이 하다 보면 첫마디를 건네기도 전에 느껴지는 '감(感)'이라는 게 생긴다. 소위 '촉'이 좋아지는 것이다. 앤서니는 처음 보는 순간 약간은 긴장하고 있다는 느낌과 함께 이 친구는 분명 유쾌하고 선한 사람이라는 감을 받았다. 일단 말문이 트이자 익살스러운 미소와 분위기를 유쾌하게 만드는 언변에 나는 절로 유쾌해졌다. 칭찬에는 "감사합니다람쥐"라는 유행어로 맞받아치던 그는 정말이지 그 짧은 시간에 한국 사람이 다 된 것 같았다. 그와 인터뷰한 것은 2012년 7월 중순, 비가 내리는 서울 원정 숙소였다. 한국 생활 4개월 남짓, 그러나 그는 야구는 물론 야구 외적인 면에서도 빠르게 한국에 적응하는 모습이었다.

앤서니 알렌 르루의 출생지는 미국 펜실베니아 주의 칼라일. 그러나 그곳은 문자 그대로 그가 태어난 병원이 있는 도시였고, 그를 진정 품고 자란 도시는 딜스버그라는 농촌 마을이었다. 농장이 많고 비교적 한산한, 전체 주민이 2,000명이 겨우 넘는 작은 전원 도시 딜스버그에서 그는 유년기를 보냈다. 한적한 전원 마을이었지만 딜스버그에는 풋볼을 좋아하는 주민들로 넘쳐났는데 어쩐 일인지 앤서니는 어려서부터 야구에 몰두했다.

"야구를 하지 않은 기억이 없다. 나는 아주 어려서부터 항상 야구와 함께였다."

앤서니는 위로 누나가 한 명뿐, 남자형제는 없었다. 그런 그에게 아버지는 '남자의 운동'을 가르쳐주고 즐길 수 있게 해준 친구 같은 존재였다.

"나는 어릴 때 항상 에너지가 넘치던 아이였다고 한다. 가만히 있지를 못하고 무엇이든 하지 않으면 안 되는 그런 아이였다. 그런 내게 아버지도 뭐든 시키지 않으면 안 됐을 것이다. 우리에겐 그게 캐치볼이었다. (웃음)"

처음부터 투수였던 것은 아니었다. 한적한 시골마을의 학교이다 보니 선수도 많지 않았고 운동을 잘하던 그는 야구를 할 때면 거의 모든 포지션을 섭렵했다. 유격수, 3루수, 외야수까지 그는 야구에 있어서 만능 엔터테이너였다. 그런데 투수는 가끔 주어지는 포지션이었다. 야수를 하다가 정투수가 필요해지면 불려나가는 정도였고 고교 시절까지 앤서니는 주로 외야수로 활약했다.

그런데 2001년 그는 타자가 아닌 투수로 프로에 드래프트되었다. 고교 시절 외야수로 많이 뛰었지만 애틀랜타 브레이브스 스카우트는 투수로서의 가능성에 더 큰 점수를 주었다. 사실 그는 고등학생 때 이미 꽤, 아니아주 빠른 공을 던질 수 있었다. 4년제인 미국 고등학교에서 아주 드물게 고1 때부터 팀의 주전으로 활약한 앤서니는 졸업반 때 150킬로미터의 빠른 공을 던졌을 정도였지만 늘 투수보다는 타자를 꿈꿨다. 고교 4년 연속 주전 외야수로 뛰면서 그는 타율 5할 이상을 기록했다. 앤서니는 웃으면서, 어머니 로이스 씨에게 물어보면 자신의 고등학교 때 기록을 아주 상세히 알 수 있을 것이라고 했다. 어머니는 그가 다닌 노던시니어고등학교의 선생님이셨고, 아버지 미키는 야구팀 감독이셨다.

투수로 변신해 마이너리그에서 뛸 때도 타격은 좋았다. 통상 2할8푼에 홈런을 친 적도 있었고 도루도 4개나 있을 만큼 타자로서 가능성이 있었지만 팀은 그에게 투수를 권했다. 드래프트에서 비교적 낮은 11라운드에 뽑힌 그는 선수 생활을 마치고 대학에 갈 경우 학비를 지원받는 조건으로 계약서에 사인했다. 그 계약은 평생 유효하기 때문에 앤서니는 은퇴 후에도 애틀랜타의 후원 아래 대학을 다닐 수 있다. 2001년에 비해 학비가 훨씬 오르고 있기 때문에 아주 좋은 계약을 한 것이라는 농담을 잊지 않았다. 사실 앤서니는 펜실베니아주립대학교에서도 야구와 풋볼 장학금을 받고 입학하는 제의를 받기도 했었다. 생색을 내지 않아서 그렇지 아마도 그가 살던 도시에서는 가장 잘 나가는 고교 스타였던 것이 분명하다.

하지만 그는 프로의 길을 선택했고 마이너 생활은 순조로웠다. 3년간 마이너에서 선발로만 활동한 끝에 4년째인 2005년에는 더블A를 거쳐 트리플A까지 올라간 끝에 22살의 나이로 빅리그에 데뷔하게 된다. 9월이 되면서 마이너리그 유망주들에게 기회를 주기 위해 로스터가 40명으로 늘어났고 앤서니도 부름을 받은 것이다. 그러나 선발 투수가 아닌 구원 투수로 불펜에 배치됐다.

빅리그에 올라간 첫날 준비를 하라는 지시를 받았던 때의 기억은 생생하기만 하다. 몸을 풀기 위해서 불펜에서 있는 힘껏 공을 던지며 준비를 했지만 그는 결국 그날 경기에 나서지는 않았다. 태어나서 가장 긴장했던 순간이었다. 사실 앤서니는 내심 그렇게 되길 바랐었다고 했다.

"마이너에서는 꾸준히 선발이었지만 빅리스에선 갑자기 구원 투수를 해야 했고, 어떻게 준비해야 할지 막막했었다. 차라리 경기에 뛰지 않는 게 안심이 될 정도였으니까."

그러나 연습은 한 번으로 족했다. 바로 다음 날, 앤서니는 신시내티전에서 생애 첫 메이저리그 등판을 했다. 2005년 9월 4일이었다. 애틀랜타의 홈 터너필드에서 벌어진 그날 경기는 내내 팽팽하다가 앤서니 바로 앞에 나간 투수가 얻어맞으면서 점수가 벌어졌다. 그러자 감독은 신인인 그를 등판시켰다. 어차피 넘어간 경기니까 편하게 데뷔전을 치르라는 배려였지만 그는 아무런 생각도 나지 않았다. 전날보다 더 떨렸던 것은 당연했다.

"도대체 불펜에서 마운드까지 어떻게 걸어 나갔는지 모르겠다. 마운드에서 기다리던 보비 콕스 감독이 뭐라고 말을 했는데 그것도 전혀 기억나지 않았다. 그저 포수에게 가장 빠른 공을 던져야겠다는 생각만 했다."

결과적으로는 두 타자를 맞아 삼진 하나와 범타로 처리하며 성공적인 데뷔전을 치렀다. 그렇게 첫해 대부분 지는 경기에 7번 구원 등판해 경험을 쌓았다. 그러나 강렬한 인상을 심어주지는 못한 첫 빅리그 경험이었다. 그리고 다음 2년간은 힘겨웠다. 팔꿈치에 통증을 달고 살았고 빅리그 기회는 단 4경기뿐이었다. 결국 2006시즌을 채 마치지 못하고 그는 팔꿈치 수술을 받게 된다.

시즌 중간에 팔꿈치 인대접합 수술을 받은 그는 재활을 위해 10개월 이

상을 치료와 재활로 보냈다. 길고 지루한 단순 운동의 반복이었지만 다시 공을 던질 수 있다면 견딜 수 있는 아픔이었다. 결국 2008시즌 후반, 앤서니는 다시 마운드에 오를 수 있게 되었다.

하지만 구속은 전 같지 않았다. 보통 150~156킬로미터까지 나오던 강속구의 구속이 145~153킬로미터 정도로 떨어졌다. 빠른 공을 던지던 투수가 구속을 잃으면 마치 정체성을 잃는 느낌이라고 한다. 앤서니 역시 처음엔 예전만큼 빠른 공을 던질 수 없다는 사실을 받아들이기가 쉽지 않았다. 그러나 수술을 받고 고통의 날을 버텨내면서 그는 현명해졌다. 그는 "지금도 구속이 완전히 돌아왔다고는 할 수 없지만 마운드에서 투구를 하는 데 문제가 없으니 그거면 됐다. 아직도 공을 던질 수 있고 타자를 잡을 수 있으니까. 예전에는 정말 빠르게 던지기는 했다. 그렇지만 투수로 훨씬 경험도 쌓이고 영악해졌다고 해야 할까"라고 스스로를 평가했다.

그러나 팀은 생각이 달랐다. 2009시즌을 앞두고 애틀랜타는 그를 캔자스시티로 트레이드했는데 결과적으로는 변화의 계기였다. 애틀랜타에서 부단장을 지내던 데이턴 무어가 캔자스시티 단장으로 옮겨가면서 그를 픽업한 것이어서 사실 좋은 기회였다. 더블A에서 27경기에 선발로 나서 생애 두 번째 10승에 152이닝을 소화했고 그해 가을엔 빅리그로 승격됐다. 3경기 중에 두 번은 선발로도 출전했는데 9월 29일 뉴욕 양키스와의 원정 경기에서 6이닝 2실점으로 호투하고도 팀이 역전패하며 승리 투수가 되지 못한 경기는 여전이 아쉽다.

"뉴욕 양키스타디움에서 선발로 나가 6이닝 2실점했는데, 가족들도 모두 와서 보고 정말 멋진 날이었다. 9회에 역전패하며 승리 투수가 되진 못했지만 내가 그날의 선수에 선정되었다."

비록 승리 투수가 되진 못했지만 그는 천천히 빅리그의 첫 승리를 향해 다가가고 있었다. 그리고 이듬해인 2010년 6월, 다시 빅리그에 올라가 비로소 승리를 거머쥐게 된다. 2010년 첫 선발 등판에서 휴스턴을 상대로 6이닝 2실점으로 잘 던졌지만 승패를 기록하지 못했고 두 번째 워싱턴 원정에서는 5⅓이닝 4실점으로 시원치 않으며 패전 투수가 됐다. 그리고 마침내 6월 28일 시즌 세 번째 선발 경기에서 화이트삭스를 6이닝 1실점으로 막고 감격의 빅리그 첫 승리를 기록했다. 카를로스 퀜틴에게 홈런을 맞은 것이 유일한 실점이었다. '승리공'과 스코어카드 등 기념될 만한 모든 물품을 수거한 것은 물론이다. 결과적으로는 그날 경기가 앤서니의 처음이자 유일한 그의 빅리그 승리로 기록됐다. 그해 성적은 6경기에서 1승4패였고, 통산 빅리그 성적은 21경기에서 1승7패에 평균자책점 7.48이었다.

7월 하순 다시 트리플A로 내려간 앤서니는 시즌이 끝나자 또 도전을 시작한다. FA로 풀린 그는 다음 해를 기약할 수 없는 입장이었다. 그래서 다음 시즌을 준비하고 또 자신의 능력을 겨울 시장에 보여주기 위해서는 윈터리그에서 뛸 필요가 있었다. 그는 베네수엘라로 날아갔다. 베네수엘라 리그는 한국과 비슷하게 열정적인 팬 문화로 유명하다. 4승을 거두면서 기세를 올리던 앤서니는 딸 래시턴의 출생으로 잠시 미국으로 귀국했다가 곧 윈터리그로 복귀했다.

그런데 딸이 복덩이였는지 큰 선물이 그를 기다리고 있었다. 야구 인생 첫 노히트 노런을 기록한 것이다. 당시 앤서니는 발렌시아 나비간테의 선발로 뛰었는데 라이벌이었던 카라카스와의 경기에서, 그것도 홈팬 앞에서 노히트 노런을 기록했다. 뉴욕 양키스와 보스턴 레드삭스 이상으로 치열한 라이벌 관계이던 두 팀이었으니 홈 관중들은 열광했고 그의 인기는 폭발했다. 야구선수로서 누릴 수 있는 최고로 멋진 추억이자 행복이었다고 그는 말한다. 요즘도 앤서니는 종종 당시를 회상하며 유튜브를 통해 영상을 돌려보기도 한다고 말했다.

그 노히트 경기는 결과적으로 그에게 새로운 길을 열어주는 열쇠가 됐다. 마침 일본 스카우트가 그 경기를 관전했고 소프트뱅크에서 계약을 제안했다. 사실 당시 KIA도 러브콜을 보내왔지만, 앤서니는 주변의 권유에 따라 일본으로 향했다.

그런데 상황이 그다지 우호적이지 않았다. 당시 소프트뱅크에는 D. J. 홀턴이라는 외국인 투수가 있었는데 전 시즌에서 부상을 겪는 바람에 혹시 홀턴이 준비가 되지 않을 경우 그를 대체할 선수가 필요했다. 그게 바로 앤서니였다. 보험용 선수인 셈이었고 홀턴은 무려 18승을 거두는 사상 최고의 시즌을 보냈다. 결과적으로 경기에 설 기회조차 제대로 얻지 못한 채 3개월 동안 구원으로 8이닝 정도를 던진 것이 전부였다.

컨디션도 좋고 늘 던질 준비가 돼 있지만 대부분 시즌을 2군에서 보낸 앤서니를 KIA는 여전히 주목하고 있었다. 그렇게 흐지부지 2011시즌이 끝나자 KIA에서 다시 한국행을 제시했고 앤서니는 주저하지 않았다. 그리고 그 선택은 최선의 결과로 이어졌다. 야구와 문화 등 무엇이 다른가를 물었더니 그는 여러 가지 면에서 많은 차이가 있다며 좀 특이한 대답을 하기도 했다. 한국에는 영어를 쓰는 사람들도 많았고, 한국에 처음 도착해 식사를 한 호텔에서 포크를 사용하는 것 역시 마음에 들었다고 했다. 운전대 방향이 달라서, 영어간판을 거의 찾아볼 수 없어서 난감해했던 일본에서의 생활을 생각하면 한국은 오히려 미국과 조금 더 가까워진 듯 그에게 낯선 국가가 아닌 것처럼 느껴졌다. 그리고 무엇보다 한국인들은 친절했다.

야구도 마찬가지였다. 사실 일본에서 경험한 야구는 거의 없는 편에 가까웠지만, 응원 문화나 운동장의 느낌이나 규격, 팬의 모습 등이 상이하다는 걸 느낄 수는 있었다. 물론 비슷한 점도 있었다. 일본과 한국 모두 팀플레이를 중시하는 기본적인 야구의 형태를 지향했다. 헛스윙이 적고, 파울볼도 많은 야구, 앤서니는 아시아의 두 나라의 야구 방식이 미묘한 듯 다르고, 또 닮아 있는 점을 느꼈다고 했다. 그는 유쾌하고 때론 익살스러웠지만 상당히 세심한 관찰력과 정서를 지닌 선수였다.

그렇지만 한국야구에 정착한다는 것이 쉽지는 않았다. 가장 큰 문제는 그가 늘 슬로우 스타터라는 점이었다.

"늘 이상할 정도로 나는 슬로우 스타터였다. 매년 초반은 힘들고, 점점 시간이 흐르면서 더 잘 던지기 시작하고 나아진다. 시즌 초반에 컨디션이 아주 좋아 스스로 무리를 하는 것일지도 모른다. 괜한 징크스를 만들까 봐 그 생각에 얽매이진 않으려고 하는데 거의 매년 초반에는 고전을 면치 못했다."

한국프로야구에서도 마찬가지였다. 4월 네 경기에 선발로 나서 평균 5이닝도 못 채웠고 1승2패에 평균자책점이 무려 7.91이었다. 당장 성적을 내야 하는 외국인 선수로서는 치명적인 부진이었다. 결국 5월 18일 거의 최후통첩을 받은 상태에서 그는 마운드에 올랐다. KIA가 이미 헨리 소사라는 투수와 계약을 했다는 소식이 전해졌고 앤서니가 아니면 라미레스가 방출될 상황이었다. 예상은 앤서니를 포기한다는 쪽으로 기울었다. 바로 전 5월 12일 두산전에서도 6이닝 7실점(5자책점)으로 부진했기에 거의 절망적인 상태라고 해도 과언이 아니었다.

그날 경기를 회상하며 앤서니는 말했다.

"걱정한다고 될 일은 아니었고 나는 그저 최선을 다해서 경기에 임했다. 그러나 잘 던져야 한다는 것을 알았고 더 집중했던 것 같다. 내가 방출 대상이었다는 것을 확실히는 몰랐지만 분명히 그것이 계기가 됐던 것 같다. 냉엄한 현실에서 살아남아야 한다는 자극이었다."

그날 롯데를 만나 앤서니는 5⅔이닝을 던졌다. 4점을 내줬지만 수비 실책이 이어져 자책점은 1점뿐이었고 내용도 상당히 좋았다. KIA는 보직을 놓고 이견을 보인 빅리그 40승 투수 호라시오 라미레스를 포기하고 빅리그 1승 투수인 앤서니를 선택했다. 결과적으로 앤서니는 32경기(27선발)에 출전해 171⅔이닝을 소화하며 11승13패 1세이브의 호성적을 거두며 투수진의 든든한 버팀목이 됐으니 그 선택은 탁월했다.

한국에서 야구를 하면서 그는 인내심, 참을성을 배웠다고 했다. 한국에서 야구는 헛스윙은 없고, 모든 공을 파울로 만드는 게임이라며 웃었다. 미국야구에서는 분명 투수가 좋은 경기를 할 수 있는 패턴이 있었는데 한국야구에서는 그 패턴이 통하지 않아 초반에 꽤 고생을 했다. 그가 얻은 결과는 '몸 쪽을 잘 던지고, 변화구는 거의 땅에 떨어지게 던질 것. 그리고 투구수를 줄일 것.'

한국 타자를 상대할 때 그는 주로 강속구로 승부를 했다. 제구력 역시 대단히 중요하고 체인지업과 커브도 던지지만 85퍼센트 정도는 빠른 공을 던

져 상대를 제압했다. 특히 미국에서 잘 통하던 체인지업을 어설프게 던지다가 장타를 얻어맞는 경험을 몇 차례 하고 나서는 체인지업은 바닥에 떨어질 정도로 던져야 한다는 것도 배웠다. 한국 타자들의 헛스윙을 끌어낸다는 것은 미국보다 몇 배는 어려운 과제였다.

이렇게 어려운 적응기를 거치며 스트레스도 말 못하게 많았지만 그럼에도 앤서니는 항상 밝고 긍정적이었다. 외국인 선수면서도 동료들에게 오히려 활력소였다.

"동료들과 농담하고 즐겁게 지내는 생활이 정말로 좋다. 미국보다 오히려 한국에서 동료들과 더 가족처럼 지낸다. 모두들 농담을 잘 받아주고 마음을 편안하게 해준다. 말은 잘 통하지 않지만, 몸짓, 발짓, 또 서로 다른

앤서니 르루

언어지만 짧은 영어나 한국어로 대화를 나누다 보면 마음이 통한다는 걸 느낄 수 있다. 소통이라는 게 그런 게 아니겠나? 그리고 우리는 서로 야구를 이해하는 사람들이다. 그러니 즐거운 농담이나 편안함 같은 건 눈짓만으로도 통한다.”

한국 선수들 사이에서 앤서니는 ‘신났네!’라는 다소 엉뚱한 별명으로 불린다. 그가 언제나 에너지를 불러일으키는 유쾌한 농담과 편안함으로 분위기를 주도하는 것을 보고 늘 신명 나는 친구라는 공감대가 돌다가 아예 그를 보면 누구나 ‘신났네!’라고 부르기 시작한 것이다. ‘신났네’ 앤서니는 별명답게 한국식 농담에도 익숙하다. “안녕하십니까불이. 까불이” 같은 개그 유행어도 그에겐 어려운 한국어가 아닌 동료들과 재미있게 소통할 수 있는 에너지원이었다. 재밌는 사실은 앤서니가 개그 프로를 시청하지 않는다는 것이다. 틀어놔야 알아들을 수도 없으니까. 하지만 통역에게 늘 재미있는 말이 무엇인지 묻고 배우고, 또 동료들이 그런 재미있는 말을 하면 무슨 뜻이냐고 물어보며 함께 어울리길 자청한 덕분에 웬만한 우스갯소리는 능청스럽게 뱉어낸다. 사람들을 웃길 수 있는 능력, 그것도 앤서니에게는 낯선 땅에서 자신을 팀에 녹여낼 수 있는 비법이자 팀워크였다.

앤서니가 한국에 빠르게 적응했다는 면을 보여주는 다른 사례는 바로 음식이다. 어떤 음식을 좋아하게 됐느냐고 묻자 그는 주저 없이 “자장면 곱빼기. 고춧가루도 최고다. 매운 맛을 좋아한다. 짬뽕과 탕수육도 좋아하고 갈비와 불고기는 최고다. 김치도 물론 좋아한다. 나는 모든 한국의 전통 음식을 시도해보려고 한다. 아직 개고기는 못 먹어봤는데 시도해볼 것이다. 지난번에 먹어보려 했는데 윤석민이 예전에 그것을 먹고 시즌 성적이 안 좋았다고 해서 망설이고 있다. 홍어와 산낙지도 조만간 도전할 것이다"라고 말하는데 웃음기가 섞였지만 정말로 한국 음식에 빠졌다는 느낌을 주었다. 또한 한국에 와서 얻은 별명도 웃음을 터뜨리게 했다. "미국에서의 별명은 수염이 닮은 배우 '래시'였는데, 한국에 오니 사람들이 '룰루 비데'라고 부른다. (웃음) 원래 내 이름과 발음은 다르지만 한국 발음으로는 거의 같으니 그렇게 부른다. 그런데 한국에는 비데가 정말 잘 돼 있다. 미국보다 훨씬 편하다"라며 인터뷰장을 웃음바다로 만들기도 했다.

평소에는 이렇게 익살스럽고 웃음을 달고 사는, 또 아주 느긋한 앤서니지만 마운드에서 경기를 운영하는 그의 능력은 상당히 빠르고 탁월하다. 포수에게 공을 받으면 주저하지 않고 곧바로 타자와 상대하는 것은 그의 강점 중에 하나다.

"나는 마운드에서 시간 끄는 것을 싫어한다. 타자가 준비되면 곧바로 던진다. 그것이 동료 야수들에게도 도움이 된다고 생각한다. 경기가 빨리 진행되는 것은 누구에게나 좋다고 생각한다. 어려서부터 늘 그랬다. 공을 받으면 곧바로 포수 미트를 보고 던진다. 마운드에서 생각이 길어지면 좋을 것이 없다."

한 가지 앤서니의 아주 특이한 점은 상대 타자에 대한 사전 분석을 거의 안 한다는 것이다. 그도 많은 야구선수처럼 징크스가 꽤 많은 편인데 그중의 하나는 늘 자신이 들은 것의 반대로 이루어진다는 것이다. 통역이 앤서니에게 "저 선수는 홈런 파워는 없어"라고 말하자 그 선수에게만 홈런 두 방을 맞았고, 한 번은 "저 타자는 요즘 슬럼프야"라고 코치가 말했는데 앤서니가 그 타자에게만 유독 난타를 당한 적도 있었다. 어려서부터 그런 일이 많다 보니 그는 통계보다는 직감을 믿기 시작했다고 한다.

"사실 모르는 게 편하다. 나는 마운드에 올라 타자를 유심히 살펴보고 관찰하면서 던진다. 누구나 잘 되는 날이 있고 또 안 되는 날이 있다. 타자의 비디오도 거의 안 본다. 그냥 내가 모든 책임을 지는 게 편하다. 공 한두 개 던져보면 타자가 어떤 생각을 하는지 알 수 있으니까."

그래서 그는 상대 타자에 대한 아주 기본적은 정보만 가지고 등판하는 편이다. 발이 빠른 타자인지 정도만 숙지하는 편이고, 타자를 경험으로 상대하면서 체득한 데이터는 그의 머릿속에 담아두며 승부를 이어간다. 그러나 2012시즌에 갈수록 잘 던진 것을 보면 분명히 앤서니는 나름대로 독특한 마운드에서의 생존법이 있는 셈이다.

앤서니는 더 이상 메이저리그를 꿈꾸지 않는다고 했다. 꿈이 낮추어졌다거나, 사라진 것은 결코 아니다. 그러나 이제는 마이너와 메이저를 오가며 이사와 적응을 반복해야 하는 과도기를 지나, 안정적으로 즐기면서 하는 야구를 원하기 때문이다. 자신을 꼭 원하는 팀에서 뛰고 싶은 마음도 큰데 바로 한국, 그리고 KIA에서의 야구다.

"요즘 나는 가장 행복한 시절을 보내고 있다. 일본이나 다른 곳으로 돌아가고 싶지 않다. 내게 기회만 주어진다면 나는 당연히 KIA의 유니폼을 입고 싶다. 오래도록 이곳의 마운드에서 공을 던지고 싶다. 오래도록 던지는 것, 내게 야구는 그것이다. 또한 한국에서 오래 던지는 것, 내게 그것은 행복이다."

어릴 적 항상 즐거움이었던 야구가 직업이 되면서 낙천적이고 긍정적인 그에게도 어느 순간 야구는 족쇄나 압박이 되기도 했다. 하지만 한국에서

나의 야구는
끝난 것이 아니다

의 생활은 그에게 다시 그 시절의 꿈과 낭만을 찾게 해주었다. 최선을 다해 즐겁게 던질 것. 앤서니에게 한국에서의 야구는 행복 그 자체였다.

그리고 2013년 앤서니 르루는 한국으로, KIA 타이거즈로 돌아왔다. 2년 차인 그가 보여줄 마운드에서의 활약과 마운드 밖에서의 유쾌함이 기다려진다.

Travis Blackley **트레비스 블랙클리**

출생 1982년 11월 4일   국적 오스트레일리아   신체 192cm, 92.9kg   소속팀 휴스턴 애스트로스   포지션 투수

야구를 좋아하는 그 천진함에 대하여

트레비스 블랙클리

참 두고두고 아쉽다는 생각이 드는 선수가 트레비스 블랙클리다. 왼손 투수인 트레비스는 2011시즌에 KIA 타이거즈에서 뛰면서 25경기(22선발)에서 7승5패 1홀드에 3.48의 기록을 남겼다. 후반기에 부상 결장이 있었지만 강속구의 힘이 있고 투지 좋은, 그것도 왼손 투수였다. 그러나 어쩐 일인지 재계약을 하지 않았고 트레비스는 미국으로 돌아가 샌프란시스코와 마이너 계약을 했다가 오클랜드 에이스로 자리를 옮겼다. 그리고 2012시즌 중반기 이후 메이저리그에서 뛰면서 6승4패 3.86의 성적을 남겼다.

호주 출신인 트레비스는 운동 신경이 좋은 사내아이들이 대개 그렇듯 어린 시절부터 다양한 운동을 시작했다. 수영과 럭비, 축구, 테니스 등으로 유명한 호주의 소년답게 그는 수영선수로 운동에 입문했다. 놀이 삼아 럭비와 크리켓을 하기도 했지만, 야구는 생각해보지 못했다. 그의 어린 시절

야구는 호주에서 그렇게 인기 스포츠가 아니었다. 꾸준히 수영선수로 지내던 어느 날, 두 살 터울의 남동생이 티볼을 하는 것을 보면서 무척 재미있다는 생각을 했다. 단순한 흥미였지만, 무엇에 홀린 듯 갑자기 야구가 하고 싶어졌다. 티볼을 하기엔 나이가 들었고 결국 12세 이하 야구팀에 들어가게 되었다. 만 11살이 되지 않았을 때였고 물론 시작은 엉망이었다. 야구는 생전 처음이었으니까.

하지만 분명 흥미로웠다. 적응하기 어렵고, 잘 못하는 야구였지만 몰입의 재미가 있었다. 탁월한 운동 신경 덕분에 다른 스포츠에서 쉽게 두각을 나타냈던 것에 비하면 뒤늦게 시작한 야구는 항상 도전해야만 했다. 특정 포지션에서 두각을 나타내기는커녕 경기에 녹아드는 것만으로도 벅찬 시간이었고 당연히 투수는 꿈도 꿀 수 없었던 시절이었다.

그렇지만 항상 뒤처졌던 것만은 아니었다. 열일곱 무렵부터 트레비스는 투수로도 활동하기 시작했는데 주 대표 선발전에서 어렵사리 발탁되면서 외야수를 겸하는 투수로 전향할 수 있었다. 호주 빅토리아 주 대표 선수가 된 것이었는데 그것이 트레비스 야구 인생의 전환점이 됐다. 호주 챔피언십 대비를 위해 두 달간의 훈련에 돌입했는데 처음 체계적인 훈련 덕분이었는지, 시속 125킬로미터였던 구속이 갑자기 140킬로미터로 껑충 뛰었다.

트레비스 자신도 깜짝 놀랄 만한 발전이었다. 두 달 동안 코치가 투구 동작과 연결 동작을 세심하게 조언해주었는데, 코치의 조언대로 움직이다 보니 구속이 빨라지는 것은 물론 스트라이크도 훨씬 쉽게 던질 수 있게 된 것이다.

드디어 대망의 호주 챔피언십 첫 경기, 트레비스의 팀이 초반에 뒤지자 감독은 그를 패전 처리로 투입시켰는데 결과는 놀라웠다. 4.1이닝 동안 노히트! 비록 경기는 졌지만, 며칠 뒤 열린 토너먼트에서 준결승에 선발로 출전해 7이닝 동안 단 1안타만 내주는 역투를 했다. 그리고 결승전에서 첫 판에 패했던 팀과 다시 만나게 되는데, 첫회에 2점을 내준 후 9회까지 더 이상 안타도 전혀 내주지 않으면서 완투승을 이끌어내 우승 주역이 됐다. 스타 투수의 탄생이었다.

"하지만 나는 솔직히 정신이 없었다. 그러고 나서 호주 청소년 대표 트라이아웃에 나가게 됐다."

비록 토너먼트에서 좋은 활약을 했지만 투수로는 초보였고 그 전에도 늘 마지막에 좌절한 경험이 있었기 때문에 주니어월드컵 대표에 자신이 뽑히게 될 것이라고는 기대하지 못했다. 하지만 그는 28명의 선수 명단에 당당히 이름을 올리고 캐나다로 떠나게 된다. 연습과 훈련을 반복하며 선발로 출전할 최종 24인에 들기 위해 노력에 노력을 거듭했다. 트레비스는 처음에는 영 자신이 없었다고 솔직히 말했다. 그 전에도 선발전마다 매번 미역국을 마시기 일쑤였다. 처음 야구를 시작했을 때부터 그에게는 한 고비, 한 고비가 결코 수월치 않은 도전의 연속이었다.

때문에 큰 기대 없이 성실하게 훈련에 임했지만 야구는 기록 경기. 모든 관계자들의 눈을 의심케 하는 기록을 그는 쌓아갔다. 미국, 캐나다, 대만과 연습 경기를 치르는 3주 동안, 그러니까 26이닝을 던지면서 트레비스는 무실점을 기록했다. 팀에는 이미 메이저리그 팀과 계약한 선수들을 비롯해 잘하는 선수들이 대단히 많다고 생각했기 때문에 그는 탈락하는 4명의 명단에 자신의 이름이 들어가지 않을까 여전히 불안했다고 했다. 하지

만 26이닝 연속 무실점 투수를 대표팀에서 제외할 감독은 없다. 2000년 애
트먼턴 세계청소년대회에서 그는 당당히 호주 대표팀의 일원이 됐다. 뿐
만 아니라 최강 쿠바와의 첫 경기 선발 임무가 그에게 맡겨졌다. 첫 경기까
지 남은 시간은 3일, 그는 첫 대결을 할 쿠바의 경기를 보러 갔다.

"러시아와 경기에서 30-0으로 이기더니 이탈리아를 16-1로 대파하더
라. 멕시코는 18-4인가로 꺾었다. 그 경기를 모두 다 보았다. 내가 던질 상
대니까. 쿠바 선수는 다른 팀에 비해 훨씬 크고 강했다. 그렇지만 우리 팀
도 정말 덩치가 큰 선수가 많았고 풋볼이나 다른 스포츠를 한 친구들이 많
아 쿠바가 전혀 겁나지는 않았다. 그러나 대단한 팀인 것만은 분명했다."

국가대표로 선발되어 가장 강한 팀과의 맞대결. 그는 호흡을 가르며 마

나의 야구는
끝난 것이 아니다

음을 다잡았다. 팀에서는 그에게 큰 기대를 걸었다. 적어도 한 이닝에 한 번씩은 위협구를 던질 정도로 공격적인 피칭을 하라는 조언을 했을 정도였다. 강한 팀이지만, 할 수 있다고 생각했다. 1회 초, 144킬로미터짜리 공격적인 강속구를 몸 쪽으로 바짝 붙였다.

'나는 너희가 두렵지 않다!'

야구를 시작한 이래 늘 그렇듯 강한 도전의식을 공에 그대로 담았다. 결과는 모든 이들에게 큰 이변이었다. 트레비스는 7이닝 동안 1점을 실점했을 뿐이었고 최강 쿠바는 호주에게 1-3으로 패했다. 국가대표 유니폼을 입고 나선 첫 공식 국제전에서 최강팀 쿠바를 상대로 승리를 이끌어낸 투수. 정말 놀라운 성장이었다. 불과 3년 전만 해도 그는 투수도 아니었고 메이저리그가 주목하는 선수도 전혀 아니었다. 어떻게 보면 기적에 가까웠고 그의 생애가 완전히 새로운 궤적으로 움직이기 시작한 사건이었다. 실제로 대회가 끝나자 시애틀 매리너스가 그와의 계약을 원했다. 그렇게 트레비스는 시애틀 매리너스의 마이너리그 투수로 자리매김을 하게 되었다.

그런데 트레비스가 시애틀과 계약한 데는 한국과의 묘한 운명이 교차한다. 재미있게도 그의 다음 등판이 준결승 한국전이었다. 그것도 한국 고교 최고 투수였던 추신수와의 맞대결이었다. 추신수가 선발로 나선 경기였고, 시애틀의 스카우트 부장인 짐 콜번이 추신수를 보기 위해 그 경기를 찾았다. 결과는 한국의 승리였다. 트레비스는 7이닝 동안 두 점을 내줬고 2-2의 팽팽한 경기가 이어졌지만, 막판에 점수를 뽑은 한국이 호주를 꺾고 결승에 진출했다.

그런데 추신수를 보러 왔던 콜번 스카우트 부장의 눈에 우연히 든 선수가 바로 트레비스였다. 당시 만 17세였지만 평균 구속이 140킬로미터를 넘겼고 최고 구속은 145킬로미터까지 나왔었다. 결국 매리너스는 추 선수와 137만 달러에 계약을 했고 트레비스와는 7만 달러에 계약을 하게 된다.

그 대회에서 잊을 수 없는 또 다른 사건은 쿠바와의 집단 난투극이었다. 호주와 한국의 준결승에 이어 쿠바와 미국의 준결승이 잡혀 있었다. 그런데 호주팀이 아직 철수하지도 않은 가운데 운동장에 도착한 쿠바 선수들이 더그아웃의 장비를 운동장으로 집어던지는 등 심통을 부렸다. 호주 선수들은 분노했고 결국 패싸움이 일어났다. 양 팀에서 꽤 많은 선수가 병원에서 치료를 받았는데 그때 치료를 받던 쿠바 선수들의 일부가 줄행랑을 치기도 해 뉴스거리가 됐었다. 그런 신데렐라 스토리를 거쳐 트레비스는 메이저리그의 꿈을 향해 한 발 더 훌쩍 다가서게 됐다.

"처음 야구를 시작한 때부터 늘 나의 꿈은 메이저리거였다. 어머니가 교사였는데 늘 걱정이 많으셨다. 야구선수의 1퍼센트 정도만이 MLB 팀과 계약을 하고, 또 그중 1퍼센트 정도만이 빅리그에 갈 텐데 허황된 꿈을 꾸는 것 아니냐며 말이다."

상대적으로 늦은 나이에 야구를 시작했고 발전도 더딘 편이었기 때문에 허황된 꿈으로 보일 수도 있었다. 그래서 더 고집을 부리고 무리한 목표를 잡은 것은 아닐까, 라는 말을 건네자 그는 따뜻한 대답을 해줬다.

"글쎄, (그런 목표를 세운 것은) 그저 야구가 아주 좋아서일 것이다. 처음에는 일주일에 한 번 야구를 하다가 2~3일씩 훈련을 했고, 나중에는 거의 매일 야구를 했다. 훈련이 끝나면 리틀리그 아이들을 가르치며 또 야구와 함께했다. 리틀리그의 심판도 봤다. 그냥 야구가 정말 좋았다. 야구와 그야말로 사랑에 빠진 것이다. 그러니 나의 꿈은 당연히 메이저리거였다."

메이저리거가 되고 싶다는 열망 하나로 재능 있던 다른 모든 스포츠 대신에 야구에 빠져들었던 그가 스스로의 가능성을 느끼기 시작했던 것은 주니어 팀에서 뛸 때부터였다. 주니어 팀에서 뛰면서 성인 팀에서도 함께 뛰었었는데, 오전엔 주니어 오후엔 성인 그렇게 온종일 야구를 했다. 성인 팀에서는 마무리 투수로 뛰었고, 하루에 180개 이상의 공을 던져도 힘이 남아 펄펄 뛰어다녔다. 야구선수로 성공할 수 있다고 자신에 대한 믿음이 생긴 시절이기도 했다.

매리너스 마이너에서 뛰던 시절에도 마찬가지였다. 각오도 대단했고, 호주를 대표하는 선수라는 생각에 자부심도 남달랐다. 호주는 야구가 유명한 편은 아니었기 때문에 호주 출신 선수가 잘해봐야 얼마나 하겠냐는 선입견이 분명히 있었고 그것을 뛰어넘고 싶었다. 미국 선수들 못지않게 야구를 잘하는 호주 선수, 그 목표가 그의 투지를 불타오르게 했다. 그리고 드디어 2001년 스프링 캠프 첫 경기에서 파드리스를 상대로 2이닝 동안 6타자를 연속 삼진으로 잡아냈다. 그의 데뷔전은 늘 그렇게 참 특별했다.

당시 트레비스는 스크루볼을 주로 던졌는데, 타자에게 던지겠다고 말을 해도 쳐 내지 못할 만큼 구위가 대단했다. 시애틀에는 당시 뛰던 빅리그 강타자인 제이 뷰너, 에드가 마르티네스 등의 대단한 타자들도 그의 공을 쳐 내지 못하고 헛스윙하기 일쑤였다. 구위는 크리켓에서 약간 변형을 한 것으로 외야에서 캐치볼을 하다가 우연히 습득했다. 그저 힘껏 던질 뿐이었는데 포수 미트만 보고 던지면 오른손 투수의 커브처럼 막판에 공이 뚝 떨어졌다. 첫해에 로우 싱글A에서 6승1패, 그의 나이 18세 때의 일이었고 타자들을 삼진으로 잡아내는 그의 강력한 무기가 되었다.

하지만 아무리 강력한 투수라도 부상 앞에서는 어쩔 수 없었다. 2001년 가을 인스트럭션 리그에서 파워 커브를 던지던 트레비스는 팔꿈치 뼈가 부러지는 부상을 당했다. 철심을 박아야 하는 큰 수술을 받았다. 생애 첫 수술이었고, 나중에 철심을 빼내고 인공뼈를 박는 수술을 또 받아야 했다. 수술 후 회복은 됐지만, 그 후 트레비스는 여전히 팔꿈치를 완전히 펴지는 못한다. 커브를 다시 던지기까지 4년이라는 시간이 걸렸다. 어려서 스크루볼을 더 많이 던져야 했던 이유이기도 했다.

하지만 마이너 기록은 여전히 좋았다. 팔꿈치 수술로 늦게 합류한 2002년에도 9이닝당 11개가 넘는 삼진을 잡아냈고, ERA가 3점대 중반(3.49)으로 좋았다. 그리고 2003년 더블A 샌안토니오에서 생애 최고의 시즌을 보냈다. 첫 두 경기에서 패한 후 나머지 시즌을 17승1패로 마무리한 것이다. 9연승 후 1패, 그리고 다시 8연승이었다. 17승3패 2.61의 대단한 성적이었다.

그리고 이듬해, 드디어 빅리그에 데뷔했다. 2004년 7월 1일 시애틀의 홈구장 세이프코필드에서였다. 그가 빅리그로 데뷔한 일화는 우연치고는 참 신기한 에피소드가 섞여 있다. 당시 트레비스는 트리플A 타코마에서 뛰고 있었다. 시애틀에서 멀지 않은 곳인데, 마침 그날은 휴일이었고, 여자친구(지금의 부인)와 함께 메이저리그 경기를 보러 가고 싶어서 팀에 부탁을 했다. 한 번도 메이저리그 경기를 본 적이 없었는데 그날따라 이상하게 경기가 보고 싶어졌고, 팀은 그를 위해 좋은 자리에 2장의 티켓을 마련해주었다. 포수 바로 뒤쪽에서 경기를 볼 수 있었다. 그리고 귀가했는데 마침 TV에서 당시 시애틀 봅 멜빈 감독의 인터뷰가 나왔다. 그런데 갑자기 전화벨이 울렸고, 전화를 건 사람은 다름 아닌 멜빈 감독이었다.

"내일 우리 팀 선발로 뛸 수 있겠나?"

자정이 다 돼서 온 전화였고, 경기는 다음 날 낮이었다. 꿈같은 현실 때문에 한숨도 잠을 자지 못했다. 다음 날 일찍 경기장으로 갔지만 구장 경비원이 막아섰다. 당연했다. 이른 시간이었고 고작 21살, 앳된 얼굴의 본 적도 없는 낯선 청년을 운동장에 출입시킬 수 없다는 것이었다. 결국 구단 직원이 올 때까지 15분 동안이나 차에서 기다려야 했다.

경기는 텍사스 레인저스와의 한판이었다. 3회 정도까지는 그저 던지는 데만 집중했다. 여기가 어딘지, 그 자신이 누구인지 생각할 틈도 없었다. 스트라이크를 던진다. 오직 그것만 생각했다. 엄청난 관중이 그를 지켜보고 있었지만, 아무것도 의식되지 않을 만큼 그는 초긴장, 초집중 상태였다. 그리고 4회에 1사 주자 만루 위기에서 알폰소 소리아노를 맞이하자, 비로소 자신이 빅리그 마운드에 올라서 있다는 것이 실감 났다. 희생 플라이로 1점을 주고, 땅볼을 유도해 이닝을 마무리했다. 그 자신의 기록보다 경기 결과는 훨씬 더 좋았다. 8-1로 앞선 6회 초 마크 터셰어러가 친 공이 3루 베이스에 맞고 안타가 됐고, 행크 블레이락의 막힌 타구는 2루수를 살짝 넘어 떨어졌다. 불운에 이어 케빈 멘치에게 3점 홈런을 맞으며 교체됐지만 결국 그는 데뷔전에서 승리 투수가 됐다. 빅리그 생애 처음으로 상대한 타자는 마이클 영이었고, 패스트볼 4개를 던져 삼진으로 잡아낸 기억도 생생하다.

그러나 트레비스에게 야구는 늘 참으로 정복할 수 없는 얄미운 고지였다. 승리의 빅리그 데뷔전을 치르고 나자 또 부상이라는 고비가 찾아왔다. 한 고비를 넘으면 또 한 고비가 그를 기다렸다. 실은 2003년 말 무렵, 17승을 거둔 시즌 마지막에 어깨가 심상치 않았다. 그런데 빅리그 데뷔전을 치르고 나니 어깨가 몹시 아팠다. 그래도 참았다. 첫 승리 경기에서는 최고 147킬로미터까지 나왔던 구속이 형편없이 떨어지더니 세 번째 경기에서는 겨우 130킬로미터가 나올 정도였다. 결국 마이너리그로 돌아갔고 통증은 계속됐다. 검사 결과 어깨 앞쪽 인대가 반쯤 찢어졌다는 소견이 나왔다.

수술 대신 재활을 택했고 겨우내 미국에서 재활을 했지만 2005년 봄이 되었을 때 시도한 캐치볼에서 공은 20미터도 날아가지 않았다. 고통을 이겨낼 수가 없었다. 결국 어깨 수술을 받았다. 의사는 어깨 뒤 근육이 앞보다 더 심하게 손상되었다며 심각한 표정을 지었다. 팔꿈치 수술을 했을 때 재활은 4개월 정도였는데, 이번엔 그 정도로 넘어갈 것 같지 않았다. 무려 16개월 동안 그는 공을 던질 수 없었다. 아내와 사이마저 틀어지며 최악의 시절을 보냈다. 하지만 견뎌내야 했다. 야구를 해야 하지 않나.

"인생은 어차피 롤러코스터 같은 것이 아닐까? 그저 참고 견뎌야 한다. 그 방법밖에 없었다. 수술을 하고 재활을 하고 결국 2006년에 복귀해 더블A와 트리플A에서 뛰며 준수한 성적을 거뒀다(9승12패 4.06). 그리고 시즌이 끝나자 샌프란시스코로 트레이드됐다. 당시 부진을 거듭하던 선발 투수 러스 오티스의 자리를 대신할 선수로 내가 선택된 것이었으니 기회였다. 그렇게 2007년 트리플A에서 10승을 거뒀는데, 팀 린스컴이라는 친구가 나타나면서 나는 빅리그에 설 기회를 잃었다."

착잡한 심정이었지만, 야구를 놓을 수는 없다고 생각하며 하루하루를 버텨냈다. 그렇게 마이너 시즌을 마치고 빅리그로 승격이 되지 않아 2주 동안 쉬고 있던 9월 하순께 전화가 한 통 왔다. 빅리그 관계자가 요즘도 계속

178

나의 야구는
끝난 것이 아니다

공을 던지느냐고 물었다. 계속 쉬고 있던 와중이었는데, 바보 같은 짓이었지만 그 전화가 어떤 의미인지 알고 있었기에 그렇다고 대답할 수밖에 없었다. 그러자 다음 날 신시내티전 선발로 뛰라는 대답이 돌아왔다. 그에게 빅리그 기회는 항상 그런 식이었다. 느닷없이, 갑작스럽게 그의 인생에 뛰어 들어왔고 그는 그 기회를 잡기 위해 최선을 다할 뿐이었다. 아팠거나 준비가 덜 되기도 했지만 어차피 야구는 그에게 늘 도전이었으니까.

2007년 9월 23일 신시내티 레즈와의 일전, 경기를 시작하자마자 2점을 내줬다. 더 바짝 집중했다. 그리고 5이닝을 2실점으로 막았다. 2-2 상황에서 대타로 교체되었고 팀은 역전승했지만 승패와는 무관했다. 그 뒤 9월 29일에 한 경기를 더 뛰었고, 그 다저스전이 트레비스에겐 아주 오랫동안 마지막 빅리그 등판이었다. 그때까지 그의 유일한 빅리그 승리는 데뷔전이었고, 통산 1승3패의 기록으로 막을 내리는 듯했다.

2007년이 지나고 그 뒤 트레비스는 몇 차례나 팀을 옮겨야 했다. 시즌이 끝나고 필리스가 룰5 드래프트로 그를 뽑았다. 시애틀 시절 단장이던 팻 길릭이 그를 데려갔다. 스프링 캠프에서는 썩 괜찮은 기록이었다. 13이닝에서 삼진 21개를 잡았다. 모두가 개막전에 들어갈 것으로 기대했고 마지막 날 동료들도 그에게 축하 인사를 건네기도 했다. 그런데 그 마지막 날 다른 선수를 또 룰5로 데려왔고 결국 트레비스는 빅리그가 아닌 트리플A로 갔다.

"정말 화가 났다. 그해 마이너 첫 경기 때 영하의 날씨에 포터켓을 상대로 5이닝 동안 삼진 9개를 잡았다. 그때까지 노히트 경기였는데 1루 커버를 하다가 주자와 부딪히며 다리를 다쳤다. 재활에 6주가 걸렸고 남은 시즌은 당연히 엉망진창이 되었다."

그렇게 불공정한 대우를 받으면서도 그는 끈질기게도 야구에 대한 열망을 놓을 순 없었다. 그에게 야구란 처음부터 그런 것, 늘 새롭게 도전하기 위해서 존재하는 영역이었다. 5승10패로 2008시즌을 끝내자 방출되어 FA가 됐다. 말이 FA지 소속팀이 없는 상태였다. 그는 야구를 하기 위해 멕시코의 윈터리그로 갔고 기적 같은 일이 발생한다. 생전 처음으로 95마일, 그러니까 153킬로미터라는 광속구를 던졌다. 애리조나가 그와 계약하길 원했다. 2009년에는 처음으로 구원 투수로 뛰기도 했는데, 트리플A에서 60이닝을 던지면서 2점대의 ERA를 기록했다. 그러나 9월 말, 그는 빅리그에 올라가지 못했고, 또다시 방출되었다.

겨울이 되자 다시 멕시코로 갔고, 8승2패를 기록한 후 플레이오프에서만 3승을 거두고 팀을 우승으로 이끌었다. 그리고 2010년 그는 다시 분주해졌다. 뉴욕 메츠와 계약을 했는데 느닷없이 그를 잠수함 투수로 바꾸려고 했고, 갑작스런 변화에 적응하지 못했다. 또한 비자 문제까지 생겨 20일 이상 뛰지 못하는 바람에 트리플A에서 뒤늦게 시즌을 시작했고, 결과가 좋지 못해 중간에 방출됐다.

시즌 중간에 방출된 것은 처음이었고 이쯤 되면 누구나 야구를 그만두고 싶다고 생각해야 하는 것이 정상인데도 그는 전혀 그런 생각이 들지 않았다. 여전히 야구가 좋았다. 또 멕시코로 갔다. 멕시코 정규리그는 윈터리그와는 달리 분위기나 대우나 여러 면에서 최악이었음에도 그는 버텨내려고 노력했다. 그의 의욕과 열정이 통했을까. 오클랜드에서 그와의 계약을 원했다. 곧바로 마이너리그 계약을 했고, 그는 7월 초의 빅리그 진입을 목

표로 몰두했다. 빅리그 데뷔 6주년에 다시 그 마운드에 꼭 오르고 싶었다. 오클랜드 트리플A에서 2승1패 2.52로 좋은 모습을 보였고 드디어 빅리그가 다시 눈앞으로 다가왔다. 적어도 모든 것이 그렇게 다시 긍정적인 방향으로 흐르는 것으로 보였다.

하지만 이번에도 시련은 그를 비켜가지 않았다. 사실 그의 팔꿈치에는 뼛조각들이 돌아다니는 바람에 가끔 팔꿈치가 딱 굳어버리는 일까지 생겼다. 팔을 세게 흔들면 다시 정상으로 돌아왔지만, 그 상태로 얼마나 버틸 수 있을지는 불안했다. 결국 2010년 6월의 어느 날, 그의 팔꿈치는 아무리 흔들어도 굳은 상태에서 돌아오지 않았다. 응급실로 실려 갔고, 곧바로 수술이 시작되었다. 그가 병실에 누워 있던 이틀 동안, 트리플A에서 3명의

투수가 빅리그로 불려갔다. 트레비스의 기회는 그렇게 또 사라졌다.

그렇지만 그는 계속해서 야구를 했다. 겨울이 되자 다시 멕시코로 갔고, 그는 꾸준히 던졌다. 그러던 중 한국에서 그에게 연락이 왔다. KIA가 그를 보러오겠다고 한 것이다. 그날이 마침 트레비스의 생일이었는데, 리그 우승팀을 상대로 3안타 완봉승이라는 쾌거를 이뤄냈다. 윈터리그를 마치고 호주에 잠시 갔다가, KIA와 계약을 마무리했다. 물론 다른 팀들의 제안도 있었다. 몇몇 메이저리그 팀에서 마이너 계약을 하자고도 했고, 다른 한국 팀과 일본의 두 팀도 그와의 계약을 원했다. 당연히 고민이 될 수밖에 없었다. 그의 한국행에 결정적인 영향을 미친 건 한국에서 뛰었던 그의 친구들이었다.

"한국에서 뛰었던 친구와 친지들과 이야기를 많이 나눴다. 그리고 KIA는 처음 나와 접촉한 팀이었고 멕시코까지 나를 보러온 팀이었지 않은가? 일본의 제안도 나쁘지 않았지만 1군에서 뛴다는 보장이 없었고, 한국과 일본리그에서 뛴 친구들, 카림 가르시아나 제이콥 크루스, 브래드 토마스 등과 이야기를 했는데 모두들 한국을 권했다. 그리고 인터넷에서 KIA 타이거즈의 역사를 살펴보니 대단하더라. 마치 뉴욕 양키스 같았다. 그래서 KIA로 결정했다."

한국행은 그에게 야구의 기회뿐만 아니라 가족과의 재회라는 행운도 안겨주었다. 부상 시절 소원해졌던 아내와 별거 중이었는데, 한국으로 떠나기로 결정하면서 재결합해 다시 가족을 이루게 되었다.

인터뷰 당시 트레비스는 KIA 타이거즈에서 우승하고 기회가 된다면 다시 한 번 메이저리그를 노려보겠다고 했다. 그러나 한국에서의 야구 생활은 너무 짧았고 팀의 성적도 좋지 않았다. 그리고 어떻게 보면 자신의 진면목을 보여줄 수 있는 기회가 충분치 않은 가운데 그에 대한 오해도 있었던 것 같다.

그는 늘 야구를 처음 시작할 때의 초심을 잊지 않으려고 한다. 또한 자신의 몸이 남아나지 않을 만큼 투지를 가지고 공을 던지려 한다. 그리고 그는 미국 선수들과는 확연히 다른 호주인 특유의 성격을 대표적으로 가지고 있는 선수였다고 생각한다. 그래서 그의 실제 모습과 마운드 위의 모습이 극명하게 다르다는 평가를 종종 듣는다고 한다. 그에 대해 묻자 트레비스는 이렇게 말했다.

"운동장에 그어진 하얀 선을 지나 마운드로 올라가면 나도 모르게 달라진다. 아마도 '하얀 선의 열정(White Line Fever)'이 아닐까. 승리하고 싶고 잘 던지고 싶고 타자와의 대결에서 지고 싶지 않다는 열망. 경기가 끝나면 사실 마운드에서 어떤 생각을 하고 던졌는지도 내겐 불투명하고 모호하게 느껴진다. 그저 타자와 경쟁하고 팀의 승리를 위해 던질 뿐이다. 마운드에 서지 않을 때는 항상 농담을 즐기고 느긋한 편이지만."

그는 하얀 선을 넘는 순간 다른 사람이 되어 공을 던진다는 자신의 투지를 몸 곳곳에 새겨진 문신으로도 표시한다고 했다.

"문신은 내 삶의 많은 부분을 담고 있다. 파란 장미는 불가능에 대한 도전을 의미한다. 나의 조국 호주에 대한 문신도 있고, 과거의 어려움, 미래의 희망, 그리고 나의 아내와 아들 문신도 있다. 모두 내겐 각자 의미가 있는 문신들이다."

야구는 그에게 살면서 해온 모든 것이자, 다른 어떤 것도 하고 싶지 않다

고 여겨질 만큼 소중한 것이었다. 때문에 아직 머나먼 일일 텐데도 은퇴하는 날을 어렴풋이 떠올릴 때면 슬픈 감정에 휩싸인다고 했다.

"둥근 배트로 공을 쳐내는 일은 얼마나 어려운 일인가. 그러나 아주 많은 친구들이 이를 너무도 잘 해내고 있다. 그리고 18미터 멀리서 스트라이크존에 공을 던져 넣되 안타를 맞지 않는 일이 바로 두 번째로 어려운 일일 거다. 얼마나 어려운지 알면 알수록 더욱 야구를 좋아하고 사랑하고 존경하게 될 수밖에 없다. 그게 바로 내가 던질 수 있는 날까지 나의 모든 것을 쏟아 부어야겠다고 생각하는 이유이기도 하고."

야구를 사랑하는 마음이 곧 투지로 이어지는 트레비스. 그는 종종 감정적으로 굴어 물의를 일으키기도 하지만 결코 야구공으로 사람을 해치려는 의도를 가진 적은 없었다. 그에겐 그저 천진할 정도로 야구를 좋아하는 마음뿐이다. 어느 순간엔 그런 야구에의 몰두가 아슬아슬 경계선을 오가기도 하지만, 팔꿈치가 으스러져 뼛조각이 돌아다닐 때에도 그는 좋아하는 야구를 하기 위해서 마운드에 오르는 것을 겁내지 않았다.

프로야구에서 한 시즌 정도 그를 더 볼 수 없었던 것은 아쉬움으로 남았지만 그는 미국에 재도전해서 AL 서부조의 오클랜드 에이스에서 2012년 후반기를 뛰었다. 25경기에 출전했고 그중에 15번이 선발 등판이었다. 성적은 6승4패에 3.86으로 훌륭했다. 2012시즌 중반 오클랜드로 옮기기 직전에 한화 이글스가 그를 영입할 뻔한 것이 무산된 아쉬움이 있지만 앞으로도 그의 야구 열정이 빛을 발하길 기원한다.

KIA 타이거즈가 선택한 외국인 선수들

KIA 타이거즈는 1998년부터 2000년까지 모두 타자를 뽑았지만, 제몫을 한 선수는 1999년 40홈런을 친 트레이시 샌더스뿐이었다. 이후 KIA는 실력 있는 투수를 영입하는 데 온힘을 기울였다. 그 결과 다니엘 리오스, 마크 키퍼, 세스 그레이싱어, 아킬리노 로페즈 등 출중한 투수들이 KIA의 마운드를 지켰다. 리오스는 두산으로 이적하기 전 KIA(2002~2004년)에서 41승을 올리며 3년 연속 팀의 포스트 시즌 진출을 이끌었다. 2004시즌 후 KIA는 리오스가 쇠퇴할 것으로 판단, 두산으로 떠나보낸 뒤 땅을 치고 후회하기도 했다. 2002년 KIA에서 19승을 올린 키퍼는 두산으로 이적한 뒤로는 활약이 미미했다. 그레이싱어는 2006년 14승12패 평균자책점 3.02의 특급 활약을 앞세워 팀을 포스트 시즌으로 이끌었다. 그해 말 KIA는 그레이싱어와의 재계약을 앞두고 있었으나, 일본 요미우리가 끼어드는 바람에 눈앞에서 놓쳐야 했다. 로페즈는 KIA에서 역대 최고의 외국인 선수로 꼽힌다. 2009년 정규시즌서 14승, 한국시리즈서 완봉승을 포함, 2승을 따내며 팀을 12년 만에 정상에 올려놓았다. 이 밖에 KIA의 외국인 선수 역사에서 중요한 인물로 2008년의 호세 리마가 꼽힌다. 그는 메이저리그에서 통산 89승을 따낸 역대 최강 경력의 외국인 선수였지만, 부진 끝에 중도 퇴출돼 아쉬움을 남겼다. 2011년에 KIA의 유니폼을 입은 호주 출신 좌완 트레비스 블랙클리는 2012년 메이저리그로 돌아가 오클랜드에서 활약했다. 2012년에 합류한 앤서니 르루는 선발로 좋은 활약을 보인 후 2013년부터는 팀의 마무리를 맡았다.

Mitch Talbot **미치 탈보트**

출생 1983년 10월 17일 국적 미국 신체 188cm, 91kg 소속팀 마이애미 말린스 포지션 투수

야구는 헌신이다

미치 탈보트

미국도 한국의 지역색 같은 것이 당연히 존재한다. 워낙 큰 나라다 보니 각 주마다 성향이나 성격이 다르고 말투도 많이 다른 편인데, 탈보트는 유타 주의 고지식하면서도 순수한 그런 느낌이 물씬 넘쳐나는 선수였다. 고교 시절 이미 156킬로미터의 강속구를 던졌던 그는 프로에 진출하며 오히려 기교파 투수로 변신했고, 특히 그의 체인지업은 리그 최고 수준이라는 평가를 듣기도 했다. 그가 걸어온 야구 인생과 프로로 들어선 과정, MLB에서도 알아준 체인지업을 익힌 순간, 그리고 한국행 결정 과정 등의 야구 이야기를 풀어내 볼까 한다.

그의 풀네임은 미첼 R. 탈보트다. 할아버지의 이름이 'Roy'였는데 아버지가 그 이름을 그다지 좋아하지 않아서 그냥 할아버지 이름의 이니셜 R만 중간에 포함시켜 이름을 지었다고 했다. 사실 그는 한국에 오기 전까지는 아시아를 여행해본 적도, 또 자신이 한국에서 야구를 하리라고 생각해본 적도 없었다. 그가 태어나서 가장 집으로부터 멀리 떨어진 것이 바로 한국에 도착한 순간이었다.

한국에 대한 첫인상은 그저 추웠다. 2012년 1월이었는데 그렇게 추울 수 있다는 게 마냥 신기했다. 유타 주의 그가 자란 곳은 간혹 영하로 떨어지고 눈이 내리기도 하지만 한국처럼 추운 곳은 아니기 때문이다. 고향은 세더시티라고 불리는 유타에서도 작은 도시였다. 솔트레이크시티에서 차로 3시간 반 정도 떨어진 곳으로 인구가 2만이 채 되지 않는 소도시였다. 그의 말을 빌리자면 대구의 한 동네 정도 규모였다.

탈보트는 형제가 많았다. 형 셋, 누나 둘. 다복한 가정에서 자랐고 형들을 쫓아다니며 야구를 시작했다. 물론 야구만은 아니었다. 축구, 풋볼, 농구 등 할 수 있는 거의 모든 스포츠를 하며 형들과 우애를 다졌다. 형들과 운동을 하면 언제나 더 많이 힘을 내야 했다. 가장 어리고 작았으니까. 그건 그의 야구 인생에도 큰 영향을 미쳤다. 4형제가 함께 야구를 하며 자랐지만, 형제 중에선 그만이 프로가 될 수 있었다. 형들도 다들 학창시절에는 야구선수로서 활동했지만 프로가 되지는 못했다.

탈보트는 고등학교를 졸업하며 휴스턴 애스트로스에 드래프트되었다. 2라운드에 지명됐을 정도니 고교 시절 분명 굉장한 실력을 보여주었을 텐데도 그는 겸손했다.

"솔직히 그렇게 잘했는지는 모르겠다. 그러나 잠재력은 좋았던 것 같다. 고등학교 때 대단히 빠른 공을 던졌다. 체인지업도 상당히 좋았다. 그래서 뽑혔던 것 같다. 비록 그 당시에 뛰어난 투수는 아니었지만 좋은 지도자를 만나 체계적으로 배우면 좋은 투수가 될 수 있다는 잠재력이 있었던 게 아닐까 한다."

강속구와 함께 그의 트레이드마크는 체인지업이었는데 고교 2학년을 마치고 서머 베이스볼 리그에서 뛸 때 아주 우연히 자신만의 체인지업을 배웠다. 당시엔 그저 평범한 서클 체인지업을 던졌는데 구속이 너무 빨랐다. 강속구와 구속 차이가 필수인데 142킬로미터까지 빠르게 나오는 체인지업은 효과가 없었다.

그래서 코치와 이야기를 나누면서 그립을 조금 바꿔가며 연구를 하다가 두 번째 손가락을 공에서 떼고 던지는 순간, 갑자기 공의 움직임이 심해지면서 구속도 효과적으로 떨어졌다. 첫 불펜 피칭부터 그 체인지업이 제대로 들어가기 시작했고 그렇게 한 손가락을 떼고 던지는 그만의 '탈보트 체인지업'이 탄생했다.

고교 시절에 최고 구속이 96마일(약 155킬로미터) 정도 나왔으니 그가 2라운드에서 드래프트된 일이 그리 이상한 일도 아니었다. 하지만 프로에 가서는 구속을 평균 145킬로미터 정도로 떨어뜨리는 대신에 움직임이 많고 떨어지는 구종을 주로 던졌다. 구속을 포기하는 것이 미국프로야구의 정통적인 방식은 아니었지만 그는 비로소 투수로서 성장하기 시작한 것이 그때부터라고 말했다. 그의 패스트볼은 구속은 빨랐지만 움직임이 적어서 타자들이 맞추기 좋은 너무 깨끗한 구질이었다.

코치가 알려준 대로 던지다 보니 최고 구속이 150킬로미터 정도로 떨어졌다. 그러나 여전히 가끔은 빠른 구속의 강속구가 나오기도 한다. 2011년에 마이너에서 완투를 한 적이 있었는데 9회까지도 155킬로미터가 꾸준히

나왔을 만큼 구속이 대단했다. 그러나 프로에 가서 전반적으로 구속은 떨어졌고 공의 움직임은 좋아졌다.

탈보트를 보면 미국 스카우트의 성향을 이해할 수 있는 부분이 있다. 그는 고교 시절 성적이나 기록을 정확히 기억하지는 못하지만 그저 엉망이었다는 건 확실하다고 말했다. 그가 다닌 캐년뷰 고교팀은 늘 하급생 위주의 팀으로 전력이 인근에서 최악이었으니 개인 기록도 잘 나올 수가 없었다. 어쩌면 그는 형들처럼 그렇게 그냥 묻혀 프로선수가 되지 못할 뻔도 했다. 한 스카우트와의 우연한 만남이 없었더라면 말이다.

2001년의 어떤 하루, 한 프로야구 스카우트가 운전을 하며 인근을 지나다가 야구 경기가 열리는 것을 보고는 무슨 이유에서인지 그냥 운동장에 들러 야구 경기를 지켜봤다. 그에게 그 경기의 스카우트 지시가 떨어진 경기도 아니었고 유명 선수가 있는 것도 아니었다. 마침 탈보트가 선발 투수로 나선 날이었다. 경기를 지켜본 이는 시카고 화이트삭스 스카우트였고 탈보트가 던지는 것을 본 순간, 당장 서류를 작성하자고 권했다. 성적이나 기록과는 상관없이 탈보트의 잠재력을 알아보고는 일단 지켜볼 필요가 있는 유망주라고 판단한 것이었다.

그리고 그해 여름에 LA에서 열리는 고등학생 토너먼트에 탈보트를 초청했는데, 모든 프로팀의 스카우트들이 와 선수들을 지켜보는 자리였다. 그 토너먼트에서 탈보트는 많은 스카우트의 눈길을 받기 시작했다. 그렇게 생각지 않았던 우연이 겹쳐 프로의 길에 들어선 것이다.

운동에 재능이 뛰어난 대부분의 선수들이 그러하듯, 그는 어려서부터 다재다능한 스포츠맨이었다. 어린 시절엔 야구보단 주로 농구를 많이 했지만 재능이 확실히 두드러진 것은 야구였다. 그래서였는지 아주 어릴 적부터 탈보트는 아버지에게 자신은 메이저리그 선수가 될 것이라고 이야기했다고 한다. 운동도 정말 열심히 했지만 하늘이 준 야구 재능도 분명히 있는 아이였다.

고교 졸업 무렵 프로 외에 대학의 제안도 빗발쳤다. 고등학교 3학년 때에는 입학 서류를 쓰느라 정신이 없을 지경이었다. 그에게 장학금 제안을 한 대학교가 수백 개였다. 뿐만 아니라 프로팀에 가기 위한 필기시험도 봤다. 드래프트 1, 2, 3라운드에 뽑힐 가능성이 있는 고교 선수들은 야구 실력뿐 아니라 정신력과 심리상태 등을 알아보는 필기시험도 몇 차례나 치르느라 바빴다. 팀에서만 결과를 알게 되는 시험으로 질문은 수없이 많았고 한 번 치르는 데만 2시간 이상이 소요되는 지루한 시험이었던 기억이 난다고 했다. 그는 결국 대학의 러브콜 대신 프로를 택했다. 빨리 메이저로 가려면 그 선택이 효과적이라고 생각했다.

하지만 그는 2002년 2라운드에 드래프트됐으면서도 그해에 한 경기도 뛸 수 없었다. 당시 MLB에 파업이 있을지 모른다는 소문이 돌았다. 때문에 구단에서는 상위 라운드에 뽑힌 아마선수들에게 계약 보너스를 주지 않는다는 소문이 돌았고, 실제로 그를 뽑은 휴스턴 애스트로스에서도 이렇다 할 조치를 취하지 않았다.

어쩔 수 없이 탈보트는 대학에 갈 준비를 했는데 참으로 극적인 상황이 전개됐다. 대학에 입학하기 이틀 전 팀에서 전화가 온 것이다. 그저 평범한 안부 전화였다. 그는 일단 야구로 꽤 유명세를 날리던 2년제 딕시 컬리지에 입학해 야구를 계속할 생각이라고 말했다. 그러자 급해진 팀에서 마음을 바꿨다. 프로 대신 대학에 진학한다고 하자 정말 빠르게 모든 것이 이루어졌다. 이틀 만에 협상을 하고 계약서에 사인을 했다. 꽤 괜찮은 액수의 사이닝 보너스도 받았다.

그 뒤로 휴스턴의 마이너리그에서 차근차근 발전하고 있었는데 2006년 중반에 돌연 트레이드 명단에 그의 이름이 포함됐다. 내야수 벤 조브리스트와 함께 탬파베이로 트레이드됐고, 대신 오브리 허프라는 당시 정상급 선수가 휴스턴으로 갔다. 그는 트레이드를 전혀 예상하지 못했기에 충격이 컸다. 당시 더블A 소속으로 미주리 주 스프링필드에 원정을 가 있었는데 아침 8시경에 단장에게 전화가 와 잠도 덜 깬 그에게 탬파베이로 트레이드됐다고 통고한 것이다.

당연히 화가 났다. 휴스턴에서 드래프트됐으므로 꼭 그곳에서 메이저에 데뷔하고 싶었다. 친구들과도 잘 지냈고 구단 사람들과의 관계도 좋았다. 그러나 이미 결정된 사항이었고 마이너 선수에게 선택권은 없었다. 그는 탬파베이로 가 그 팀의 더블A에서 시즌을 마쳤다(휴스턴 산하에서 6승3패 3.39를 기록한 탈보트는 탬파베이 마이너로 가서 4승3패 1.90의 성적을 거뒀다).

그리고 2008년 탬파베이에서 마침내 빅리그 데뷔를 했다. 사실 빅리그에 처음 불려간 것은 2008년 7월이었는데 그때는 한 경기도 뛰지 못하고 도로 마이너로 가는 황당한 일도 겪었다. 구원 투수 하나가 다쳐 메이저에 급히 불려갔는데 뛸 기회가 없었고 바로 다음 날 다시 트리플A로 보내졌다. 첫 경험은 단 하루 동안의 빅리그 유람만 한 셈이었다.

그리고 그해 9월, 로스터가 40인으로 확장되면서 다시 빅리그에 올라간 탈보트는 곧장 구원 등판하며 MLB 데뷔전을 치렀다. 9월 15일 벌어진 경기의 상대는 보스턴 레드삭스였다. 재미있게도 경기 전 매든 감독은 그에게 오늘은 던질 일이 없으니 경기를 즐기라고 했었다. 그런데 선발 스캇 캐즈미어가 의외로 일찍 무너지자 곧바로 불펜으로 전화가 오더니 "탈보트 준비해!"라는 주문이 떨어졌다.

첫 등판은 혹독했다. 유킬리스에게 메이저리그 첫 홈런을 맞는 등 흠뻑 두들겨 맞았고 대신 레드삭스 주장 베리텍에게는 첫 삼진을 빼앗았다. 톡톡히 신고식을 치른 셈이다(3이닝 동안 5안타 2홈런 3볼넷 2삼진으로 4실점).

그러나 갑작스레 찾아왔던 그해 9월 데뷔전 이후 한동안 빅리그는 그에게 문을 열어주지 않았다. 탬파베이에는 젊은 유망주 투수가 아주 많았는데 데이빗 프라이스, 제프 니먼, 웨이드 데이비스 등이 모두 마이너에서 탈

보트와 함께 좋은 피칭을 한 투수들이었고 경쟁도 치열했다. 결국 그들에게 기회가 먼저 돌아갔고 탈보트는 조금 뒤처지고 말았다.

2009시즌을 그렇게 마이너에서만 보낸 뒤 그는 다시 트레이드됐다. 포수 켈리 쇼팩과 맞교환 트레이드로 클리블랜드로 갔다. 항상 그를 원하는 팀은 있었다.

"내게 재능이 있다는 것은 어느 정도 알려져 있었다. 그러나 살다 보면 필요한 시기에 필요한 상황에 놓이는 행운도 중요한데, 탬파베이에서는 그게 쉽지 않았던 것 같다. 나는 마이너리그 옵션도 더 이상 없었고 트레이드 될 가능성이 컸다."

그러나 이번 트레이드는 큰 행운이었다. 2010년 탈보트는 개막부터 곧바로 메이저리그 로스터에 오르며 생애 최고의 시즌을 보냈다. 첫 등판은 디트로이트 원정이었다. 그러나 초반부터 고전이었다(2010년 4월 10일 시즌 첫 등판에서 탈보트는 1회와 3회에 각각 2실점했다). 탈보트는 스스로에게 '빨리 제대로 던지지 못하면 빅리그에서 쫓겨나는 것은 시간문제다'라며 자기 최면을 걸었다. 마음을 가다듬고 편안하게 자신의 강점인 제구력 위주의 피칭을 했고 두 번째 경기부터 거짓말처럼 모든 것이 잘 풀렸다. 두 번째 등판에서 시카고 화이트삭스를 상대로 9이닝 2실점 1자책점의 완투승을 거둔 것을 비롯해 6월 말까지 8승을 거두었다. 그 결과 그는 물론 팀도 상승세를 타기 시작했다.

하지만 시즌 중반을 넘어서면서 부상 때문에 주춤해야 했다. 팔꿈치에 통증이 생겼고 후반기에 많은 이닝을 던지지 못했다. 팀은 그를 관리하기 시작했다. 투구수와 이닝을 제한했고, 부상자 명단에 그를 올려 쉬도록 배려해주었다. 무리해서 뛸 수는 있었지만, 팀에서는 혹시 모를 큰 부상과 그의 미래를 걱정해 그를 아꼈다. 슬럼프와 하락세가 오락가락했지만, 시즌 막판에는 비교적 좋은 내용으로 마무리할 수 있었다(10승13패 4.41로 2010시즌을 마쳤다).

갑자기 펄펄 날았던 2010시즌에 특별한 변화가 있었던 것은 아니었다. 그는 단지 투수로 성장하는 과정의 상승기였다고 당시를 회상한다. 이미 빅리그 준비는 그로부터 훨씬 전인 2, 3년 전에 마쳤다고 자신했지만 기회가 뒤늦게 찾아왔다고 생각했다. 기술적으로도 크게 바꾼 것은 없었다. 하지만 마음가짐은 좀 달랐다. 타자들의 성향을 공부했고, 그들이 타석에서 무엇을 하려는지를 파악하는 데 주력했다.

그렇다. 모든 투수는 매일 배운다. 그러면서 스스로 성장해 나가는 것이다. 경기의 모든 상황과 타자의 성향과 마음이 매번 다를 수밖에 없으므로, 그런 상황들을 재조합하고, 추리하며 매일 배워갈 수밖에 없다. 생존하려면 배우고 변화하고 적응해야 한다. 그건 비단 야구뿐만이 아니다.

그러나 상승세가 있으면 하락도 있는 것이 야구 인생이기도 하다. 2011년 그는 부상으로 부진을 면치 못한다. 시즌 2차전, 애너하임 에인절스와의 경기에서 8회까지 무실점을 기록하며 9회에도 마운드에 올랐다. 마쓰이 히데키를 상대하며 첫 공을 던지는 순간 팔꿈치에 통증이 몰려왔다. 2구째를 던지자 통증은 더 심해졌고 3구째엔 참기 어려운 지경이 되었다. 결국 교체되었고, 그로부터 부상과의 기나긴 싸움이 시작됐다.

게다가 투수에겐 치명적인 일이 발생했다. 부상 여파인지 제구력을 완전히 잃었던 것이다. 7주 동안 재활을 하고 복귀했는데 복귀를 너무 서둘렀는지 제구가 되질 않았다. 사실 트레이너가 그의 이른 복귀를 말렸지만, 팀이 좋은 성적을 거두고 있었고 탈보트 역시도 잘 던질 자신이 있었다. 빨리 복귀해 팀의 상승세에 힘을 보태고 싶었다.

그러나 결과는 엉망이었다. 기교파 투수인 그에게 제구력 난조는 재앙이나 다름없었다. 곧 다시 DL에 올랐고, 마이너에서 재활 등판을 했지만 이번엔 허리에 통증이 왔다. 모든 것이 정리돼 이젠 진짜 제대로 던질 수 있다고 생각했을 무렵엔 에이스급인 우완 투수 우발도 히메네스가 영입됐고 탈보트는 40인 로스터에서 제외되었다. 일단 그에게 빅리그 기회가 사라진 것이나 마찬가지였다.

결국 2011시즌을 마치며 팀에서 풀려 FA 상태가 되었고, 2012년에는 삼성 라이온즈에서 뛰게 된다. 빅리그 10승 투수인 그가 한국프로야구로 간다는 소식은 팬들에게 적잖은 놀라움을 안겨주었다. 오프 시즌 동안 절반의 MLB 팀에서 연락이 온 상태였지만 그의 부상 때문이었는지 메이저리그 계약을 보장하는 팀은 단 한 곳도 없었다. 하나같이 마이너 계약에 메이저 캠프 초청 조건뿐이었다.

그러던 중 삼성에서 좋은 오퍼를 했다. 그는 무엇보다 자신의 능력에 믿음을 주는 팀에서 뛰고 싶었다. 자신을 전적으로 신임하는 팀에 가야 더 잘 던질 수 있다고 생각했다.

물론 한국행을 결심하기가 쉽지만은 않았다. 비록 젊은 유망주는 아니었지만 그에겐 아직 빅리그에서 많은 시즌을 뛸 수 있는 시간과 자신이 있었다. 그러나 자신을 전폭적으로 신임하는 팀이 있다면, 전혀 알 수 없던 지구의 반대편에서 뛴다는 일은 생소하지만 괜찮은 도전이라고 생각했다.

한국에 오기 전까지만 해도 한국에 대해 아는 것이라곤 클리블랜드 동료이던 추신수 선수에게 들은 이야기들이 전부였다. 한국행을 결정한 뒤 추 선수와 그의 부인에게 많은 이야길 들었고, 한국의 팬들이 분명 그를 사랑해주리라는 확신을 가질 수 있었다고 했다.

한국행을 결정하는 데는 아내 줄리의 지원도 큰 몫을 했다. 언제나 그랬다. 그의 결정을 존중하고 지지하는 아내가 있었기에 그는 팀을 따라 거주지를 계속 옮기면서도 야구에만 몰두할 수 있었다. 그들은 2007년 12월에 결혼했고 2012년 한국에서 뛰는 동안에 케이시라는 예쁜 첫딸을 낳았다. 그는 올스타전 짧은 휴식기 동안 미국으로 날아가 딸의 출생을 지키고 돌아오기도 했다.

탈보트는 여전히 메이저리그를 꿈꾼다. 한국에서의 활동이 또 다른 발전의 디딤돌이 될 수 있다고 믿고 있었다. 물론 MLB에서 충분히 다시 성공적으로 던질 자신도 있다고 했다. 그렇지만 그에게 가장 중요한 것은 지금. 항상 현재에 충실하고자 한다. 지금 그를 믿어주는 팀에서 신뢰에 보답하기 위해 최선을 다하는 것. 미래에 어떤 일이 생길지를 걱정하고 싶지는 않았다.

그가 경험한 한국야구는 확실히 다르긴 하다. 그의 장기인 체인지업만 봐도 알 수 있다. 탈보트는 포심이나 투심의 두 가지 체인지업을 던지는데 구질의 큰 차이는 없고 그날그날 경기에서 더 편히 잘 들어가는 것을 선택한다.

그런데 분명 그의 체인지업은 메이저리그에서 대단히 효과적인 삼진 투구이지만 한국에서는 그 정도의 효과를 보지 못했다. 한국의 많은 타자들

은 큰 스윙보다는 맞추는 데 주력한다. 어떤 공을 던져도 맞춰내는 능력이 있다. 한국에서 체인지업은 그에게 더 이상 삼진을 잡아내는 결정구는 아니지만 타이밍을 뺏고 범타를 끌어내는 방편으로는 나쁘지 않은 선택이 됐다. 다 까다로운 한국 타자들 때문에 용도가 바뀐 것이다.

다른 많은 외국인 선수들처럼 탈보트도 한국의 야구팬과 팬 문화에 깊은 인상을 받았다고 했다. 한국 팬들을 얼마나 좋아하는지 한국 자체를 긍정적으로 받아들이는 데 삼성팬이 큰 역할을 했다고 말했다(팬에 대한 그의 첫 마디는 'I love it!'이었다).

"한국의 팬들은 정말 대단하다. 미국 팬도 야구장에서 맥주를 마시고 즐기는 편이지만 이곳에서는 파티를 한다. 원정을 가도 삼성의 팬이 많고, 늘 긍정적이며 열정적이다. 또, 욕설을 담은 항의 편지를 보내는 팬도 없다. (웃음)"

그가 항의편지 이야기를 꺼낸 것은 뉴욕에서 양키스전을 마친 뒤 받았던 팬레터 때문이었다. 뉴욕 양키스 스타 알렉스 로드리게스를 맞춰 퇴장당한 후 뉴욕 양키스 팬으로부터 과격한 항의 편지를 받았다고 했다.

"어떤 미국 팬들은 자신의 문제를 쏟아버리러 야구장에 가는 것 같기도 하다. (웃음) 그에 비해 한국 팬들은 열정적이고 즐겁다."

아직 만 29세. 그는 던질 수 있는 한 끝까지 공을 던지는 야구인으로 남고 싶다. 마운드에서 타자와 경쟁할 수 있는 능력이 있는 한 그는 언제까지고 투수이고 싶다.

야구를 향한 그의 자세는 헌신이다. 그에게 야구란 본래 하나이고 '같은 것'이다. 어느 국가, 어떤 지역, 마이너와 메이저를 가리지 않고 언제나 그에게 야구란 최선을 다하고 자신이 담고 있는 야구의 삶 안에서 팀을 승리로 이끌기 위해 헌신하는 것이다. 팀의 배터리인 진갑용이나 포수들과는 언어조차 통하지 않지만 야구 자체로서 서로 충분히 소통을 나눌 만큼 헌신하는 마음이면 야구에서 통하지 않을 것이 없다.

지난 10여 년간 그에게 야구는 그의 전부였고 삶이었다. 직업이었으며, 삶이었고, 시즌과 비시즌을 가리지 않고 어떻게 하면 야구를 더 잘할 수 있느냐만을 생각했다.

자신의 모든 것을 야구에 헌신하는 것. 그는 그것이 야구이며 그 자신이라고 설명한다. 훌륭한 결과를 바라보고 움직이는 것이 아닌, 그저 헌신하는 것으로 좋은 결과를 기대할 수 있는 상태. 그에게 야구는 처음부터 지금까지 그런 숭고한 헌신이었다. 삼성 라이온즈의 2012 챔피언 등극에 일조를 한 미치 탈보트가 마운드에 서는 모습은 당분간 계속해서 볼 수 있을 것 같다.

Brian Gordon **브라이언 고든**

출생 1978년 8월 16일 국적 미국 신체 183cm, 86kg 소속팀 오클랜드 애슬레틱스 포지션 투수

놀란 라이언의 수제자

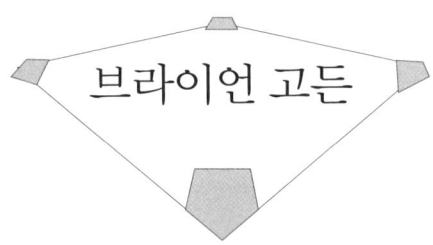

브라이언 고든

외국인 선수를 만나 야구 인생을 이야기하다 보면 참 특이한 경력의 선수가 많다. 그럼 점에서 SK 와이번스와 삼성 라이온즈에서 뛴 투수 브라이언 고든도 둘째가라면 서러울 선수다. 그는 화려한 경력의 고교 최고 투수였고 미국프로야구에 외야수로 드래프트돼 10년을 마이너에서 야수로 뛰면서 119홈런에 590타점을 기록했던 타자였다. 그러나 빅리그의 길은 요원하기만 했다. 투수로 마지막 도전장을 던지겠다는 결심과 함께 28세에 전설의 투수 놀란 라이언을 만나 투수 과외를 받았고, 타자로는 10년을 노력해도 근접하지 못했던 메이저리그를 2년 만에 방망이 대신 투수 글러브를 끼고 마운드에 오를 수 있었다. 그리고 2011년 시즌 뉴욕 양키스 선발을 거쳐 와이번스의 선발 투수로 뛰게 됐다.

고든의 야구와의 첫 기억은 그다지 즐겁지만은 않았다. 5살 때 처음 야구를 접한 고든은 당연히 야구를 전혀 몰랐다. 처음엔 공을 치고 3루로 뛰어가기도 할 정도였고, 그렇다 보니 다른 아이들이 놀리기도 해 금세 야구에 흥미를 잃었다.

그리고 9살 무렵이 됐는데 주변 친구들이 모이면 모두 야구를 했다. 친구들과 놀기 위해서는 다시 야구를 해야 했다. 그러나 처음과는 달랐다. 친구들 사이에서 고든은 야구를 곧잘 하는 편이었고 그렇게 그는 생소하던 야구가 즐거워지기 시작했다. 축구와 테니스, 골프 등의 다른 스포츠도 즐겼지만 그의 생애를 좌우할 야구와 사랑에 빠졌다.

고든은 1978년 8월 미 육군사관학교 웨스트포인트 병원에서 태어났다. 아버지는 육군 엔지니어였기 때문에 아버지의 근무지를 따라 많이도 돌아다녔다. 2살이 되던 해에 아버지를 따라 파나마로 가기도 했는데 동생 둘은 모두 파나마에서 태어났다. 그 뒤 미주리 주를 거쳐 마지막에는 텍사스 주의 라운드록에 정착했다. 대부분의 추억이 소년기 정착지인 라운드록이어서 파나마의 기억은 많지 않지만 이구아나를 잡으려고 나무를 오르내리던 기억과 바닷가에 대한 인상이 희미하게 남아 있다. 야구를 하는 형이 있으면 으레 동생들도 그 뒤를 따르기 마련이라 그의 남동생은 대학 3부 리그인 콘코디아 컬리지에서 4년간 야구선수를 지냈고 현재는 소방수가 되었다.

9살부터는 야구를 시작한 이래 리틀리그에서 매 시즌 야구를 했다. 그러다가 1993년부터 4년간 라운드록고등학교 야구부에서 뛰었다. 투수와 내야수를 하다가 4학년 때는 외야수까지 담당했다. 그렇지만 사실 고교 시절에는 유독 피칭이 그를 매료시켰고, 투구 연습을 정말 많이 했다. 스카우트들은 배트 스피드가 빠르고 스윙이 좋은 그를 타자로서 더 선호했지만 사실 그는 거의 모든 노력을 좋은 투수가 되는 데 쏟아내고 있었다.

고든은 고교 4년 동안 투수로 43승3패를 기록했다. 팀 성적이 아니라 개인 성적이었다. 고든은 아주 드물게 1학년 때부터 주전으로 뛰었고 투수를 하지 않는 날에는 야수로 경기에 뛰었다. 보통 1, 2학년 때는 소위 2군, 3, 4학년 때야 학교 주전 대표로 뛰는 것을 볼 때 그의 야구 실력이 탁월했던 것은 분명한 사실이었다.

"나는 제구력이 상당히 좋은 투수였다. 그런데 스카우트는, 왼손 타자이고 달리기와 송구도 평균 이상이라는 평가와 함께 투수로는 언제든 돌아갈 수 있지만 투수를 하다가 야수를 하기는 거의 불가능하다며 타자를 하길 권했다."

재능이 많다 보니 고민도 됐지만 스카우트는 장기적으로 더 오래 야구를 할 수 있는 야수 포지션을 권했다. 프로 대신 대학교를 갈 기회도 물론 있었다. 그러나 공부에 소질이 있는 편은 아니었고 야구를 좋아했으므로 다른 선택은 필요 없었다. 1997년 드래프트에서 애리조나가 7라운드에 그를 야수로 선택하자 주저 없이 프로의 길로 들어섰다. 물론 투수를 하고 싶기도 했다. 그래서 구단에 자신의 의사를 내비치기도 했지만 돌아온 대답은 "공을 꽤 던질 줄 안다는 것은 알지만 이제 그것은 완전히 잊어라. 너는 외야수다"라는 것뿐이었다.

하지만 그는 한시도 투수의 꿈을 완전히 버리지는 않았다. 1997년 드래프트되어 2004년까지 고든은 줄곧 주전 외야수였지만 경기 중에 투수를 관찰하는 일을 게을리하지 않았다. 거의 항상 그는 투수를 보면서 구질을 연구했다. 그러나 당시에도 커브만큼은 당장 던져도 그 어떤 투수보다 잘 던

질 자신이 있을 정도였다. 고든은 한국 프로에서도 종종 보여준 대단히 좋은 커브를 보유했는데, 아주 어릴 때부터 그 공을 던질 수 있었다고 한다.

그 탄생 과정도 재미있다. 그의 전매특허인 그 커브는 리틀리그 시절이던 12살 때 스티브 라베이라는 80년대 필리스 마이너 출신의 리틀리그 팀 코치에게 배웠다. 물론 처음부터 잘 던지지는 못했다. 일단 나이가 너무 어렸다. 하지만 고든은 집요할 정도로 계속해서 커브를 던지며 연습을 반복했다.

그리고 3주쯤이 흘렀을까. 다시 만난 라베이 코치가 고든에게 커브를 한번 던져보라고 했다. 연습한대로 공을 던졌고 코치의 눈이 커졌다. 코치는 "그건 내가 가르쳐준 것은 아닌데 다시 던져 봐라"라며 놀라움을 감추질

나의 야구는
끝난 것이 아니다

못했다. 그가 똑같은 공을 또 던지자 앞으로 그 공을 계속 연습하고 던지라고 했다. 그것이 오늘날 고든이 던지게 된 위력 넘치는 커브볼의 시작이었다. 본래 라베이 코치는 구속이 상당히 빠르고 각이 예리한 슬러브를 던지는 법을 알려주었는데 어린 고든은 훨씬 각이 크고 구속은 느린 독특한 커브를 던지고 있었다. 그 대신 어린 나이에도 제구력이 발군이었다.

"나만의 커브인 것 같다. 계속 반복해서 훈련을 하다 보니 나만의 커브가 만들어졌고 동료들이 물어봐서 설명을 해도 잘 알지 못하는 그런 구질이 됐다. 그 커브와 패스트볼로만 고교 시절에 잘 던졌다. 1학년 때 9승1패, 2학년 때 10승1패, 3학년 때 10승1패, 그리고 4학년 때는 14승 무패였다."

그야말로 재능과 스타성을 겸비한 초고교급 투수였다. 그런데도 드래프트는 타자로 뽑혔으니 아이러니였다.

"지역 신문에서도 내가 투수가 아닌 타자로 드래프트된 것은 미스터리라며 큰 기사가 나기도 했다. (웃음) 그러나 내겐 행운이었다. 타자로서 많은 것을 배웠고 그것이 나중에 피칭을 하는 데 큰 도움이 되고 있다. 타자가 어떤 의도가 있는지, 무엇을 하려는지를 이해할 수 있으니까."

하지만 그는 마이너리그에서 타자로서도 상당한 두각을 나타냈다. 홈런의 개수만 해도 100개가 넘었고 600타점 가까이 기록했다. 가장 인상적인 것은 무엇보다 3루타가 65개나 되었다. 무척 빠른 선수라는 의미였다.

"어려서부터 좀 달릴 줄은 알았다. (웃음) 성장도 비교적 빠르게 2003년에 트리플A까지 올랐다. 그런데 그 후 4년간 계속 트리플A였다. 팀도 애리조나를 거쳐 LA 에인절스, 그리고 휴스턴까지 옮겼는데 한계를 느꼈다. 트리플A까지는 순항했고 그 후에도 마이너리그 계약을 하는 데는 타자로서 문제가 없었다. 그러나 빅리그는 다가오지 않았다."

계속 야구를 하기 위해서는 뭔가 변화가 필요했다. 또한 만약 투수로서 도전해보지 않고 야구를 그만둔다면 평생 잠을 이루지 못할 것 같은 아쉬움도 컸다. 결국 혼자서 결심을 했다. 휴스턴 애스트로스의 트리플A에서 뛰던 2006년 시즌 중반에 재키 무어 감독(현 텍사스 벤치 코치)에게 가서 "웃으실지 모르지만 제가 투수로 던지는 것을 봐줄 수 있겠습니까?"라고 요청했다. 자신의 열망과 상황을 거듭 설명하면서 그는 무척 간절한 마음이었다. 감독은 흔쾌히 승낙하며 그에게 준비를 해보라고 했다.

그리고 일주일 후 그에게 불펜 피칭을 하라는 말이 전달됐다. 정말 기뻤다. 불펜으로 걸어가는 내내 그는 다시 소년이 된 것 같은 착각이 들 만큼 설레었다. 불펜 코치가 그를 보더니 "여기서 뭐하려는 거야?"라며 농담을 던졌다. 그렇게 그는 불펜 마운드 위에서 패스트볼을 던지기 시작했다.

거의 10년 만에 마운드에서 던진 공이었다. 하지만 공은 기대 이상으로 제대로 들어갔다. 물론 그동안 마운드에서 연습한 적은 한 번도 없었다. 그러나 외야에서 캐치볼을 할 때면 늘 구질을 생각하면서 공을 던지며 감각을 잃지 않으려 노력했다. 이번엔 다른 구질을 던져보라고 해서 커브를 던졌다. 첫 번째 공만 원바운드로 들어갔고 나머지 공은 기가 막힐 정도로 스트라이크존으로 들어갔다. 잇따라 체인지업과 슬라이더도 던졌다. 그 전까지 체인지업과 슬라이더를 마운드에서 던져본 적이 없었지만 수없이 이미지 트레이닝을 했고 자신 있게 공을 던졌다. 마치 만화처럼 모두 제대로 들어갔다.

감독과 코치에게 극찬을 받았다. 그런데 그것으로 끝이었다. 실전에서 마운드에 오를 기회는 오지 않았고 시즌은 그렇게 끝났다. 그렇게 아쉽게 시즌을 끝내고 일주일이 지났을 무렵 기적 같은 일이 벌어졌다. 놀란 라이언의 비서가 그에게 연락을 취해왔다. 고든을 만나고 싶다는 내용이었다. 2006년 9월 하순의 수요일, 그는 날짜는 잊었지만 그날의 모든 걸 선명하게 기억할 수 있다.

마침 그의 어머니가 놀란 라이언이 구단주로 있는 마이너리그 팀 라운드록 익스프레스에서 일하고 있어 인연이 있었고, 그렇게 예전에 놀란 라이언과 인사를 나눈 적은 있었지만 본격적으로 만나본 일은 없었다. 그런데 놀란은 그를 보자마자, "투수를 하고 싶다는데, 애스트로스가 자네 피칭에 관심이 있다고 내게 연락을 했네"라고 말했다. 그 시즌에 불펜 피칭을 몇 번 한 것을 보고 나쁘지 않다고 느낀 모양이었다.

물론 그 시즌에 실전에서 투수로 활약한 일은 없었다. 늘 외야수가 필요한 상황이었기 때문에 그를 마운드에 올릴 기회가 없었다. 그러나 코칭스태프는 고맙게도 투수로서 그의 가능성을 눈여겨봐 주었고, 당시 애스트로스 특별고문이던 라이언에게 연락을 해주었던 것이다.

라이언은 "만약 진짜 투수가 되고 싶다면 내가 스프링 전까지 도와주겠네. 투수를 한 지 얼마나 됐나?"라고 물었다. 그가 10년쯤 됐다고 하니 무척 놀라는 표정이었지만 "진짜 투수가 되겠다면 방망이와 야수 글러브는 완전히 버려야 한다. 10년의 공백을 한 오프 시즌에 따라잡아야 하니까"라며 그를 투수로 받아들였다.

그렇게 투수 수업이 시작되었다. 라이언이 현역시절 했던 컨디셔닝, 웨이트 트레이닝, 피칭 훈련 등을 그대로 배웠다. 10월 중순부터 3월까지 딱

4개월여간 주어진 시간에 10년의 공백을 메워야 했다. 조바심이 났지만, 라이언은 열심히만 한다면 아무도 알아볼 수 없는 전혀 다른 선수가 될 것이라며 그를 독려했다.

사실 투구 동작 자체는 크게 변화를 요구하지 않았지만 미세하면서도 중요한 변화들은 있었다. 특히 하체를 더 많이 이용하는 투구 동작도 익힐 수 있었다. 고교 때는 140킬로미터 초반을 던졌지만 그때보다는 나이도 훨씬 많고 외야수로 오래 뛰었으니 150킬로미터는 던질 요량이었다.

하지만 오프 시즌 내내 이루어진 투수 훈련 동안 그에게 주어진 과제는 언제나 제구력이 우선이었다. 라이언은 우선 패스트볼의 제구를 완전히 잡기 전에는 다른 구질은 던지지도 못하게 했다. 구속을 측정하지는 않았지만 고든은 상당히 빠른 편이라고 스스로 판단하고 있었다. 놀란은 그해 겨울 동안 고든에게 모든 걸 전수하려 했다.

"매주 한 번씩 내게 레슨을 해주었다. 그는 나의 단독 투수 코치였다. 재미있는 얘기가 있다. 처음 그를 만나러 갔을 때 사무실의 큰 박스 안에 그가 친필로 사인한 공이 잔뜩 담겨 있었다. 그런데 내가 처음 피칭 연습을 시작했을 때 그가 바로 그 사인공 몇 개를 던져주면서 훈련하라고 했다. 공이 더 필요하면 가져가라면서. 물론 그 공 중에 몇 개는 내가 소중히 보관하고, 나를 도와주던 포수에게도 주었다. (웃음)"

놀란과의 특별한 수업 덕분이었을까. 결국 2007년 만 28세였던 그는 투수가 되었다. 겨울이 지나고 스프링 트레이닝에 갔다. 투수로 나선 첫 시범 경기에서 첫 타자를 삼구삼진으로 잡을 수 있었다. 타자가 그의 패스트볼에 손도 대지 못했다. 삼자 범퇴로 첫 등판을 마치며 그는 스스로가 자랑스

러워 견딜 수 없었다. 그리고 스카우트에게 가서 물었다.

"내 패스트볼이 얼마나 나왔어?"

하지만 기대 밖이었다. 분명 145킬로미터를 훨씬 넘을 것으로 기대했는데 스카우트는 140킬로미터라고 대답했다. 자신의 예상과 기대보다 아직 투수로서 여러 가지 면에서 부족했던 것이다. 결국 그날의 일화 덕분에 더욱 열심히 해야 할 계기를 마련했다.

"첫해 더블A에서 시작해 트리플A까지 갔다(성적은 39경기 구원으로 6승2패 3.25였다). 그러나 2008시즌 트리플A에서 첫 경기 후 휴스턴은 무슨 이유인지 나를 방출했다. 그래서 라이언 씨에게 전화를 했다. 그는 당시 레인저스에서 일하고 계셨고 일주일 후에 레인저스에서 연락이 왔다. 이미 시즌이 시작됐고 자리 마련을 위해서는 테스트를 받아야 했다. 그러나 그들이 보는 앞에서 불펜 피칭을 한 번 하자 곧바로 계약했고, 더블A로 가서 15경기에서 2승에 무실점으로 평균자책점 0.00을 기록하자 트리플A 오클라호마로 승격시켰다. 트리플A는 수준이 많이 달랐다. 거기서 드디어 진짜 투수로 자리를 잡았다고 할 수 있다. 참 많은 것을 배웠다."

지나고 나서 회고하는 것은 쉬운 일이지만 당시는 정말 힘겨운 도전이었음은 두말할 것도 없었다.

"기술과 육체적인 면도 그랬지만 정신적으로도 대단히 힘들었다. 그러나 한편으로 나는 스스로에 대한 믿음을 늘 가지고 있었다. 내 능력으로 타자들을 잡아낼 수 있는 좋은 투수가 될 자신이 있었다."

고든은 자기가 항상 편안하고 익숙하던 상황에, 그저 마이너에서는 썩 괜찮은 타자지만 메이저리그는 요원한 그런 상황에 그대로 머물렀다면 절대로 지금까지 겪은 이 놀라운 경험은 절대 하지 못했을 것이라고 생각했다. 누구나 '안락한 상황(comfort zone)'에 머물기는 쉬운 일이다. 그랬다면 고든 역시 그저 그런 무명 타자로 끝났을 것이다. 돌이켜보면 신념과 의지를 갖고 도전한 그의 결정은 얼마나 현명한 일인지.

복잡다단한 인생처럼 꼬이고 풀리고 다시 엮이는 야구에서의 인연은 브라이언 고든과 박찬호도 이어주었다. 2007년 애스트로스 트리플A에서 함께 뛴 적이 있다. 투수로 전향하고 더블A를 거쳐 그가 도착한 트리플A 라운드록에는 박찬호라는 메이저리그 100승 가까운 승수를 쌓은 동양인 투수가 있었다. 뉴욕 메츠에서 실패한 박찬호에게 가장 힘겨웠던 1년이었다. 고든은 "아이오와 원정에선가 저녁을 함께한 적이 있다. 마이너리그 선수들을 데리고 가서 정말 멋진 식사를 샀다. 그는 항상 노력하고 정말 존경할 만한 선수였다"고 회고했다. 그를 2012년 한국프로야구에서 다시 만난다. 또한 당시 박찬호가 그 팀을 선택하게 만들었던 버트 후튼 투수 코치는 고든과도 인연이 깊었다. 그가 바로 전 해까지 그 팀에서 외야수로 뛰다가 투수 테스트를 받은 코치가 바로 후튼이었던 것이다.

결국 투수로 전향한 지 약 2년이 지난 후에 그는 꿈에도 그리던 메이저리그 마운드에 섰다. 10년간 마이너에서 타자로 활동하며 이루지 못한 꿈이었다. 2008년 9월 중순 그는 생전 처음 빅리그에 승격됐고 첫 등판까지는 3일이 걸렸다. 기다리는 그 시간 동안 그는 초조하고 불안해 어찌할 바를 몰랐다. 텍사스 레인저스의 홈인 알링턴 구장 불펜에서 대기하면서 전화기가 울릴 때마다 촉각을 곤두세웠다.

온 신경이 전화기에만 박혀 있는데 마침내 "고든, 몸을 풀게!"라는 말이

들렸다. 담담히 공을 잡고 불펜 마운드에 올라 포수를 지켜보았다. 수만 관중이 운집한 운동장이었는데 순간 모든 것이 고요해졌다.

'1년 내내 해오던 일이다. 이제 똑같이 하면 된다.'

그는 다짐했다.

'똑같은 포수이고, 똑같은 거리에서 늘 내가 던지던 공을 던지면 된다.'

고든은 자신을 둘러싼 고요와 적막 속에서 평정심을 찾으려 애썼다. 모자를 한 번 눌러쓴 뒤, 포수를 응시하고 마침내 공을 던졌다. 그의 첫 공을 친 상대팀은 디트로이트 타이거즈였다. 다른 기억은 희미하지만 유독 커티스 그랜더슨을 상대한 기억만은 여전히 생생하다. 1이닝을 던지는 동안 삼진 하나, 안타 하나, 뜬공 2개로 막았다.

그 뒤로도 그는 마이너에서 꾸준히 투수로서 활약했지만 빅리그 기회는 좀처럼 다시 오지 않았다. 그러다가 2009시즌이 끝나며 FA가 됐고 필라델피아 필리스와 계약했다. 2010년에는 비록 빅리그로 가진 못했지만 구원 투수로 나쁘지 않은 시즌을 보냈다(40경기 1승3패 3.46). 그리고 2011년 필리스 트리플A에서 구원 투수로 시즌을 시작했지만 절호의 기회가 왔다. 부상으로 선발 자리가 비자 고든은 자기를 투입해달라고 자원했다. 선발 투수로 뛴 기억도 아스라했지만 자신이 있었기 때문이었다. 마이너에서나 가능한 일이었는데 실제로 그는 9경기 선발로 나서 5승 무패에 평균자책점 1.14라는 어마어마한 성적을 올렸다.

인생에는 분명히 운이 작용하는 때가 있다. 그가 필리스 마이너에서 아무리 잘 던져도 최강의 선발진을 보유한 필리스 메이저 팀으로 올라갈 가능성은 거의 제로에 가까웠다. 그런데 갑작스레 기회가 찾아왔다. 그것도

엉뚱하게도 AL 최강팀 뉴욕 양키스로 이적하게 된 것이다. 사실 필리스와 의 계약에는 2011년 6월 15일까지 빅리그에 못 가면 계약을 해지하고 FA가 된다는 조건이 있었지만 대책 없이 떠날 입장은 아니었다. 그런데 뉴욕 양 키스 선발진에 부상이 계속 이어지자 다급히 투수를 찾다가 마이너에서 호 투하던 그를 찾아낸 것이었다. 뉴욕 양키스는 화요일에 연락을 했고, 목요 일 경기에 뛸 선발이 필요하다며 곧바로 계약을 하자고 제안했다. 그날이 6월 14일, 하루가 지나면 자유의 몸이 되는 날이었다. 고든은 그렇게 정신 못 차리게 분주한 절차를 거쳐 순식간에 다시 빅리그에 올랐다. 그의 메이 저리그 첫 선발 경기는 운명적으로 극적이었다.

"갑자기 뉴욕 양키스 유니폼을 입고 선발로 나서게 됐는데 상대가 바로 내가 빅리그 데뷔했던 텍사스 레인저스였다. 강타선을 맞아 5.1이닝 2실점 했고, 나는 승리 투수가 되진 못했지만 팀이 결국 승리했다. 그렇게 뉴욕 양키스에서 두 경기에 연속 선발로 나섰다."

수많은 야구선수들이 뉴욕 양키스의 유니폼을 입길 원하지만 꿈으로 그치는 경우가 적지 않은데 그는 그런 염원을 참 갑작스럽게 이뤄낸 셈이었다. 사실 그는 뉴욕 양키스의 유니폼 자체에는 큰 욕심이 없었다. 물론 그에게도 야구를 대하는 꿈과 목표가 있었다. 그는 자신이 원하는 것은 특정 팀 유니폼이 아니라, 빅리그에서 인정받는 최고의 선수가 되는 것이었다.

"나는 '오늘 내가 이룰 수 있는 최고의 선수가 되는 것'이 늘 목표였다. 어떤 유니폼을 입든 상관없이 내게 주어진 날 나의 능력 안에서 최고의 피칭을 하고 싶었다. 그래서 늘 최고의 날을 만들기 위해 매일 노력한다."

고든은 자기 자신이 멀리 보고 움직일 때 어떻게 휘둘리는지를 잘 알고 있다. 때문에 장기적으로 막연한 꿈을 좇으며 멀리 내다보고 싶어 하지 않는다. 때론 그 꿈들에 그가 압도당하는 느낌이기 때문이다. 내일이 아니라 오늘, 지금 당장의 하루하루에 최선을 다하고 것. 그에게 야구는 매 순간이 최선이다.

"어떤 팀에서 뛰든 큰 상관은 없었고, 야구선수가 되고 빅리그에서 뛴다는 것만으로도 은총이라고 생각한다. 그리고 동료들과 어울릴 수 있다는 것도 정말 즐거운 일이다. 지금 한국에 와서 이 친구들과 야구를 할 수 있다는 것도 내겐 대단히 큰 행운이다."

바톨로 콜론 등의 선발이 복귀하자 그는 뉴욕 양키스에서의 영광을 뒤로하고 갑작스레 한국 진출을 결정했다. 사실 그는 뉴욕 양키스가 그를 선택하기 전부터도 내심 한국에 가고 싶다는 갈망이 있었다. 한국에서도 꾸준히 그를 스카우트하겠다는 팀이 있었기 때문이다.

"이전부터 한국에서 내게 관심이 있었고 SK에 대해서는 필리스에 있을 때부터 들었다. 만약 뉴욕 양키스가 나를 선택하지 않았더라면 그 전에 한국으로 왔을지도 모른다. 나에 대해 SK 코칭스태프가 약간 주저하는 동안에 뉴욕 양키스에서 연락이 왔다. 그러다가 다시 SK에서 강력하게 나를 원한다는 연락이 왔다. 한국야구에 대해 많은 좋은 이야기를 들었고, 미국의 마이너보다는 한국의 최고 리그에서 뛰고 싶었다."

한국에 대해, 한국야구에 대해 관심은 있었지만 아는 바가 많은 것은 아니었다. 물론 성실한 선수답게 공부는 했다. 한국의 야구는 어떤지, 어떤 역사를 가지고 있는지. 그럼에도 처음 한국에 와서 야구를 보았을 때의 충격은 신선함 그 자체였다. 야구 수준은 생각보다 훨씬 뛰어났고, 팬들의 열기 역시 대단했다. 그는 더 많이 배워야 한다고 생각했다. 모든 것이 예상 밖이었다. 팀은 물론 동료들과의 끈끈한 팀워크, 팬들의 뜨거운 열성은 그에게 더 열심히 한국의 야구를 연구할 수 있는 힘을 불어넣었다.

한국의 구장에서 그를 가장 흥분시키는 것은 '천둥 막대기(막대 풍선)'일 만큼 그는 한국의 응원문화가 즐겁다. 미국에선 그런 응원도구를 사용하는 것을 좀처럼 보기 어렵지만, 한국은 음악까지 크게 틀고 모두가 즐겁게 응원하는 모습이 신선했다. 선수 응원가 역시 아주 마음에 들어 가끔은 그 응원가 때문에 타석에 서고 싶을 정도였다. 하지만 그건 어디까지나 유희적인 상상력일 뿐 그는 지금 자신의 포지션인 투수를 무척 사랑하고 만족하고 있다.

한국의 야구가 미국과 가장 다르다고 느낀 점은 타자의 접근법이었다.

"같은 야구지만 다르다. 가장 큰 차이는 타자의 접근법이다. 미국에서는 타자가 어떤 의도인지 쉽게 파악이 됐는데 처음에는 한국 타자의 의도를 파악하기 어려웠다. 파워와 스피드를 모두 보여주고, 번트가 많고 삼진은 많지 않고 커트 능력이 뛰어나고 정말 까다롭다. 그래서 쉽지는 않지만 흥미로운 도전이다."

대부분의 외국인 투수들이 한국의 타자를 까다로운 편이라고 보는 것처럼 그 역시 그랬다. 섬세한 한국의 타자들을 보며 그는 투수로서 더 많이 고민할 수 있었다. 한국에 와서 고든은 투수로 또 한 단계 성장했다.

고든은 또 아주 특이한 기록을 가지고 있다. 그는 메이저리그에서 최초로 가죽이 아닌 다른 재질로 만든 글러브를 끼고 경기에 나선 선수다. 그는 가죽 글러브가 아닌 나일론 재질의 글러브를 끼고 마운드에 오른다. 글러브는 친구인 스캇 카펜터가 처음 그에게 제작해 주었는데, 낙하산 로프를 만들 때 쓰이는 나일론을 주재료로 글러브 전체를 하나의 조각으로 만든 맞춤 제작형 글러브다. 가죽 글러브보다 훨씬 가볍고 내구성이 좋은데다 그의 손 모양을 주형으로 따 수제로 제작하기 때문에 손에 착 감겼다.

아직 대중화되지 않았기 때문에 사실 이 글러브를 사용하는 선수는 많지 않다. 뉴욕 양키스에서 선발로 뛸 때 그가 처음으로 사용했고, 마이너에서 몇몇 선수들이 사용하는 정도다. 가죽 글러브는 쓰는 만큼 닳지만, 나일론 글러브는 닳는 속도가 더뎌 더 오래 사용할 수 있다. 잘 모르는 이들은 슈퍼마켓에서 샀느냐고 농담을 하기도 하지만, 자세히 들여다본 뒤로는 모두들 그의 글러브에 감탄했다. 그가 2011년 6월 16일 뉴욕 양키스 유니폼을 입고 마운드에 올랐을 때 사용했던 글러브는 최초로 가죽 제품이 아닌 글러브로 현재 명예의 전당에 전시되고 있다.

메이저리그와 또 다른 점은 한국에서는 동료 간에 신의가 두텁고 외국인 선수들에게 대부분 친절하다는 점이었다. 모두들 그가 낯선 환경에 적응하는 데 적극적으로 도움을 자청했고, 때문에 그에겐 다른 무엇보다도 동료들이 타지의 외로움과 낯설음을 이겨내는 비타민 같은 존재들이 되었다.

사실 처음에는 외국인 투수치고는 크지 않은 체격을 지닌 그에게 우려를 보내는 이도 적지 않았다. 체력적 한계가 있을 것이란 기우였지만, 그는 상관하지 않았다. 유리함이나 불리함은 그저 머릿속에서만 만들어지는 것이고, 신체적인 문제는 아니라고 생각했다.

"타석에 선 타자를 잡을 수 있다고 자신하면 잡는 것이다. 물론 항상 타자를 잡아낼 수는 없지만 그런 자신감이 가장 중요하다. 타자든 투수든 능력이 중요하지만 자신감은 더 중요하다고 본다. 체격이 크지 않다고 불리한 것은 없다."

스스로 그렇게 자신감을 불태우기도 하지만 그는 또한 언제나 더 많은 무기를 가진 투수가 되려는 노력을 게을리하지 않는다. 체인지업을 조금 더 가다듬고 자신의 무기인 제구력이 흔들리지 않게 항상 연구를 하고 있다.

고든과 인터뷰를 했을 당시는 2010년 9월로 그는 SK 와이번스 소속이었다. 많은 외국인 선수들이 빅리그로의 복귀를 염두에 두기도 하지만, 그는 그렇게 멀리 내다보고 자신의 현재를 움직이고 좌우하는 그런 스타일은 아니었다. 언제나 어떤 리그에서든 뛸 자신이 있었지만, 가장 중요한 것은 현재의 팀에서 최고의 선수로 활동하는 것이었다.

야구는 그에게 처음으로 존경심을 가지게 한 스포츠였고, 자신이 야구에 대해 존경심을 가진다는 것 자체가 자랑스러울 만큼 경건한 존재였다. 야구를 존경하면, 야구를 하는 동안 그 존경심을 되돌려받을 수 있다는 생각은 그의 철학이었고 믿음이었다.

"젊은 선수들에게 믿음과 신뢰를 가지고 '컴포트 존'을 박차고 나와 원하는 꿈을 향해 도전하라고 말하고 싶다. 야구는 분명히 노력과 사랑과 열정을 그만큼 되돌려주는 게임이다."

프로리그에 뛰어든 후 첫 10년간 해왔던 타자를 포기하고 투수로 전향을 시도한 브라이언 고든. 메이저리그 최고 투수로 자리하지는 못했지만 투수로 전향한 후 2년 만인 20대 후반에 빅리그 마운드에 올라섰다는 것만으로도 그의 도전은 위대하고 아름답다. 선택이 언제나 성공할 수는 없지만 그는 자기 자신의 역량을 믿고 또한 야구를 존경하며 자신의 선택을 밀어붙여 결국 많은 이에게 귀감이 되는 투수로서 우뚝 설 수 있었다. 성공하느냐, 실패하느냐가 아니라 그저 도전하고 싶다는 그의 열망은 모두에게 야구를 단순한 스포츠가 아닌 뜨거운 울림으로 느껴지게 한다.

삼성 라이온즈는 외국인 선수 도입 첫해인 1998년에 투수 2명으로 출발했다. 왼손 투수 스코트 베이커와 오른손 투수 호세 파라가 그 주인공이다. 베이커는 그해에 15승7패, 평균자책점 4.13을 기록했다. 베이커 이후 삼성에선 왼손 15승이 좀처럼 나오지 않았다. 2012시즌에 왼손 장원삼이 17승으로 다승왕을 차지하면서 숙원을 풀었다.

역대 삼성의 외국인 선수 가운데 가장 화려한 메이저리그 경력을 자랑했던 사례는 오른손 타자 훌리오 프랑코였다. 메이저리그 23년 통산 2할9푼8리의 타율에 173홈런, 2,586안타, 281도루를 기록한 선수였다. 타격왕에 한차례 올랐었고, 올스타에 세 차례나 선정된 경력을 갖고 있다. 1958년생인 프랑코는 지난 2000시즌, 만 42세의 나이에 삼성에서 활약했다. 그해에 타율 3할2푼7리, 22홈런과 110타점을 기록했다. 당시 프랑코의 나이를 잊은 성실한 자기관리법을 보면서 국내 선수들이 영향을 크게 받았다.

삼성 구단 차원에서 기억에 남는 선수를 꼽자면, 2002시즌의 왼손 투수 나르시소 엘비라를 거론할 수 있다. 당시 매트 루크의 대체 용병으로 5월에 삼성 유니폼을 입은 엘비라는 22경기에서 13승6패 평균자책점 2.50으로 활약했다. 삼성이 그해에 정규시즌 1위에 오른 뒤 사상 첫 한국시리즈 우승을 차지하는 과정에서 상당한 공헌을 했다는 평가를 받았다. 2012년에 삼성 선발로 25승을 합작한 마치 탈보트와 브라이언 고든의 공헌도도 상당했다.

엄밀히 말하면, 삼성 라이온즈가 21세기 들어 최강팀으로 자리매김하는 과정에서 외국인 선수의 공헌도가 그리 크지는 않았다. 대신 국내 토종 선수들을 육성하고, 특히 투수진의 짜임새를 높이면서, 야수들의 군복무 관리를 효율적으로 운영하는 패턴으로 전력을 유지해왔다고 보는 게 맞는 해석이다. 이 같은 배경으로 인해 삼성에선 이른바 '독보적인' 외국인 선수는 거의 없었으며, 국내 선수들과의 조화 속에서 '일정 수준의 조력자' 역할을 해준 케이스가 대부분이었다. 외국인 선수 영입도 큰 변수가 될 수 있지만, 근본적으로 팀의 저력이 중요하다는 게 입증된 사례가 바로 삼성 라이온즈다.

Part. 6

넥센 히어로즈

독립리그에서 올림픽 대표팀까지 **브랜든 나이트**

조용하다, 그러나 강하다 **앤디 밴 헤켄**

여전히 난 좋아, 좋아! **덕 클락**

Brandon Knight # 브랜든 나이트

출생 1975년 10월 1일 국적 미국 신체 183cm, 88kg 소속팀 넥센 히어로즈 포지션 투수

브랜든 나이트

넥센 히어로즈의 노장 투수 브랜든 나이트는 늘 유쾌하고 수다쟁이다. 2009시즌 중반 처음 삼성 라이온즈로 갔을 때 첫 TV 인터뷰를 라이브로 하는데 하도 말이 끊이지 않아서 꽤나 어렵게 동시통역을 했던 기억이 아직도 난다. 하나를 물으면 두세 개를 답할 정도로 외향적이고 긍정적이고 말도 참 잘한다.

2012년 나이트는 넥센 히어로즈에서 생애 최고의 시즌을 보냈다. 16승4패에 평균자책점 2.20을 기록하며 208⅔이닝을 던져 투수 거의 전 부문에서 1, 2위에 오르는 빼어난 피칭을 과시했다. 그의 2012시즌은 정말 대단했는데 외국인 선수여서인지 골든글러브를 수상하지 못해 아쉬움을 남겼다. 자신도 너무 안타까워했다는 소식을 2012년 12월 동료 박병호 선수를 통해 접하기도 했었다.

'백기사'라는 별명으로도 국내 팬들에게 사랑을 받은 나이트가 본격적으로 야구를 시작한 것은 4살 때 티볼리그였다. 그의 부모님이 늘 즐겨 이야기하는 단골메뉴에 따르면 그는 걷기도 전에 농구공을 튕기고 놀만큼 활발하고 공을 좋아했다고 한다. 그 어릴 때 그저 한 번 튕기고 놓치는 것이 아니라 앉아서 공을 계속 튕기면서 놀았다고 했다.

우연은 아니었다. 그의 부모님 역시 운동을 즐기고 잘했다. 아버지는 프로는 아니었지만 고교 때까지 야구를 아주 잘했고, 프로 볼링선수이기도 했다. 그의 어머니 역시 육상에서 두각을 보였다. 아무래도 부모님에게 타고난 운동 신경이 있어 그도 어려서부터 운동을 좋아하고 잘했다. 야구 이외에도 여러 스포츠를 하면서 놀았는데 대부분 개인 운동이었고 리그의 팀에서 뛴 스포츠는 야구뿐이었다. 남동생도 만능 스포츠맨이었지만 프로 선수가 되지는 않았다.

나이트는 캘리포니아 중남부에 있는 벤추라 시의 부에나고등학교에 다녔는데 처음엔 트라이아웃을 거쳐 고교 야구팀에 들어갔다. 3일간 트라이아웃을 했는데 무척 긴장을 했던 기억이 생생하지만 첫날 테스트에서 곧바로 감독에게 입단 허락을 받을 정도로 눈에 띄는 선수였다.

처음엔 투수는 아니었다. 당시 그는 유격수와 2루수를 봤다. 투수를 그렇게 좋아하지 않았다. 아니, 그보다는 타격과 수비를 더 좋아했다고 해야 맞겠다. 리틀리그부터 모든 포지션을 섭렵했지만 늘 야수를 더 좋아해서 고교 감독님에게는 리틀리그에서 투수를 했다는 말도 하지 않았을 정도였다. 사실 나이트는 대학 때까지도 투수가 되겠다는 생각을 해본 적이 없었다.

야구의 타자 중에는 우투좌타 선수가 상당히 많다. 두산 베어스의 김현

수처럼 오른손으로 던지고 왼쪽에서 치는 그런 선수다. 그러나 투수는 오히려 좌투우타는 가끔 있어도 우투좌타는 별로 없다. 왼손 투수는 훨씬 드물고 또 희소성만큼 가치를 인정받기 때문에 차라리 왼손으로 일부러 바꾸는 시도를 하기도 한다. 그런데 신기하게도 나이트는 타고난 왼손잡이면서도 오른손으로 던지고 왼손으로 치는 우투좌타 선수다. 원래는 왼손잡이로 공 던지는 일과 골프만 빼고 다 왼손으로 한다. 아버지에게 오른손 골프채만 있어서 골프는 오른손으로 시작했다. 그러나 왜 오른손으로 공을 던지게 됐는지는 그도 기억할 수 없다고 했다. 모두 왼손 투수가 되고 싶어 하지만, 그는 어쩐지 오른손으로 공을 던지는 것이 편했고, 어려서부터 그렇게 길들여졌다. 먹는 것부터 다른 일들은 모두 왼손잡이라 심지어 글씨도 오른손으로는 못 썼다. 때문에 왜 왼손으로 던지지 않느냐는 질문을 항상 받았다. 왼손으로 150킬로미터의 강속구를 던졌더라면 훨씬 유리했을 테니까.

"만약 그랬더라면 여기서 이렇게 인터뷰를 하는 것이 아니라 미국에서 빅리그 12년차 베테랑으로 인터뷰를 하고 있었을지도 모른다. (웃음) 왜 왼손으로 던지지 않았느냐는 얘기는 늘 듣지만 그저 그렇게 됐을 뿐이다."

살다 보면 설명이 되지 않는 일들이 있다. 나이트가 한국프로야구에서 뛰게 되기까지의 여정에는 왼손이 아니라 오른손으로 공을 던지게 된 것도 분명히 작용을 했다고 본다.

고3 때 그는 타율이 4할5푼에 평균자책점은 0점대로 놀라운 성적을 올렸다. 지역에서 최고의 고교 선수 중 하나였고 공도 빨랐는데, 단 키가 작았다. 프로에서는 늘 스테레오 타입의 큰 키의 건장한 투수를 원한다는 것을 알고 있었다. 1994년에 콜로라도 로키스에 타자로 드래프트됐지만 그는 마크 맥과이어, 랜디 존슨 등을 배출한 LA의 야구 명문인 서던캘리포니아대학교(University of Southern California, USC)에 입학하기로 돼 있었다. 하지만 미국의 학원 스포츠는 규정이 엄격하다. 나이트는 학점이 조금 모자라 1부 대학에 갈 수 없었다. 그래서 2년제인 벤추라대학에 진학해 1학년을 마치고 학점을 올려 USC로 편입하려 생각했다. 2년제 대학에서 학점을 쌓아 4년제 대학으로 편입하는 것은 미국에서 비교적 흔한 일이다. 벤추라대학에서는 첫 시즌 중반까진 야수로만 뛰었다. 그런데 투수 2명이 부상을 당하면서 투수를 할 수 있겠느냐는 제안이 들어왔고 그때부터 투수와 타자를 병행했다.

그러던 중에 1995년 텍사스 레인저스가 15라운드에서 또 그를 드래프트했다. 많은 프로팀이 그에게 관심을 보였지만 텍사스가 유일하게 그를 투수로 원한 팀이었다. 다른 팀은 모두 그를 타자로 원했다. 결국 프로의 길을 택했지만 텍사스는 뽑고 나서도 진로를 타자로 할지 투수로 할지 고민했고, 그때까지도 그는 정말 타자를 원했다. 그러나 결국 팀의 결정은 투수였다.

결국 프로에 가서야 나이트는 정식으로 투수로 뛰기 시작한 셈이었다. 때문에 사실 처음 두 해 정도는 어려울 수밖에 없었다. 투수로서 경험도 별로 없고 그저 공만 빠르게 던졌지 진짜 투수라고 볼 수는 없는 수준이었다. 2년째 하이 싱글A에 갔을 때는 정말 고생을 해야 했다(4승10패 5.12). 그러나 시즌 막판으로 가며 투수의 역할과 마운드에서의 마음가짐, 생각하는 법 등을 배우면서 갑자기 실력이 쑥쑥 늘기 시작했다.

그 뒤로는 매년 더블A, 트리플A로 순항했던 것으로 보였지만 사실

나의 야구는
끝난 것이 아니다

1998년 시즌 중반 더블A에서 트리플A로 올라가서는 고생이 꽤 심했다. 대단히 섬세한 것이 투수이거늘 더 잘해보려다가 오히려 해가 된 경우였다. 팔의 동작이 너무 높아 어깨를 다칠 수 있다며 투수 코치가 투구 동작을 미세하게 수정했다. 하지만 팔을 조금 낮췄더니 오른손 타자 바깥쪽 코너를 아주 잘 찍었던 패스트볼이 자꾸 가운데로 몰리기 시작했다. 선발로 나서면 타자 일순한 후로는 심하게 얻어맞기 시작했다(1998년 트리플A 0승 7패 9.74).

아직 프로 입문 3년차였으니 계속 투수로서 배우는 과정이기는 했지만 충분한 자질은 가지고 있으면서도 꾸준하게 던지는 법을 일찍 터득하지는 못했다. 낮은 제구력과 코너를 이용할 줄 알아야 하는데 그게 잘될 때도 있었지만 꾸준하지 못했다. 위력적인 공보다는 꾸준함이 더 중요했고 현재 빅리그에서 뛰는 투수들은 그런 꾸준함을 지니고 있기 때문에 생존하는 것이라고 나이트는 말했다.

그러나 구위는 위력적이었다. 당시 그가 던지던 포심 패스트볼이 최고 155킬로미터까지 나왔고 낙차 큰 커브도 일품이었다. 그해에 슬라이더를 배우기도 했는데, 다만 빠른 공 투수에게 꼭 필요한 체인지업은 아직 제대로 던지질 못했다. 체인지업을 완전히 익힌 것은 한참 뒤의 일이었다. 하지만 패스트볼은 계속 빨라졌다. 2001년, 2002년에는 최고 98마일(158킬로미터)까지 나왔다. 구속이 빨라진 확실한 이유는 알 수 없었지만, 몇 년간 계속 웨이트 트레이닝을 하며 상체가 성장하고 강해지면서 공도 빨라진 것 같았다. 그는 하체보다는 상체를 이용해서 던지는 스타일이었다. 키가 큰 편은 아니니 타고난 어깨와 부드러운 상체 덕분에 빠른 공을 던질 수 있었다.

하지만 1999년 시즌이 끝나고 그는 갑작스럽게 트레이드된다.

"(트레이드 통고에) 깜짝 놀랐다. 그해 성적이 아주 좋지는 않았지만 나름 괜찮은 시즌을 보냈다(트리플A에서 9승8패 4.91을 기록했는데, 퍼시픽 코스트리그는 정말 투수에게는 힘든 리그다). 레인저스를 떠난다는 것은 슬픈 일이었다. 특히 레인저스에서 다음 해에는 빅리그에 올라갈 희망이 있었다. 물론 당시 최강이던 뉴욕 양키스로 트레이드된 것은 대단히 기쁘기도 했지만 워낙 강팀이어서 빅리그에 갈 기회를 내게 줄지는 의문이었다."

하지만 인생이나 야구나 섣부른 예측은 금물이다. 텍사스에서 이루지 못한 빅리그 데뷔를 뉴욕 양키스에서 이뤘으니 말이다.

2001년 6월이었다. 마이너에서 계속 선발로 뛰던 그는 부상으로 결원이 생기자 갑작스럽게 뉴욕 양키스의 불펜에 배치됐다. 당시 뉴욕 양키스는 그야말로 베테랑 팀이었고 신참 투수에게 기회는 거의 없었다. 5점 차 이상으로 지거나 이길 때 아주 가끔 기용됐다. 선발만 하던 그에게는 참 어려운 일이었다. 그러나 꿈에도 그리던 빅리그였다. 2001년 6월 5일 데뷔전에서 볼티모어와 만나 첫 타자인 제리 헤어스톤 주니어를 삼진으로 잡았다. 그러고는 연속타자 홈런을 맞았다.

"브레디 앤더슨과 마이크 보딕이었다. 첫 타자를 삼진으로 잡고는 이제 됐다 싶었는데 꽝, 꽝 맞았다. 총 4경기 던지고는 부상했던 올란도 에르난데스가 복귀하자 마이너로 돌아갔다."

2002년에도 빅리그에서 7경기를 뛰었다. 거의 반 시즌을 뉴욕 양키스에 있으면서도 딱 7경기에만 등판했다. 그게 그의 뉴욕 양키스 시절 기억의 전부였다. 열흘에 한 번 정도 일방적으로 기울어진 경기에 구원 등판한 것.

그리고 일본으로 갔다.

2년 정도 일본에서 계속 그에게 관심을 보이던 때였다. 당시 그는 25세였고, 그때까지만 해도 일본이나 한국으로 가는 것은 야구 생애가 끝나가는 선수들의 몫으로 여겨지는 분위기가 있었다. 하지만 겨우겨우 도달한 뉴욕 양키스에서 2년 동안 거의 등판 기회가 없자 생각을 바꾸기로 했다. 그는 선발을 하고 싶었고 마침 후쿠오카에서 다시 접촉을 해왔다. 결국 이적료를 내고 일본에서 그를 데려갔다. 선발로 뛸 기회와 적지 않는 연봉을 제시받고 그는 미련 없이 일본으로 떠났다.

2003년 일본에서의 시작은 선발로서 꽤 좋았다. 그러나 팔에 통증이 왔다. 일본리그엔 외국인 선수가 많았고 그는 결국 2군으로 가서 재활을 했다. 그리고 다시 복귀해 2003년에는 저팬시리즈까지 올라 우승도 했다. 3차전에는 선발로 등판하기도 했고. 일본 생활에서 가장 기쁜 순간이었다. 2004년에도 선발과 구원을 오가며 후쿠오카에서 뛰었고 2005년에는 니혼햄에서 뛸 수 있었다.

일본야구는 미국과 확실히 차이가 있었고, 때로는 완전히 다르다고 느낄 정도였다. 특히 일본에서 외국인 선수로 뛰는 것은, 나중에 겪어보니 한국에서 외국인 선수로 뛰는 것과도 큰 차이가 있을 정도로 쉽지 않았다. 저팬시리즈까지 뛰었을 때도 분명히 그 팀의 소속이었지만 완전히 하나로 받아들여진다는 느낌은 없었다. 이유는 정확히 모르지만 일본은 그랬다. 그런 감정들이 그에겐 쉽지 않은 일이었고, 우선 마음이 편치가 않았다. 야구는 스몰볼이 주종이었고 모든 상황에 사인이 나오며 모두가 달렸다. 야구 자체가 멘탈 게임인데 일본야구는 그것을 더욱 심한 멘탈 게임으로 플레이

하도록 만드는 것 같았다. 그러나 나이트는 적응력이 뛰어난 인물이다. 늘 상황을 담담히 받아들이고 적응해 나갔다. 항상 온힘을 다해서 공을 던졌고 좋은 동료가 되려고 노력했다.

그러나 2006년 나이트는 다시 미국으로 돌아간다.

"2005년은 엉망이었다. 조금만 부진하면 2군으로 보내졌고, 1군과 2군을 계속 오르내렸다. 그리고 시즌이 끝날 무렵 다시 2군으로 갔고, 트리플A 때 내 감독이던 트레이 힐맨 당시 니혼햄 감독에게 방출을 요청했다."

당시 그의 나이 31세. 미국으로 돌아가 다시 야구를 한다 해도 또 마이너부터 다시 시작해야 했다. 당연히 쉽지 않은 시절이었다.

"아주 힘들었다. 나이도 들었고 그 전해 일본에서의 성적도 안 좋았다. 그러다가 짐 콜번이라고 현재 레인저스 극동스카우트를 하는 분이 있는데 그를 만났다. 나와 같은 벤추라에 살아 가끔 골프도 하고 운동도 함께했는데 당시 피츠버그 투수 코치였다. 그분이 피츠버그에서 기회를 주었는데, 빅리그가 아니라 마이너리그 캠프부터 시작했다. 꽤 잘 던졌는데 이미 빅리그와 트리플A에는 자리가 없었다. 더블A부터 다시 시작해야 한다고 했다. 거의 10년 만에 다시 더블A로 떨어진 셈이었다."

여기서 또 한 번의 돌고 도는 인연. 짐 콜번은 시애틀 극동 담당 스카우트 책임자로 있던 시절 추신수를 스카우트했던 인물이다. 편안한 웃음에 이웃집 아저씨 같은 콜번은 2000년대 초에는 LA 다저스의 투수 코치로 박찬호와의 인연도 있다.

10년 만의 더블A. 하지만 나이트는 은퇴는 결코 생각하지 않았다고 했다. 그렇게 포기할 수 없다는 자존심 문제이기도 했지만, 그는 다시 빅리그에 설 자신이 있었다. 벌써 야구를 포기할 수는 없었다. 물론 그해에 다시 빅리그에 서는 일은 일어나지 않았지만 더블A에서 그는 꽤 잘 던졌다(51 경기 구원으로 2승7패, 27세이브에 평균자책점 2.25). 트리플A에 빈자리만 생기면 바로 올리겠다고 했지만 결국 빈자리가 나지 않았고 그렇게 한 시즌을 더블A에서 보냈다.

그 뒤 2007년, 그는 돌연 독립리그로 가게 된다. 2006시즌이 끝나고 피츠버그는 더 나은 자리가 있으면 알아보라고 허락을 해줬다. 만약 안 되면 재계약을 하겠다고 했다. 그러나 다른 팀에서 별 관심을 보이지 않았다. 한국에서도 연락이 있었지만 결국 성사되진 않았다. 피츠버그로 돌아가려고 했지만, 약속과는 달리 재계약을 하지 않겠다는 말만 돌아왔다. 서른셋이 되는 퇴물 투수를 마이너에 둘 이유가 없었던 것이다. 순식간에 그는 직업을 잃었고 스프링 캠프는 시작되는데 집에 우두커니 앉아 있어야 했다. 야구는 이제 끝났다고 생각했다. 에이전트가 계속 여러 팀에 시도를 했지만 반응을 보이는 팀도 없었다.

그때 뉴욕 양키스에서 함께 뛰었던 브렛 조디에게 전화가 왔다. 독립리그 소머셋에서 투수 코치로 있는데 그 팀에서 선발로 뛸 의사가 없느냐는 전화였다. 흔히 젊은 야구선수들이 하는 말이 있다. 독립리그에서 오퍼가 오면 은퇴할 때가 됐다는 것이다. 독립리그라면 그렇게 무시를 당하는 것이 현실이었다.

"당연히 고민을 했다. 야구를 진짜 계속하고 싶은 것인가. 자존심을 접고 독립리그에서 뛸 수 있을 것인가. 실제로 버는 돈도 거의 없다고 봐야 하는데 견딜 수 있는가 등등. 그러나 결론은 야구를 계속하고 싶었고 나는 여전히 95마일을 던질 수 있었다. 나이 때문에, 당시 경제 사정 때문에 피츠버그는 나를 포기했지만 나 스스로는 포기할 수 없었다. 그리고 아내 브룩이 결정적으로 힘을 주었다. 야구를 그만둬야 할 것 같다고 했더니 '당신은 분명히 아직도 잘 던질 수 있고, 내가 보기에는 절대 포기할 준비가 안 됐어요. 다시 한 번 시도를 해보는 것도 나쁘지 않을 것 같아요. 가서 안 좋으면 그때 그만두면 되지 않겠어요?'라고 말했다. 그래서 다시 글러브를 끼기로 했다."

은퇴로 돌아서던 마음은 구겨진 자존심과 또 그렇게 끝낼 수는 없다는 오기의 자존심이 겹치면서 그에게 글러브를 다시 끼도록 움직였다. 새로운 시작이었다.

"내 야구 인생의 사이클은 정말 기복이 심했다. 최고의 최고까지 갔다가 최저점을 몇 차례 찍기도 했다. 중간 지점도 거치고. 그렇지만 포기하지는 않았다. 그리고 운 좋게도 기회가 주어졌다. 적어도 두 번, 세 번, 네 번 다시 도전할 기회가 주어졌다는 것은 정말 큰 행운이었다."

자존심을 꺾고 찾아간 독립리그에서 그는 큰 변화를 맞는다. 한동안 던지지 않았기 때문에 처음 갔을 때에는 공이 좋지 않았다. 첫 불펜 피칭을 했을 때 포수의 표정을 그는 지금도 잊을 수가 없다고 했다.

'도대체 왜 이런 투수를 데려온 거야?'

그런 표정이었다. 공에 힘도 없고 계속해서 땅바닥에 꽂혔다. 3, 4주 정도 좋다가 나쁘길 반복하며 기복이 심한 상황이 계속됐다. 그러다가 포수와 브렛 조디가 뭔가 잘못됐다는 것을 알아챘다. 원래 그가 오버스로우이긴 했지만 팔이 지나치게 높이 올라간다며 지적을 했다. 그래서 약간 팔을

내리고 던졌다. 아주 약간 내렸는데도 마치 사이드암으로 던진다는 느낌이 들 정도였는데 주위에서는 여전히 팔이 충분히 높다고 말해줬다. 그러자 모든 것이 놀랍게 달라졌다. 140킬로미터 겨우 넘기던 구속이 다음 경기부터 쉽게 150킬로미터를 넘겼고, 구속은 갈수록 더 빨라졌다. 당연히 아주 좋은 시즌을 보낼 수 있었다. 그해 성적은 12승5패였다.

그러나 그 시즌에는 아무 일도 일어나지 않았다. 메이저리그 팀에서 주목하면 마이너 계약이 가끔 성사되기도 하지만 그에겐 어떤 오퍼도 들어오지 않았다. 하지만 또 다른 야구의 묘미를 느꼈고 야구를 하는 즐거움을 되찾았기에 실망하지는 않았다. 서모셋에서 정말 좋은 시간을 보냈고 즐겁게 야구를 했다. 돈은 벌지 못했지만 동료와 팬들과의 사이도 좋았다.

야구선수 브랜든 나이트의 생애에서 2008년을 빼놓고는 이야기를 할 수 없다. 편치 않은 여정이었지만 포기하지 않는 도전으로 이어진 그의 야구 인생을 제대로 들여다보려면 2008년의 드라마를 꼭 봐야 한다.

2008년도 다시 독립리그에서 시작됐다. 즐겁게 야구를 하겠다는 생각으로 다시 서모셋의 독립리그로 갔다. 캠프부터 조짐이 좋았다. 컨디션도 아주 좋았고 공은 아주 쉽게 또한 강하게 들어갔다. 모든 과정이 편안하고 기분 좋게 흘러갔다. 하지만 마냥 즐거울 수는 없었다. 여전히 그는 독립리그 투수였다. 야구는 즐거웠지만 가족은 늘어났고 돈을 벌기는커녕 은행 계좌에서 돈을 빼서 쓰는 상황이었다. 그러다가 그해 2008년에는 정말 믿기 어려운 일들이 계속 일어났다. 그를 아는 사람들은 그해의 이야기를 책으로 쓰라고 채근할 정도였으니까.

시즌이 시작되고 조금 지나 투수 코치에게 아침 일찍 전화가 왔다. 뉴욕 메츠에서 그를 원한다는 소식이었다. 그것도 트리플A였다. 당연히 깜짝 놀랐다. 독립리그에서 프로팀으로 가는 일은 가끔 있었지만 대부분 더블A 밑으로 보내 어느 정도인지를 테스트하는 정도에 불과했다. 정말 흥분되는 소식이었고 결국 그는 뉴올리언스의 메츠 트리플A 팀으로 갔다. 6월 초의 일이었다. 그곳에서 평균자책점 1점대로 꽤 잘 던졌다.

트리플A에서 처음에는 미들 릴리버로 뛰다가 2, 3경기가 지나면서는 마무리로 기용되었다. 그 뒤 그가 선발 기회를 원한다는 의사를 밝혔고 로테이션에 빈자리가 나오자 그를 선발 투수로 뛸 수 있도록 해주었다. 그리고 또 한 가지 깜짝 뉴스가 있었다. 당시 감독이 미국야구협회에서 그를 국가대표 후보에 올리고 싶다는 이야기를 전해주었던 것이다. 믿을 수 없는 반전이었다. 그 나이에 막 독립리그에서 마이너에 복귀한 선수를 미국 국가대표로 올리겠다니. 그건 빅리그에 오르는 것과는 또 차원이 다른 일이었고 정말 흥분되는 일이었다. 물론 크게 기대하지는 않았지만 올림픽 대표팀 후보에 오른다는 것만으로도 영광스럽고 흥분되는 일임엔 분명했다. 국가대표 명단이 발표되던 날 브랜든은 가족과 뉴올리언스의 수족관에 있었다. 갑작스레 친구에게 전화가 오더니 그가 국가대표에 뽑혔다고 알려줬다. 충격적일만큼 기쁘고 놀라웠다. 아내와 부둥켜안고 기뻐서 어쩔 줄을 몰랐다.

운명의 아이러니. 미국 대표팀 유니폼을 입고 그가 나선 올림픽 첫 경기는 한국전이었고 선발로 나서는 영광까지 주어졌다. 당시 그는 한국팀에 대해서는 아무것도 모르는 수준이었다. 다저스 팬이었기 때문에 박찬호를 아는 정도가 전부였다. 한국팀에 대해 스카우트 미팅을 했지만 제대로 된 정보도 아니었다. 고전하며 이대호에게 홈런을 맞기도 했지만 아주 못 던진 경기는 아니었다.

그러나 한국팀은 조화가 제대로 이루어진 팀이었다. 선수들의 구성도 좋고 각자의 역할을 제대로 알고 있으며 투수진도 아주 좋았다. 그는 미국에 재역전승을 거둔 한국팀에게서 강렬한 인상을 받았는데 결국 한국팀은 전승으로 올림픽 금메달을 따낸다.

독립리그에서 트리플A로, 그리고 올림픽 대표팀 선발 투수로. 더 이상 바랄 것이 있을까 싶었지만 2008시즌 막판 또 한 번 최고의 순간이 브랜든 나이트를 기다리고 있었다. 메이저리그 첫 승리의 감격을 맛보게 된 것이다. 사실 올림픽 전에 그는 이미 한 차례 빅리그에 올라갔고 승리 투수가 될 수도 있었다. 7월 26일 메츠 유니폼을 입고 셰이스타디움에서 세인트루이스와 맞서 5회까지 5-4의 리드로 승리 요건을 갖추고 내려갔지만 경기가 역전되는 바람에 승리를 놓쳤다. 바로 그 한 경기를 선발로 던지고는 다시 마이너로 내려간 것도 기연이었다. 만약 메이저에서 계속 뛰었다면 올림픽은 출전할 수 없었을 것이다. 그러나 빅리그 로스터에서 빠졌고 곧장 산타크루스에 있는 국가대표 훈련장으로 갈 수 있었다.

그리고 9월 메츠는 그를 다시 빅리그로 불렀다. 두 번을 구원으로 1이닝씩 던졌다. 그리고 9월 17일 워싱턴과의 원정 경기에서 나이트는 다시 한 번 선발의 기회를 잡았다. 5이닝 동안 삼진 5개를 잡으며 2실점으로 버텼다. 7-2의 넉넉한 리드를 잡고 마운드를 내려갔는데 워싱턴이 무서운 추격전을 펼쳐 마지막 순간까지 손에 땀을 쥐어야 했지만 결국 팀이 9-7로 이겨 나이트는 승리 투수가 됐다. 메츠가 무려 7명의 구원 투수를 투입한 끝에 겨우 거둔 승리였고, 브랜든 나이트의 메이저리그 첫 승리이자 유일한 승리 경기였다. 빅리그 마운드를 처음 밟아본 지 7년 만에 거둔, 평생을 두고 이야기할 그런 승리였다. 물론 그것이 나이트의 메이저리그 마지막 등판이 될 줄은 자신을 포함해 아무도 몰랐지만.

2009년에는 다시 트리플A에서 시작했다. 개막전 로스터에 들지 못했는데, 이전부터 계속 접촉을 해오던 삼성 라이온즈에서 다시 연락을 해왔다. 메츠와 계약 관계를 해결하고, 시즌 후반기에 마침내 한국프로야구로 올 수 있었다. 그는 여전히 처음 한국에 도착했을 때 받은 강렬한 인상을 간직하고 있다. 그저 놀라움뿐이었다. 일본에서의 야구 경험이 있었기 때문에 큰 기대를 하지 않았는데, 모두가 그를 진심으로 환대해주었다. 다들 친절

하기도 했지만 일본에서처럼 겉도는 느낌 없이 쉽게 적응할 수 있었다.

일본에서도 잘하면 아무 문제가 되지 않지만 능력을 발휘하지 못하면 순식간에 모든 것이 변하는 식이었다. 하지만 한국은 그 정도는 아니었다. 물론 외국인 선수에게 기대가 쏠리는 것은 당연하지만 갑자기 팀의 일원이 아닌 것처럼 여겨지는 일이 한국에서는 없었다. 2009년 후반기에만 11경기 선발로 나서 6승2패를 거뒀고 팬들은 그를 구원의 '백기사'로 불렀다.

하지만 삼성에서의 2010시즌은 잘 풀리지 않았다. 시즌 초반에 부진하자 계속 코치와 수정을 했고 차츰차츰 좋아지기 시작했지만 다시 잘 던지기 시작할 무렵에 무릎 부상이 찾아왔다. 넥센전이었는데 무릎이 완전히 나가버렸다. 결국 일찍 시즌을 접고 수술을 받아야 했다.

수술을 받은 30대 중반 노장의 처지에 2011년 시즌에도 뛸 수 있을지는

나의 야구는
끝난 것이 아니다

낙관할 수 없었다. 물론 계속 투수로 던지길 원했지만 바라는 대로 되지 않는 것이 야구이기도 했다. 그런데 넥센 히어로즈가 일찍부터 그에게 관심을 보였고 어떻게 재활을 하고 있는지 등을 꼼꼼히 살폈다. 그에게 넥센은 신뢰를 보여줬고 때문에 브랜든 역시 열심히 재활에 전념할 수 있었다.

"나는 부상으로 수술을 받은 외국인 노장 선수가 꼭 재기할 수 있다는 것을 보여주고 싶었다. 물론 무릎은 던지고 나면 조금 쑤시긴 했지만 그건 나이를 먹어서 그런 것이다. (웃음) 공을 던지는 데는 전혀 문제가 없었다. 시즌 내내 무릎 컨디션이 유지되기를 바랐다."

삼성과 넥센에서 모두 뛰어본 경력이 있다 보니 일본과 한국이 다르듯 그는 두 팀의 차이를 잘 분석하고 또 분위기에 따라 잘 젖어들었다. 삼성은 그에게 늘 포스트 시즌을 기대하는 팀이었고 넥센은 리빌딩을 하는 팀이었다. 조금은 중압감이 덜했다. 물론 그런 생각은 좋기도 하고 나쁘기도 했다. 자신과 팀을 자극하는 측면에서는 중압감이 약간은 있어도 좋다고 생각했다. 한국 최고 투수였던 두 감독 밑에서 뛰다 보니 두 감독의 스타일을 피부로 체감하기도 했다.

"두 분의 스타일이 다르다는 것은 한국야구팬이라면 누구나 알고 있다고 생각한다. 선 감독님은 말이 적고 늘 심각한 편이다. 김 감독님은 조금 더 활달하고 선수들과 어울려 농담도 잘하신다."

열심히 하는 만큼 성적이 나와 주면 좋겠지만 야구는 노력만으로 성과가 이루어지는 게임은 아니다. 때문에 마운드에서 분투하는데도 공격이 점수를 뽑지 못하면 어떤 기분일지 궁금해하는 팬들도 많았다(나이트는 2011년 30경기 선발로 나서 7승15패를 기록했다. 14번의 QS에 비해 승운이 지독히 따르지 않았고 타선 지원도 지지부진했었다).

"물론 나도 그 누구 못지않게 승리하고 싶다. 그러나 내 동료들이 늘 전력을 기울인다는 것도 잘 알고 있다. 오히려 동료 투수가 던질 때 우리가 점수를 못 내거나 실책이 나오면 더 화가 난다. 나는 내 일에만 집중한다. 내가 마운드에서 화가 나는 경우는 내가 실수를 저지르는 때뿐이다. 실책이 나오거나 때때로 점수를 뽑지 못하는 것은 야구에서 당연히 일어나는 일이다. 2010년의 류현진을 보라. 그 조그만 구장에서 득점 지원도 별로 없지만 정말 프로답게 잘 던지지 않았는가. 투수의 마음 자세는 집중해서 자기에게 주어진 일을 하는 것이다."

그는 항상 자신에게는 엄격하게 또 동료들에게는 관대한 마인드를 지니고 마운드에 오르고 있었다. 그에게 야구는 심각하고 진지한 과제지만, 그렇다고 해서 너무 엄격하고 신경질적인 첩첩산중 같은 개념은 아니다. 그는 굳이 말하자면 '사랑의 노동'과도 같은 것이 야구라고 했다.

"나의 직업이지만 나는 정말 야구를 사랑한다. 어렸을 때부터 늘 하고 싶었던 것이고 나의 직업이며 내 가족을 꾸려가는 수단이다. 자기가 사랑하는 일이 직업인 행운을 갖은 사람은 많지 않다. 많은 이들이 현재의 직업과 다른 일을 하고 싶을 것이다. 하지만 나는 야구 외의 다른 일을 하고픈 적이 없었다. 아마 생이 끝날 때까지 야구를 즐기면서 살고 싶다."

선발 투수로서의 역할을 정확하게 알고 매 게임 자신의 실력을 최대한 발휘하기 위해 탐구하는 브랜든 나이트. 승패를 떠나 그는 언제나 자신의 역할에 충실하고 싶어 한다. 마치 사랑하는 연인에게 최선을 다하듯 자신이 할 수 있는 모든 것을 다 하는 것이다.

그리고 세월을 머금은 좋은 와인처럼 나이트는 2012년 놀라운 모습으로 다시 돌아와 넥센 히어로즈의 에이스로 맹렬한 활약을 펼쳤다. 가고시마의 스프링 캠프에서 만났을 때 "올해를 기대해도 좋다. 무릎이 이렇게 완전한 상태로 겨울 개인 훈련을 제대로 한 지 참 오랜만이다"라며 씩 웃는 모습에 기대는 했었다. 그런데 기대 이상이었다. 나이트는 2012시즌 프로야구 최고의 투수로 선발 투수가 무엇인지를 제대로 보여주었다. 서른일곱의 나이에 말이다.

Andy Van Hekken **앤디 밴 헤켄**

출생 1979년 7월 31일 **국적** 미국 **신체** 193cm, 90kg **소속팀** 넥센 히어로즈 **포지션** 투수

조용하다, 그러나 강하다

앤디 밴 헤켄

    지난 2002년 9월 3일, 메이저리그 데뷔전에서 완봉승을 거둔 당찬 선수가 있었다. 바로 넥센 히어로즈에서 2012시즌에 활약한 좌완 투수 앤디 밴 헤켄이다. 야구선수에겐 메이저리그에 올라간다는 것만으로도 평생의 꿈이 이루어지는 순간이다. 그런데 데뷔전에서 완봉승이라니. 가족은 물론 친지들에게도 그날은 잊을 수 없는 밤이었다. 그날 디트로이트 타이거즈의 선발로 나선 그가 빅리그 데뷔전 완봉승이라는 대기록을 세운 상대는 클리블랜드 인디언스였다. 차분하고 조용해 보이는 외모와 달리 상대 타자를 몰아세우는 공격적인 피칭의 야구가 무엇인지를 보여주는 강한 승부사 기질에 그날 밤 타이거즈타디움에 모인 팬들은 이 신예의 매력에 흠뻑 빠져들었다.

    "그날은 내게도 정말 특별한 밤이었다. 오랜 시간이 지났지만 여전히 모든 기억이 생생하다. 특히 나는 미시간 주에서 자랐는데, 가족 모두가 디트로이트 타이거즈 팬이었다. 내 고향인 홀랜드에서 타이거즈 구장은 차로 2시간 정도면 갈 수 있다. 그래서 가족과 친지, 친구 등 모두 50명도 넘게 찾아와 관중석을 채웠다. 당시 팀은 성적이 저조해 관중이 많지 않았는데(유료 관중 1만 1,635명), 내 가족과 팬이 50석이나 채웠으니 정말 요란했다. 아직도 내 야구 생애 최고의 순간이라면 당시를 꼽는다. 가끔 오프 시즌 같은 때, 야구가 그리워지면 그날 경기를 찍어둔 비디오를 다시 보기도 한다."

10년 전, 화려한 메이저리그 데뷔전을 치른 밴 헤켄은 여느 선수가 그러하듯 아주 어린 시절부터 야구를 즐겼다. 그가 나고 자란 홀랜드는 미시간 주에 있는 네덜란드 이민자들로 구성된 유럽풍의 도시였다(홀랜드는 네덜란드의 다른 이름이기도 하다). 그는 늘 형과 함께 야구를 즐겼다. 형 크리스는 고등학교 때까지 유격수로 뛰었고 그에겐 둘도 없는 야구 친구였다. 또한 고교 시절까지 왼손 투수를 한 아버지 데이브 역시 그들의 코치이자 친구였고 든든한 지원자였다. 셋이 캐치볼을 하면서 노는 일은 어린 시절 그의 추억의 많은 부분을 차지하고 있다. 특히 투수이던 아버지는 공을 던지는 재능이 있는 앤디에게 언제나 투수를 권하곤 했다.

그런 우연들이 겹쳐져 결국 운명을 만드는 것일까. 그는 어려서부터 메이저리거를 꿈꾸며 꾸준히 야구를 했다. 리틀리그부터 올스타에 뽑혔고, 고교 시절 키가 커지면서 프로 스카우트도 그를 보러 오고 대학에서도 관심을 보이기 시작했다. 학교 야구부는 그저 평균 수준의 팀이었지만 밴은 상당한 수준의 투수였다. 미시간 주는 겨울도 길고 야구보다는 농구나 풋볼 등 다른 스포츠가 인기인 곳이어서 야구선수를 많이 배출하지는 않지만 1998년 앤디에게 기회가 왔다. 시애틀 매리너스가 3라운드에 그를 드래프트했다. 그런데 다음 해 시애틀은 강타자 브라이언 헌터를 디트로이트에서 영입했는데 그 대가로 내준 유망주 중에는 앤디 밴 헤켄도 포함돼 있었다. 사실 프로에 입단한 후 많은 걸 보여주지 못해 아쉬워하던 그에게 트레이드는 자신은 물론 가족들도 깜짝 놀랄 사건이었다. 온 가족이 어려서부터 응원하던 팀으로 트레이드됐을 뿐 아니라 싱글A 팀은 집에서 아주 가까운 곳에 있었다. 특히 아들을 투수로 키우고 싶었던 그의 아버지는 매일 싱글A 경기장을 찾을 만큼 그를 자랑스러워했다.

그러나 인생처럼 야구도 언제나 오르막이 있으면 내리막이 있고 또 그 여정을 겪어내는 과정에는 정체와 혼동이 있기 마련 아닌가. 2002년 9월의 화려한 서막 이후 그는 좀처럼 빅리그 기회를 잡지 못했다. 트레이드에 이름이 거론될 때마다 여러 팀에서 그를 원했지만 팀을 자주 옮기면서도 이상할 정도로 메이저리그 마운드에 다시 오를 기회를 잡지 못했다. 처음 1998년 시애틀에 드래프트된 후 그는 디트로이트, 애틀랜타, 신시내티, 플로리다, 캔자스시티, 휴스턴 등의 마이너리그뿐 아니라 독립리그와 타이완리그를 거쳤으니 참으로 길고 긴 여정이었다.

2007년 독립리그에서 뛸 때였다. 상당히 뛰어난 시즌을 보내(9승3패 3.12) 메이저의 연락을 기다리던 참이었는데 좀처럼 연락이 오지 않았다. 그러던 중 타이완에서 연락이 왔다. 처음에는 거절했다. 그런데 8월에 또 연락이 왔다. 그렇게 그는 대만리그로 갔고 포스트 시즌까지 뛰었는데 그때 승부조작 도박 사건이라는 어이없는 일도 겪었다.

스포츠가 양심을 잃는다는 건 상상할 수도 없는 일이지만 그건 이상론

일 뿐. 세계 곳곳의 스포츠계에서는 조작 사건이 일어나고 마침 그해 타이완리그에서도 승부조작이 있었다. 처음에는 자신이 전혀 눈치도 채지 못했다는 사실도 황당했다. 뒤늦게 사건이 터지고 나서야 조금씩 이상했던 일들이 떠오르면서 곰곰이 생각해보니 궤가 맞는 것 같았다. 번트 같은 지극히 평범한 플레이에서 실책이 나오기도 했고, 좀처럼 문제가 없을 것 같은 경기가 이해가 되지 않게 흘러가기도 했다. 실망스러웠다. 야구에서 그런 일을 경험할 수 있다는 것에 회의를 느꼈기에 타이완 복귀는 포기했지만 선수로서 또 새로운 시작을 해야 했다.

앤디는 2008년 소머셋의 독립리그에서 다시 새롭게 시작했다. 참 희한한 인연인 것이 당시 브랜든 나이트가 팀 동료였는데 나이트는 무척 좋은 기록을 보여주며 뉴욕 메츠와 계약했고, 미국 올림픽팀에도 뽑혔다. 그리고 얼마 뒤인 7월 밴 헤켄 역시 휴스턴 애스트로스와 계약을 하며 더블A를 거쳐 트리플A에서 뛸 수 있었다. 바로 그 나이트와 KBO의 넥센 히어로즈에서 4년 후에 다시 팀메이트로 만날 것이라고 말했다면 과연 누가 믿을 수 있었을까? 아니, 아무리 뛰어난 예언자도 그런 예언을 던질 수는 없는 일이었다. 야구란 그렇게 인생처럼 예측 불허의 항로를 거치게 하는 법이다.

그 후 3년간 앤디는 휴스턴의 트리플A에서 뛰었다. 특히 2011시즌은 아주 좋았다. 투수에게는 악몽이라고 할 수 있는 퍼시픽 코스트리그에서 19경기 선발을 포함해 35번 마운드에 올라 9승6패를 기록했고, 리그 2위의 평균자책점(3.40)과 111탈삼진을 이뤄냈다. 2, 3년 동안 꾸준히 운동을 한 덕분이었다. 정말 열심히 했다. 그의 고교 시절의 감독이었던 마이크 폴과 다시 만나 조언을 얻으며 보다 본격적인 운동을 하기 시작했다. 운동을 하면서 놀

라울 정도로 140킬로미터대 중후반의 구속이 다시 돌아왔다.

오클라호마팀의 투수 코치인 버트 후튼도 좋은 시즌을 보낼 수 있는 원동력이었다. 다저스 시절 박찬호의 은사이기도 한 버트 후튼은 투수의 정신과 경기에 임하는 자세를 일러주며 그를 단련시켰다. 영적인 서포터였던 셈이다.

하지만 그렇게 좋은 성적을 기록하면서도 9월, 로스터가 확장됐지만 메이저로 콜업되지 못했다. 실망이었다. 팀은 젊은 선수들을 원했고 단장이 직접 트레이드한 선수들에게 기회가 돌아갔다. 나이든 노장 앤디에겐 돌아올 기회가 없었다. 당장의 자리에 급급해 팀을 이끌던 단장은 결국 해고됐지만, 젊은 유망주들에게 밀려 기회를 누리지 못한 것은 아쉬운 일이었다. 하지만 아쉬움도 잠시, 미국 대표로 국제 대회에 출전하며 그는 또다시 새로운 도전을 시작할 수 있었다. 그건 참 운명적이었다. 만약 그가 메이저리그에 올라갔더라면 국가대표에는 뽑힐 수 없었다. 국가대표에 뽑히면 9월에 훈련을 받으러 합류해야 했을 뿐 아니라, 기본적으로 마이너리그 선수를 중심으로 대표팀을 구성했으니 말이다.

국가의 부름을 받기에는 노장이라고 생각한 그에겐 미국 대표는 정말 의외의 기회였다. 할 수만 있다면 꼭 참가하고 싶었고 결국 그는 대표팀에 이름을 올릴 수 있었다. 서른이 넘어 첫 국가대표로서의 밴은 마치 날개를 단 새 같았다. 두 차례의 국제대회에 연속 출전했는데 놀라운 성적을 거뒀다. 파나마에서 열린 야구 월드컵과 멕시코에서 열린 팬암 대회에 출전해 3승 1패를 거뒀다. 팬암 대회에서는 결승전 선발로 나서 2실점 호투했다. 캐나다에 1-2로 패한 것이 유일한 패전이었다. 기록이고 뭐고 무엇보다 성조기를 달고 경기를 펼칠 수 있었다는 사실이 영광스러웠다.

그리고 그에게 또 다른 도전을 요하는 계기가 생겼다. 한국의 넥센에서 스카우트 제의를 해왔다. 롯데에서 뛴 라이언 사도스키의 에이전트이자 한국리그의 사정에 밝은 에이전트가 일을 연결했고, 결국 그는 한국행을 결정할 수 있었다.

고민은 많았다. 트리플A에서 좋은 시즌을 보낸 터였고, 지난 2002년 이후 메이저리그에 가장 근접했다는 것을 스스로 느낄 수 있었다. 심지어 메이저 스프링 캠프 초청을 보장하는 마이너 계약 제안은 여전히 쏟아지던 상황이었다. 하지만 돌이켜보면 8년 동안 그런 오퍼들은 계속됐었다. 한국이라는 나라가 자신의 야구 인생에 다른 계기를 마련할 수 있는 기회가 아닐까 생각했다. 왼손 투수로서 자신의 가능성은 더욱더 무궁무진하다고 믿었다. 한국에 대해 다른 선수들에게 들은 좋은 이야기도 그의 결정을 도왔다. 결정적으로 부인 알리나와 많은 상의를 한 끝에 한국으로 떠나기로 결정했다.

한국은 알지 못했다. 마이너에서 추신수와 대결한 정도가 전부였다. 그러나 계약 후에 브랜든 나이트에게도 많은 조언을 들었고 한국 선수들이 상당히 높은 수준이며 리그 역시 만만치 않다는 사전 정보는 있었다.

그런데 한국야구에서의 시작은 만만치가 않았다. 우선 처음 캠프에 합류했을 때는 그에게 거는 기대치가 그다지 높지 않다는 느낌을 받았다. 캠프 초반, 이상하게도 구속이 나오지 않았고 컨디션이 안 좋았다. 물론 2011년 내내 무리할 만큼 야구를 계속했으니 너무도 당연한 일이었지만 의사 전달이 원활하지 못해서였을까. 팀은 그에게 큰 기대를 갖지 않는 듯했다.

하지만 그 자신은 걱정하지 않았다. 늘 시즌 개막에 맞춰 컨디션을 끌어올리는 것이 10년 넘게 익숙하고 시즌이 돌아오면 자연스럽게 자신의 상태가 회복할 수 있으리라 믿고 있었으니까. 스스로의 능력을 누구보다 믿고 자신할 수 있었기에, 오히려 그를 향한 낮은 기대치가 건강한 자극이 되었다.

"나를 증명해보이면 된다!"

그는 의욕이 샘솟았다. 평소에 조용하고 차분한 그는 마운드에서는 무척 공격적인 자세로 변했다.

"타자에게 항상 공격적인 도전을 시도하려고 한다. 그건 타자에 대한 도전이기도 하고, 나 자신에 대한 도전이기도 하다."

나의 야구는
끝난 것이 아니다

이런 도전 의식에는 마이너 시절 버트 후튼 코치의 조언이 크게 영향을 미쳤다. 후튼 코치는 "투수는 항상 타자를 공격해야 한다"며 "자신감이 없고, 두려움이 있다면 아예 투수를 할 수 없다"는 단호한 말을 하곤 했다. 때문에 밴은 위기가 닥칠수록 더 공격적으로 던지려고 했다.

무엇보다 한국리그는 그에게 첫 도전, 또한 전혀 새로운 문화권에서의 도전이 아닌가. 때문에 주위의 기대치에 휘둘리기보다는 팀이 승리할 기회를 주어야겠다는 일념으로 임했다. 적어도 퀄리티 스타트가 되든지 아님 더 많은 이닝을 던지든지 마운드에 오를 때마다 밴 헤켄의 목표는 오직 팀의 승리뿐이었다.

이런 승부사 기질 덕분인지 그는 야구 이외의 면에서도 꼼꼼하고 치밀하게 움직이며 생활했다. 먼저 동료들의 이름을 정확하게 외우는 일에 집중했다. 팀에 합류한 지 얼마 지나지 않아 한국어 발음으로 또박또박 그들의 이름을 말할 수 있는 수준으로 능력을 끌어올렸다. 보통 외국인 선수들은 생소한 한국 이름을 외우기보다 주로 등번호를 익히는 편이다. 인터뷰를 한 것이 6월 초였는데 그는 이미 동료 대부분의 이름을 정확한 발음으로 한국식으로 부르고 있었다. 예를 들어 '병호 팍'이라고 부르는 것이 아니라 '박병호'라고 이름을 부르는 것이었다. 팀워크를 위해서도 또 한국리그의 생활을 위해서도 그런 사소한 부분들조차 놓치고 싶지 않았던 것이다.

그런 꼼꼼함으로 늘 경기를 준비하고 연구하기 때문에 뛰어난 구위와 좋은 제구력을 지닌 그의 능력이 더욱 빛나 보이는 것은 물론이다. 노장으로서 젊은 투수들에게 뒤처지지 않으려는 그의 노력은 그 자체로 젊고 유능한 투수들에게 새로운 가능성이자 목표가 되었다. 그런데도 항상 귀를 열

어두는 겸손하고 유연한 자세가 그를 더욱 배울 것이 많은 롤모델로 비춰
지게 한다. 코치와 감독은 물론 팀 후배들의 이야기도 언제든지 귀담아 들
으려 노력한다. 그게 한국리그의 적응 방식이라고 생각하기 때문이다.

　야구를 사랑하기 때문에 자기 자신이 가진 야구에 관한 것을 누구에게
든 나눌 수 있는 상태로 열어두는 사람. 그러면서 그는 또 항상 야구를 배
우고 있다. 화려한 메이저리그도 잠시 겪었고 미국 프로에서 오래 뛴 그지
만 한국에서의 야구는 더 이상의 메이저리그를 떠올리지 않게 만들 만큼
매력적이라고 했다.

　"머리 한 구석에는 메이저리그라는 생각이 물론 남아 있지만, 난 지금 한
국의 메이저리그에서 뛰고 있다. 우리 위에는 없다. 이제 남은 것은 승리하

고 우승하는 것이다. 마이너에서는 늘 메이저 승격을 걱정하고 안달해야 하지만 지금은 팀의 승리만 생각하면 된다. 나는 현재 내 야구 생애에서 아주 즐겁고 행복한 시기를 보내고 있다."

앤디 밴 헤켄은 2012시즌 28경기에 선발로 나서 11승8패 3.28의 성적을 거뒀다. 16번의 퀄리티 스타트를 던지면 기대 이상의 활약을 펼쳤다. 익숙해질 2013시즌에도 넥센 마운드를 지킨다면 충분한 겨울 휴식과 함께 더 좋은 모습을 보여줄 것이라는 기대를 걸게 한다.

공을 던지는 매 순간을 도전으로 생각한다는 그에게 어쩌면 모든 순간은 긴장과 불안의 연속일지도 모른다. 하지만 그는 확신하고 기뻐한다. 도전이란 본래 그런 것이었으므로. 마운드에서 타자의 도전을 받는 일이 여전히 그의 승부 기질을 자극하는 그날까지, 그는 계속해서 공을 던질 것이다. 화려했던 그의 메이저리그 데뷔전보다 더욱 화려할 결말을 위해. 매 순간 공이 아닌 자기 자신을 던지는 밴 헤켄은 여전히 소리 없이 강하다.

Doug Clark 덕 클락

출생 1976년 3월 5일 국적 미국 신체 188cm, 93kg 소속팀 퀸타나 루 타이거즈 포지션 외야수

여전히 난 좋아, 좋아!

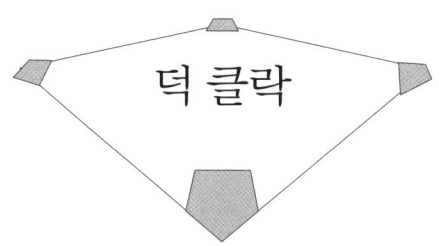

덕 클락

지난 2010시즌 중반, 2년 반 동안이나 한국프로야구에서 좋은 활약을 한 덕 클락이 넥센으로부터 돌연 방출됐다. '슈퍼맨'이란 별명으로 사랑받던 그에게나, 팬들에게나 섭섭하고 충격적인 소식이었다. 그가 한국을 떠나기 전 만나야겠다고 생각했다. 바로 얼마 전 올스타전에서도 좋은 경기를 펼쳐주었던 그였기에 방출 소식은 그뿐 아니라 내게도 혼란스러운 사건일 수밖에 없었다.

사실 그가 더 충격을 받은 이유는 방출을 전혀 짐작도 못했기 때문이었다. 올스타전이 끝나고 나서야 감독은 그에게 방출을 통보했다. 내년 시즌에 두 명의 외국인 투수가 필요하며, 그 준비의 일환으로 남은 시즌 그를 대신해 외국인 투수를 기용하겠다는 이야기였다.

살다 보면 충분히 열심히 하는 것만으로도 되지 않는 일이 있다. 야구도 그렇다. 열정의 깊이만큼 좋아지리란 보장이 없는 경기. 그러나 그런 불안감을 누르고 경기에 임해야 하는 것이 또한 야구인의 고뇌다. 외국인 선수에게는 특히 더 그렇다. 야구선수에게 야구는 경기일 뿐이지만, 프로야구는 또한 냉정한 비즈니스의 세계이기도 하니까.

"배신감이 들진 않았다. 어쨌든 내게는 분명 소중하고 대단한 경험이었으니까. 하지만 실망하지 않았다면 그건 거짓말이다. 그런 부분들도 이해하려고 노력해봤지만, 이해가 여전히 되질 않는다. 일을 이렇게 진행해서는 안 된다고 생각하니까. 비즈니스 차원의 일이라는 건 이해하지만, 시즌을 마무리하지 못하게 된 건 분명 아쉬움이 남는다. 올 시즌 역시 지난 2년만큼이나 좋은 성적을 보여줄 수 있었을 텐데."

말끝을 흐리는 그를 보며 나 역시 가슴이 착잡했다. 하지만 그는 축 처져 있지는 않았다. 야구는 반드시 계속해야만 하는 것이었고, 앞으로 어떤 길을 도모해 나가야 할지 그는 벌써 차분히 고민하고 있었다.

에이전트를 통해 이미 미국의 몇 군데 팀에 전화를 걸기도 했고 트리플A나 혹은 외국의 다른 팀에서의 기회를 찾기 위해 노력하고 있었다. 시즌 중반을 넘긴 시점에 쉽지 않은 일이었지만 클락은 그마저도 자신의 삶에서 하나의 과정이 되리라고 믿는 듯했다. 13년의 프로 생활 중 처음으로 겪는 방출, 그리고 무성의한 그 과정 속에서도 그는 스스로 중심을 잃지 않기 위해 애쓰고 있었다.

"현재 나는 야구를 할 기회를 잃었지만 다시 또 다른 기회가 오길 희망하고 있기도 하다. 그런 희망이 있다고 생각하면 조금은 괜찮아진다. 기분이 나아진다. 이루어지지 않는다면 역시 슬프겠지만 그래도 또 다른 길을 찾아야 하지 않겠나?"

그는 아주 영리하고 현명하며 그리고 낙천적인 친구였다. 애써 밝게 말하려는 투가 아니었다. 그에게 야구란, 희망이 없어지지 않는 한 언제나 함께일 것으로 생각했다.

사실 클락은 어려서 야구보다 다른 스포츠를 더 즐겼다. 고등학교 때까지는 풋볼과 농구, 테니스를 했다. 풋볼 장학생으로 매사추세츠대학교 앰허스트에 진학할 정도로 유능한 쿼터백이자 와이드리시버였다. 운동도 뛰어나게 잘했지만, 공부에도 재능이 있었다. 치과의사가 되기 위해 까다롭다는 생물학을 전공할 만큼 그는 학업과 운동에 모두 열성인 모범생이었다. 하지만 그는 엉뚱하게도 풋볼선수도, 생물학도도, 치과의사도 아닌 야구선수가 되었다.

풋볼 장학생이었던 클락이 야구로 전향한 것은 순전히 우연한 계기 때문이었다.

"쿼터백으로 장학금을 받았는데 주전 자리를 잃게 됐다. 벤치에 앉아 있고 싶은 생각은 전혀 없었기 때문에 감독님에게 뛸 수 있는 방법을 물었더니 와이드리시버로 전향하라고 했다. 그래서 다시 주전으로 뛰면서 팀 내 최다 캐치를 기록하는 등 좋았다. 그런데 쿼터백을 그만두니 매번 훈련에 가지 않아도 되고 여유가 생겼다. 그러다가 웨이트룸에서 야구부 친구들을 만나 트라이아웃이 있다는 말을 들었다. 실은 대학에 진학하기 바로 전 여름에 서머리그에서 야구를 한 적이 있는데 꽤 성적이 좋아 친구들이나 코치도 대학 야구팀에 가보라고 했었지만 크게 관심이 없었다. 그런데 풋볼과 야구는 시즌이 겹치지 않아 심심풀이로 테스트를 봤는데 그 길로 야구팀에 들어가게 됐다."

물론 야구부 입단이 쉬운 일은 아니었다. 50명 정도의 선수들이 1월에 트라이아웃을 시작했고, 두 달간 이어졌다. 클락은 체력검사에서부터 좋은 점수를 얻었고, 매주 탈락자가 나왔지만 결국 홀로 끝까지 남아 학교 야구팀에 들어갈 수 있었다. 당시 앰허스트 야구팀은 대학 1부리그(NCAA)의 강팀이었다. 그때부터 클락은 풋볼과 야구를 병행했다. 물론 풋볼로 장학금을 받았으니 풋볼을 좀 더 우선순위에 두긴 했다. 그러나 빠른 속도로 야구실력이 성장하며 야구팀에 들어간 지 2년 만에 프로에서 드래프트 제의가 왔다.

"정말 좋은 코치들과 동료들이 많이 도와줬다. 야구가 너무 재미있었고 실력이 빠르게 느니까 더욱 노력하게 됐다. 나의 한계가 어디인지 보고 싶었다. 첫해(1996년)에는 지명타자로 3할1푼5리에 홈런 5개를 때렸는데 특히 NCAA 토너먼트에서 매우 잘했다. 우리는 한 게임만 더 이겼더라면 결승에 갈 뻔했다. 개인적으로는 1997년이 아주 좋았다. 4할2푼으로 미 전국에서 '톱10'에 들어갔고 홈런도 11개나 때리자 밀워키 브루어스에서 20라운드에 나를 드래프트했다. 그러나 학교를 떠날 생각이 없었다. 다음 해에도 풋볼과 야구를 병행했고 3할7푼5리 정도를 때렸는데 샌프란시스코 자이언츠가 7라운드에 나를 뽑았다. 졸업에는 학점이 조금 모자랐지만 프로야구를 선택하기로 했다."

풋볼과 야구를 병행하는 선수 생활이 힘들었을 법도 한데 클락은 치과의사가 될 생각으로 생물학을 전공하며 학교 생활도 게을리하지 않았다. 보통 생물학은 의대에 진학하는 학생들이 선택하는 아주 까다로운 전공이다. 그리고 프로 생활을 하면서도 틈틈이 남은 학점을 이수해 결국 대학 졸업장을 받고야 말았다.

클락이 운동과 학업을 제대로 병행할 수 있었던 배경은 가정교육이었다. 그는 요즘은 보기 드문 대가족(형이 둘, 남동생이 둘, 여동생이 둘인 일곱 남매) 가정에서 자라며 형제들과 어울리고 풋볼과 농구에 빠져들었지만 학업을 게을리하는 일은 없었다. 교사였던 어머니와 엔지니어였던 아버지는 일곱 형제를 곧고 바르게 키우기 위해 도덕적인 교육관과 훈육법으로 그들을 길렀다.

덕분에 일곱 남매 모두 스포츠와 학업에서 균형을 잃지 않을 수 있었다. 다른 형제들은 성장하면서 스포츠가 아닌 학업으로 진로를 바꾸었고 클락과 남동생 개빈 둘만 대학시절까지 야구를 함께했다. 그의 큰형은 육상부였지만 현재는 과학 선생님이다. 둘째 형은 범죄학을 전공하고 카운슬러로 있으며, 개빈 역시 교사 자격증을 땄고 야구 코치를 한다. 그 밑의 동생 카노는 초등학교 수학선생님이면서 축구와 야구 코치를 한다. 첫째 여동생은 교육부에서 일하며 카운슬러를 하고 있고, 막내 여동생은 대학생인데 역시 사회학 카운슬링 전공이다. 그러니까 클락을 제외한다면 6남매 모두 선생님 혹은 카운슬러를 하고 있는 것이다. 스포츠도 중요하지만 학업과 대학교육을 강조했던 부모님의 열성 덕분이었다.

7남매 중에 유일하게 프로 스포츠의 길로 들어선 클락이었지만 역시 프로라는 것은 절대 호락호락하지가 않았다. 처음 얼마간은 야구를 그저 열심히만 하면 잘할 수 있는 운동이라고만 생각했다. 그는 파워히터는 아니었지만 타율은 좋은 편이었다. 늘 자신이 할 수 있는 한 가장 빠르고, 가장 강한 선수가 되어야 한다는 목표를 되새기며 모든 경기와 훈련에 임했다.

또한 그는 모든 부분에서 골고루 잘하는 전천후 선수가 되고 싶었다. 파워만 있다든지, 스피드만 강점이라든지 하는 편향적인 선수는 원치 않았다. 야구에 대한 이런 태도는 인생을 대하는 클락의 철학에도 적잖은 영향을 끼쳤다.

클락은 인생도 집중해야 하는 부분들이 분명 있지만, 가급적 고르게 분배된 인생을 살고 싶어 한다. 그러나 마이너리그를 거치며 상당히 좋은 성적을 내고도 빅리그 기회는 좀처럼 없었다.

"더블A까지 쉽게 가다가 조금 슬럼프를 겪었다. 1998년에 드래프트돼 2000년에 더블A로 갔는데 그때부터 4~5년을 더블A와 트리플A를 오락가락했었다. 그러다가 2005년부터 트리플A에 확실히 자리를 잡았다(3할1푼6리 13홈런 59타점 29도루). 그렇지만 1998년부터 2005년까지 자이언츠 마이너에서 외야수로 뛰던 선수라면 늘 배리 본즈라는 이름이 앞을 막아섰다. 팀에서는 나를 중견수보다는 좌익수로 키우려고 했는데 좌익수이던 본즈를 제칠 능력이 내게는 없었다. 60홈런을 치는 선수를 마이너에서 10개 정도의 홈런을 치는 선수가 어떻게 제치겠는가. 그리고 베이커 감독이 이끌던 당시 자이언츠는 항상 노장들을 영입했다. 본즈 외에도 션 던스턴, 마빈 버나드, 에릭 데이비스, 랜디 윈 등을 겨울마다 영입했다. 어린 선수들에겐 기회가 오질 않았다. 물론 프로야구란 그런 것이니까 징징대고 싶은 생각은 없다. 내가 극복하지 못한 것이니까. 메이저리그에서는 2005년 9월에 자이언츠에서 잠깐 뛰었고 2006년 6월 오클랜드에서까지 빅리그에서 총 14게임을 뛰었다."

그에게 처음 한국행 제의가 온 것은 2007년이었다. 그러나 10년이나 땀

나의 야구는
끝난 것이 아니다

을 흘리며 목표로 삼았던 빅리그를 쉽게 포기할 수는 없었다.

"당시 애틀랜타 브레이브스와 이야기를 하고 있을 때였다. 한 번 더 내게 빅리그 도전의 기회를 주고 싶었다. 기회가 있을 것으로 생각했고, 브레이브스에서도 적극적이었다. 스프링 캠프에서도 4할을 때렸는데 아쉽게 개막전 로스터에는 들어가지 못했다. 트리플A 초반에 좀 부진하다가 15홈런 20도루로 시즌을 끝냈다. 그러나 9월 확대 로스터에도 들어가지 못했고 다른 진로를 생각하게 됐다. 그러던 중 트리플A의 데이브 브런디지 감독의 조언을 듣곤 한국행을 결정했다. 그분은 몇 년 전 시애틀 코치로 있던 시절 한화 이글스 전훈 캠프에서 함께 일한 적이 있는데 한국야구에 대해 많은 이야기를 해주셨다. 도전해볼 만하다는 생각이 들었다."

선택은 탁월했다. 사실 그조차도 한국에서 그렇게 빨리 자리를 잡으리라고는 생각하지 못했었다. 물론 스스로에 대해 언제나 높은 기대치를 가지려고 노력하긴 했지만, 전혀 다른 나라에서 전혀 다른 방식의 야구를 하며 빠르게 적응해 뛰어난 성적을 올릴 것이라고 기대하긴 힘들었다. 그렇지만 클락은 해냈다. 현실적인 목표를 정하고, 팀의 승리를 돕는 데 온힘을 기울인다는 결심으로 매 경기에 임했다. 그러자 다행스럽게도 일은 순조롭게 풀렸다.

처음 그에게 구단이 기대한 것은 수비나 스피드를 보강해주는 것이었다. 하지만 그는 시즌 초반 연신 홈런을 터뜨리며 공격에서도 핵심 타자로 자리매김했다.

"머니볼에 따르면 타격이 좋은 타자는 파워를 기를 수 있지만, 파워가 있다고 타율이 좋은 타자가 되는 것은 쉽지 않다고 했다. 나는 항상 좋은 타자라는 자부심을 가지고 있다. 아마 파워가 뒤늦게 나타나는 것 아닐까. (웃음)"

클락은 한국에서의 첫 시즌에 후반기 부상으로 타격 슬럼프를 겪기도 했지만 22홈런 79타점 25도루로 20-20을 기록하는 활약을 했다. 2009년에는 히어로즈로 옮겨 2할9푼에 24홈런 23도루로 더욱 뛰어난 능력을 발휘했다. 그리고 2010년 2할6푼5리에 12홈런 50타점 12도루를 기록하던 중에 갑자기 방출됐다.

아쉬움은 있었지만 방출의 아픔에도 불구하고 그에게 한국은 분명 따스한 곳이었다. 처음 한국에 와서 짐을 푸는 날부터 그런 확신을 했다고 회고했다.

당시 한화 통역인 이인영 씨가 그를 픽업해 숙소로 안내했는데, 훈련을 마치고 돌아온 선수 서너 명이 그를 흘끗 보더니 그중 한 명이 짐을 내리는 것을 도와주었다. 바로 김태완이었다. 그날 그 순간부터 그렇게 그들은 친구가 되었다.

은퇴한 김수연 선수 역시 낯선 한국 생활을 긍정적으로 생각할 수 있게 해준 동료였다. 2008년 초 처음 한화에 입단해 하와이에서 고된 훈련을 마친 뒤 지친 몸으로 한국행 비행기에 올랐다. 마침 그의 생일인 3월 4일에 하와이에서 비행기를 탔는데 한국으로 오면서 이미 5일 밤이 되어버렸다. 생일이 공중에서 그렇게 사라졌구나 싶었다.

그런데 대전에 도착해 숙소에 짐을 풀려는데 김수연 선수가 그에게 함께 외출하자고 했다. 어리둥절한 클락은 김수연을 따라 호텔을 나섰고, 그날 김수연은 조촐한 생일 파티를 열어주었다. 한국이라는 나라가 낯설지만은 않게 느껴지는 순간이었다. 따뜻한 사람들 덕분에 그는 한국에서의 생활이 더욱 기대됐었다.

한국에서의 2년 반, 그 시간들을 곱씹으면 곱씹을수록 분명 나빴던 기억보다는 애틋하고 아련한 기억들이 떠올랐다. 다시 한국에 돌아올 수 없을지도 모르지만, 한국에서 야구를 하고 사람들을 사귀고, 그들과 추억을 나눈 경험은 그에게 어느덧 삶의 큰 부분이 돼 있었다. 추억이 야구선수의 삶의 전부라고 하면 너무 애틋할 수도 있겠지만 실제로 그는 사람들과 가깝게 지내려던 자신의 노력과 또 자신을 따스하게 대해준 사람들 덕분에 황당한 방출 결정에도 웃을 수 있다고 생각했다.

팬들도 마찬가지였다. 야구선수가 되지 않았다면 선생님이 되었을지도 모를 그에게 팬과 동료들과 사귀며 추억을 쌓은 일은 언제나 한국을 행복한 추억으로 남게 할 소중한 부분이었다. 클락은 국적이나 인종을 떠나 한국의 문화와 사람들을 긍정적으로 받아들일 수 있는 유연한 사고를 지닌 인물이었다.

"문화는 본래 적응하기 쉽지 않는 것이다. 다른 사람의 방, 또는 다른 사람의 집에만 가도 차이가 존재하지 않는가? 부엌이 어딘지, 화장실이 어딘지 우리는 처음엔 헤맨다. 그렇게 혼란스러워하고 방향 감각을 잃는 건 어쩔 수 없는 것이다. 하지만 한국에서 나는 금세 감각을 찾으려고 노력했다. 그래서 더욱 동료들에게 다가서고 배우는 자세로 임했다. 그리고 내 주변엔 그런 부분을 도와주는 사람들이 늘 있었다. 통역과 동료들 그리고 팬 말이다."

때문에 그를 가장 힘들게 했던 것은 적응에 대한 두려움보다는 좀 더 현실적인 문제들이었다.

바로 첫해 부상이 그랬다. 부상은 스스로 극복하지 않으면 해결되지 않는 문제고, 시간이 얼마나 걸릴지 짐작하기 어려운 과정이라 그를 더욱 괴롭혔었다. 하지만 그 역시 훌훌 털어버리려고 노력했다. 어려운 시절일수록 더 빨리 잊고 털어낼 수 있어야 기회가 찾아오는 시기도 그만큼 빨라진다고 믿었다.

그는 대단히 긍정적이어서 애써 슬픔이나, 나쁜 생각을 붙잡아두지 않는 사람이었다. 당연히 힘들 수도 있고, 어려울 수도 있다고 생각하면 한결 마음이 편했다. 외국인으로서 차별을 당하는 순간이 있었을지도 모르겠지만 그런 것들 역시 유연하게 생각하려고 했다. 모든 사람을 똑같이 대하는 것은 불가능하지만, 공정하게 대하려고 노력하는 것이 정의로운 것이라고 생각한다고 했다. 한마디로 그는 지혜로웠다.

클락은 위트와 재치도 있는 친구였다. 만약 한국 생활에서 조금 다르게 했더라면 하는 점이 있냐고 묻자 "음~, 스윙하지 말았어야 하는 공에 스윙했던 많은 순간들"이라고 답해 함께 웃음을 터뜨리게 만들기도 했다. 그러다 그는 정색을 하며 한국에서의 야구 생활을 절대 후회하지는 않지만, 다시 한 번 기회가 온다면 분명 과거보다는 더 잘하는 선수로 기억되고 싶다며 욕심을 감추지 않았다.

항상 그를 불태우는 건 도전의식이었다. 기회는 도전과 함께일 때 찾아온다고 믿는 그에게 매 순간을 도전하는 마음으로 대했던 과거는 결코 후회스럽지 않다. 다만 다시 돌아간다면 그는 더 많이 도전하려고 노력할 것이다. 그것이 어쩌면 지금보다 더 많은 기회를 안겨줄 방법이라는 것을 알

나의 야구는
끝난 것이 아니다

기 때문이다.

그런 굳은 믿음의 근간에는 바로 특유의 긍정이 작용하는 것 같다. 언제나 동료들에게 "좋아! 좋아!"를 외치는 그는 말보다 더 강력한 긍정의 힘을 믿는다. 말이 통하지 않아도 긍정으로 웃고, 서로 격려하는 순간은 반드시 통한다고 믿는다. 한국어에 능통하지 못했지만, 바로 그런 방식으로 그는 동료들과 소통하며 경기를 이끌었다. 그가 가장 자주 하던 한국말은 '좋아, 좋아!'와 '괜찮아요, 괜찮아요!'였다.

치과의사를 꿈꾸고 늘 손에서 책을 놓지 않던 학구파인 그는 먼 훗날 자신의 야구 생애가 끝나면 생물학 교사를 하면서 아이들에게 야구를 가르치고 싶다고 했다. 이왕이면 고등학교나 대학교에서 선수들을 가르치며 그들에게 좀 더 많은 기회를 보다 빨리 보여주는 그런 행복을 누리고 싶다고 했다.

한국을 사랑했고 또한 한국의 야구를 사랑했던 그였기에 팬들에게도 그의 떠남은 분명 아쉬운 작별이었다. 그는 한국의 야구는 한국의 팬들이 있기에 만들어지는 것이고, 자신 역시 그 팬들이 만들어주는 역사 속에서 야구 인생을 펼쳤다고 자랑스럽게 이야기했다.

2010년 중반 그렇게 한국을 떠난 클락은 다시 한국에서 뛸 기회를 잡지는 못했다. 그러나 그의 야구는 계속되고 있다. 클락은 2011시즌과 2012시즌 멕시코리그 칸쿤의 퀸타나 루에서 뛰었다. 2011년에는 3할1푼5리에 21홈런 58타점 20도루를 기록했고, 2012년에는 3할2푼8리 17홈런 69타점 18도루로 건재를 과시했다.

지금도 가끔 연락을 주고받는 클락을 훗날 다시 만날 때면 야구를 가르치는 생물 선생님이 돼 있을지도 모를 일이다. 덕 클락은 선하고 현명하고 또한 열정적인 도전을 멈추지 않는 아주 좋은 야구선수이자 좋은 사람으로 늘 기억된다.

넥센 히어로즈가
선택한
외국인 선수들

2008년부터 1군에 참가하기 시작한 넥센 히어로즈에도 꾸준한 사랑을 받은 외국인 선수들이 있었다. 타자로는 클리프 브룸바가 인상적이었다. 브룸바는 현대 유니콘스 시절인 2003~2004년, 2007년 3시즌 동안 76홈런을 날렸고, 팀이 넥센으로 바뀐 뒤에도 재계약에 성공하며 2008~2009년 두 시즌 동안 40홈런을 때리며 거포 명성을 이어갔다. 브룸바에 이어 한화 출신의 클락이 넥센에서 중심타자 역할을 했지만, 2009년 24홈런에 이어 2010년에는 타율 2할6푼5리, 12홈런에 그쳐 기대만큼의 활약을 이어가지는 못했다. 투수로는 올 시즌에도 콤비를 이룬 브랜든 나이트와 앤디 밴 헤켄이 만족스러운 활약을 펼치고 있다. 삼성에서 2년간 활약하며 한국 무대 적응을 마친 브랜든 나이트는 2011년 7승에 이어 2012년 16승4패, 평균자책점 2.20을 올리며 최고의 외국인 선수로 평가받았다. 왼손 앤디 밴 헤켄은 2012년 데뷔해 11승을 따냈고, 올 시즌에도 초반 흐름이 좋다. 주목할 것은 넥센에서 시즌 도중 퇴출된 선수는 2008년 투수 제이슨 홀 스코비 한 명뿐이라는 점이다. 그만큼 넥센이 외국인 선수 영입에 신중을 기하는 동시에 교체에도 인색했다는 것을 알 수 있다. 2007년을 끝으로 역사 속으로 사라진 현대는 통산 4차례(1998, 2000, 2003, 2004년) 우승을 차지하는 동안 스코트 쿨바, 에디 피어스, 클리프 브룸바 등 거포들과 쉐인 바워스, 마이크 피어리 등 수준급 투수들이 사랑을 받았다.

Part. 7

SK 와이번스

조용함에 숨겨진 야구 사랑 **개리 글로버**

사탕수수 농장에서 키운 꿈 **아킬리노 로페즈**

Gary Glover **개리 글로버**

출생 1976년 12월 3일 국적 미국 신체 196cm, 105kg 소속팀 마이애미 말린스 포지션 투수

조용함에 숨겨진 야구 사랑

개리 글로버

이 친구를 만나는 데는 꽤 시일이 걸렸다. 2009년부터 SK 와이번스에서 뛰었는데 실제로 인터뷰를 한 것은 2011년 5월이었다. 워낙 내성적이고 조용한 선수였다. 처음에 한국행을 결정하는 과정에서 '과연 전쟁은 나지 않는 것인가'라는 고민을 많이 했다는 이야기도 들은 적이 있었다. 마운드에서는 표정이 거의 없고 더그아웃에서도 늘 조용한 선수. 인터뷰를 하게 된다면 아마도 단답형의 짧은 대답만 나오지 않을까 조금 걱정도 했다. 그러나 역시 사람의 진면모는 겉으로 드러난 인상이나 선입견으로는 전혀 알 수 없는 일이다. 조용하지만 조리 있게 자신의 야구 스토리를 풀어놓았던 개리 글로버와의 인터뷰는 예상보다 긴 시간 동안 많은 이야기를 들을 수 있는 자리였다.

그는 미국 중북부의 인디애나 주 클리블랜드에서 태어났지만 2살 때 플로리다로 이사해 쭉 그곳에서 자랐다. 그렇지만 클리블랜드 인디언스와 캐벌리어스(농구팀) 브라운스(풋볼팀) 등 고향의 스포츠팀 팬으로 자랐다. 클리블랜드 출신인 아버지와 삼촌 셋이 모두 '스포츠 광팬'이라 그 역시 클리블랜드의 팀을 응원하면서 자란 것이다. 이런 가족 분위기 덕분에 야구도 일찍 시작할 수 있었다. 5살 때부터 티볼을 시작했고, 8세부터는 리틀리그를 거쳐 고등학교 때까지 한 해도 빼놓지 않고 야구 시즌에 참가했다. 플로리다 주 데이토나 남쪽 디랜드라는 작은 도시에서 자랐는데, 고교 1학년 때부터는 학교 야구팀은 물론이고 학교 시즌이 끝나면 서머리그에서도 야구를 했다.

어릴 적에는 수비 실력이 좋아 유격수를 많이 했다. 하지만 점점 나이를 먹으면서 1루수와 투수를 주로 하게 됐다. 고1 때에는 학교 2군 팀 선발로 첫 경기에 나섰는데, 2이닝 동안 삼진 6개를 잡자 감독은 곧바로 경기에서 그를 빼고는 1군 팀으로 올렸다. 1군은 대부분 3, 4학년 선배들로 구성된다 (미국은 대부분 고교 4년제).

"사실 나는 타격을 아주 즐기고 잘했는데 그 첫 경기 후로는 투수밖에 할 수 없었다. 물론 지금은 타격을 잘하는 것은 결코 아니다. (웃음) 고교 졸업하고 12년간 투수를 상대한 적이 없었으니까. 내셔널리그에서 타격은 20타수 2안타였다."

보통의 선수들이 야구에 대해 진지한 고민을 하게 되는 무렵이 사춘기 전후인 반면, 개리는 무척 이른 시절부터 야구를 삶의 목표로 받아들였다고 한다.

"내 기억에 남아 있는 한 아주 어려서부터다. 초등학교 5, 6학년 때 미래

나의 야구는
끝난 것이 아니다

에 하고 싶은 것을 글로 적는 시간에도 메이저리그 선수가 되겠다고 적었다. 당시 나를 아껴주신 선생님 두 분이 계셨는데 늘 내 꿈을 키워주셨다. 엄하게 나를 가르치셨지만 지금까지 내 팬으로 성원을 보내주고 계신다."

그는 뛰어난 야구선수가 되고 싶다는 꿈을 아주 어린 시절부터 꾸었다. 그러나 지금도 자신이 어릴 적 꿈꾸던 '정말로 좋은 선수'가 되었는지는 잘 모르겠다고 했다. 다만 무척 오랜 시간 동안 야구선수 생활을 하고 있고, 그가 꿈꾸었던 것보다 더 많은 것들을 야구를 통해 이룬 것은 분명했다.

"돌아보면 나의 야구 생애가 자랑스럽기도 하다. 항상 내가 원하는 모든 것을 이루지는 못했지만 참 많은 것을 야구를 하면서 이뤘다. 미국 전역은 물론 일본, 한국, 베네수엘라, 멕시코 등 많은 곳을 다니며 야구를 하면서 삶을 즐기고 배웠다."

고교 야구 시절의 성적을 기억하느냐고 묻자 그는 모든 것이 선명하진 않지만 유독 마지막 경기에 대한 기억은 여전히 생생하다고 했다. 지역 대회 마지막 토너먼트의 결승전에 선발 등판했는데 딱 1안타를 맞고 패했다. 상대 투수도 단 1안타를 맞았고, 그 안타는 개리 글로버가 쳐낸 공이었다. 결국 0-1로 결승전에서 패하고 말았지만, 7회 초 마지막 이닝(미국 고교 경기는 7회로 진행되는 경우가 많다)을 던지고 내려오며 '아, 이제 나의 고등학교에서의 야구가 끝나는구나' 하는 생각을 했다.

'끝'이라는 생각 때문인지 무척 서늘해졌던 마음을 그는 지금도 잊을 수 없다고 했다. 마지막 경기를 끝으로 이제 프로에 드래프트되기를 기다릴 테고, 그럼 동시에 고교 생활도 분명하게 '끝'이 난다는 생각을 하자 조금은 서운한 마음도 들었다.

그 마지막 경기에는 프로 스카우트들도 와 있었다. 그의 아버지 말로는 이미 그가 12살이 되던 무렵부터 스카우트가 그의 투구를 보고 아버지에게 명함을 주었다고 한다. 결국 그때 처음 명함을 건넸던 토론토 블루제이스가 그를 드래프트했다.

어려서부터 그는 무척 키가 컸고 당연히 팀에서도 눈에 띄는 선수일 수밖에 없었다. 이미 12세 때 신장이 180센티미터 정도였다. 고2 무렵에는 지금의 신장인 196센티미터까지 자랐고, 지금보다 더 날렵한 체형이었다. 고교 시절에도 145킬로미터의 빠른 공을 던진 소년이었지만 그가 나중에 150킬로미터를 넘나들 정도로 공이 빨라진 데에는 전혀 다른 엉뚱한 이유가 있었다.

"고교 때는 90마일(145킬로미터) 정도가 최고였고 보통 140킬로미터 초반을 던졌다. 재미있는 것은 누나가 콜로라도 주 베일이라는 곳에 사는데 내가 프로 2년차를 마치고인가 그곳에서 1996년 겨울을 보낸 적이 있다. 두 달 동안 눈 치우는 일을 했는데 기계를 거의 이용하지 않고 정말 엄청나게 많은 눈을 매일 삽으로 퍼내고 치웠다. 그리고 다음 해 봄에 캠프에 갔더니 구속이 훨씬 빨라졌다. 그전까지는 아주 가끔 150킬로미터가 나왔지만 대부분 145~147 정도였는데 그해에는 세 번째 경기에서 153킬로미터가 나왔고 평균 구속도 꾸준히 빨라졌다."

겨우내 눈을 치운 훈련(?) 덕분에 구속이 빨라졌다는 이야기였다. 그해 겨울 그가 한 것은 정말 매일 눈을 치우는 일뿐이었으므로 어쩌면 정말 그 훈련이 구속에 영향을 주었는지도 몰랐다. 눈 치우던 나날들 덕분에 부쩍 상체 근육도 좋아졌고 공도 빨라졌으니까.

또래들보다 학교를 빨리 입학하는 바람에 프로 생활을 시작한 시기도 17세로 무척 빨랐다. 만 6살이 되기 전에 초등학교에 입학했지만 읽고 쓰는 데에는 문제가 없었다. 부모님이 맞벌이를 했기 때문에 그를 빨리 학교에 넣고 싶어 했고 실제로 학습 능력에도 큰 문제가 없자 5살에 입학이 이루어졌던 것이다.

하지만 프로 생활은 달랐다. 겨우 열일곱의 소년에게 실력도 나이도 월등한 많은 동료들과 경쟁을 하는 생활은 혹독할 수밖에 없었다.

"쇼크가 컸다고 해야 할까. 고등학교 때와는 모든 것이 완전히 달라졌으니까. 그래도 생각하면 18세에 입대해 해외에 파병되기도 하는데 나는 집에서 멀지 않은 곳에서 프로 생활을 했으니 견딜 만했다."

그의 사고방식이 느껴지는 대답이었다. 그러나 첫 3년간 12승36패의 기록은 꽤나 고전해야 했던 당시를 잘 보여주는 증표였다. 이 얘길 꺼내자 글로버는 처음으로 소리 내어 웃기까지 했다. 이제는 지난 일이라 웃으며 떠올리는 추억이지만 당시는 열일곱의 소년이 아니었나. 무척 고생스러운 시절이었을 것이다.

"아, 정말 3년간은 엄청 헤맸다. 웃기는 일도 있었다. 〈베이스볼 아메리카〉라는 잡지가 있는데 내 기사가 계속 실리기도 했다. 내가 14경기 연패를 기록하면서 기록을 세웠기 때문이었다. 체력이나 나이, 그런 것을 떠나 투수로도 아직 엉망이었다. 루키리그 두 번째 경기인가 뉴욕 양키스 산하 팀과 맞섰는데 안타 맞고 볼넷 두 개 주고 만루 홈런을 맞은 적이 있다. 그렇게 하고 나니 몸에 너무 힘이 들어가서 공 3개를 연속 백네트를 맞추기도 했다. 재미있는 것이 그때 루키리그도 벅차서 인스트럭션 리그에서 다시

운동을 시작했는데 최동수를 비롯한 몇몇 LG 선수들을 만났었다. 17년 후에 그들과 함께 한국에서 뛰게 되리라고는 상상도 못했었는데."

하지만 3년 뒤인 1998년부터는 완벽하게 달라졌다. 적응을 하자 무섭게 성장했다. 다른 모든 야구선수들이 그러하듯 오르락내리락하는 시기가 있긴 했지만 비교적 꾸준히 성장했다. 1997년 싱글A 시즌이 끝나고 토론토는 40인 로스터에 그를 포함시켰다. 이는 다른 팀에서 탐낼 만한 선수로 성장했음을 의미했다. 다음 해 빅리그 캠프를 경험한 뒤 더욱 성장했고 1999년에는 트리플A까지 올라갔다. 그 이후로도 트리플A 밑으로 내려간 일은 없었다.

그런데 2000년 겨울 베네수엘라 윈터리그에서 뛰는 동안 돌연 시카고 화이트삭스로 트레이드됐다. 그리고 그것이 기회가 됐다. 다음 해인 2001년 시카고 화이트삭스 스프링 캠프에서 선전한 덕분에 처음으로 메이저리그 개막전 로스터에 들어갈 수 있었고, 풀 시즌을 빅리그에서 뛰었다. 성적도 11선발 포함 46경기에서 5승5패 ERA 4.93로 준수했다.

2001년 빅리그에서 풀 시즌을 뛰기 전에도 이미 딱 한 차례 빅리그 경험은 있었다.

"1999년 9월에 잠깐 승격된 적이 있다. 시즌 일주일을 남기고 불려갔다. 마이너 시즌이 끝나고 3주간 집에 있었는데 당시 막강하던 클리블랜드로 원정을 가면서 팀에 부상도 있고 해서 투수가 필요했던 것 같다. 그래서 갑자기 빅리그 데뷔전을 클리블랜드에서 했다. 딱 한 이닝을 던졌다. 그해 폴리그에 갈 예정이었기 때문에 운동은 계속하고 있었다."

메이저리그에서 세 번의 최초의 경험이 모두 클리블랜드였으니 그 팀과는 각별한 인연이 있었다고 해도 과언이 아니었다.

1999년 빅리그 데뷔전에서 클리블랜드 상대로 1이닝 무실점, 후에 2001년 시카고 화이트삭스 시절엔 4월 10일 클리블랜드와 연장전 경기에 투입돼 빅리그 첫 승리를 거뒀다. 그해 7월 26일에는 클리블랜드를 상대로 빅리그 선발 데뷔전을 치렀다. 제임스 볼드윈이 트레이드되면서 인디언스전 선발 자리가 비자 갑자기 그가 자리를 메웠다. 묘한 인연이었다.

한 팀과의 묘한 인연도 재미있지만 여러 팀과의 인연도 그의 경력을 말하는 데 있어 빼놓을 수 없는 이야기였다. 여러 팀, 그러니까 인터뷰 당시까지는 그는 무려 열다섯 팀에서 뛰었다.

"빅리그에서는 토론토, 화이트삭스, 에인절스, 밀워키, 탬파베이, 디트로이트 등 6팀이고 마이너에서는 말린스, 내셔널스, 커브스, 트윈스가 있으니까 10팀에서 뛴 셈이다. 그리고 SK 와이번스와 요미우리 자이언츠, 호주의 시드니 스톰, 그리고 멕시코와 베네수엘라에서도 뛰었으니 총 15개 팀에서 야구를 했다."

사실 무척 좋은 투수임에도 그렇게 팀이 자주 바뀐 것은 조금 안타까운 일이었다. 뛰어난 선수였지만 붙박이처럼 그를 붙들어줄 명확한 자리가 없다는 점이 큰 문제였다. 롱맨을 하다가 짧은 구원 투수를 하기도 했고 또 잠깐씩은 선발을 하기도 했다. 자주 기용되긴 했지만 롱맨으로는 성적이 좋질 못했다. 그는 늘 생각이 너무 많았고 그러다 보니 자신감을 잃고 방황하기 일쑤였다. 등판하기도 전부터 압박감을 느끼곤 했다. 부정적인 생각이 그를 너무 괴롭혔다.

또한 선호했던 선발자리에서도 그는 어필할 만한 충분한 체인지업을 익히지 못했다. 강속구를 가지고 있으니 빅리그에서도 통할 만한 체인지업을 익혀야 했지만, 제구가 아주 잘 되는 날이 아니면 고전할 수밖에 없었다. 패스트볼, 슬라이더, 커브를 던졌지만 꼭 필요한 체인지업은 좀처럼 손에 익지가 않았다. 그러다가 마침내 트리플A에서 스스로 흡족할 만한 체인지업을 던지게 되었는데 한국으로 진출한 것이 바로 그 시점이었다.

그런데 정작 한국에 와서는 체인지업이 효과적인 구질이 되어주질 못했다. 한국은 타자의 스타일이 미국과는 달랐다. 결국 다시 슬라이더와 커브 위주의 볼을 던지기 시작했고, 포크볼을 새롭게 배웠다. 결과적으로는 그 변화와 배움이 그에게 좋은 효과를 안겨준 셈이었지만 그래도 한 자리에 정착할 수 없었던 지난 시절들이 아쉽지 않은 것은 아니었다.

2009시즌 중반 돌연 한국행 직전에도 그에게 빅리그 기회가 아주 없던 것은 아니었다.

"2009년 캠프는 워싱턴 내셔널스에서 시작해 트리플A로 갔는데 모든 것이 꼬였다. 그 팀에서 방출돼 2주 정도 있다가 플로리다 말린스와 계약했다. 그런데 당시 SK 와이번스와도 말이 오가고 있었다. 미래가 불투명한 상태였고 한국야구에서 뛰고 싶다는 생각이 강했다. 말린스 트리플A에서 딱 한 경기를 던지고 팀에 양해를 구했고, 결국 한국으로 오게 됐다."

2009년 시즌 중간인 6월 말에서야 한국야구에 합류했기 때문에 적응과 실력의 두 마리 토끼를 모두 잡아야 하는 어려운 과제가 앞에 놓였다. 물론 차이는 있었다. 하지만 일본에서 뛰었던 경력이 조금 도움이 되었다. 특히 SK가 치르는 매일의 일정이 일본과 비슷해 조금은 편안하게 받아들일 수 있었다. 무엇보다 개리 글로버라는 투수에 대해 한국리그가 잘 알지 못한다는 점도 장점이었다.

"내 생각으로는 외국인 투수가 한국에 오면 시간이 지날수록 던지기 어려운 것 같다. 타자가 투수에 대해 공부도 정말 많이 하고, 잘 알기 시작하면 투수는 정말 어려워진다. 팀도 많지 않기 때문에 자주 만나고 약점 등이 노출되기도 쉽다. 그러니까 처음이 오히려 더 쉬울 수 있다. 다른 문화와 소통 등 여러 가지 어려움도 있지만 괜찮았다. 내 생각에는 한국에 오는 외국인 투수들은 모두 능력이 있다고 보는데 다만 적응에서 차이가 나는 것 같다."

좋은 실력을 가지고 있지만 워낙 참을성이 강하고 선구안이 까다로운 한국 타자들을 대해야 하기 때문에 한번 따라 잡히기 시작하면 속절없이 당해야 하는 것이 외국인 투수들의 숙명이었다. 야구에 적응해 실력을 보여주는 것도 이처럼 힘든데 한국의 독특한 문화에 적응해야 하니 개리의 말마따나 외국인 선수들이 거쳐야 하는 것은 실력의 증명 이전에 적응의 문제에 더 가까웠다.

다행스럽게도 개리는 음식이나 언어 문제로 한국 생활을 힘들어하진 않았다. 통역이 많은 것을 도와주려고 했고, 해야 할 것, 하지 말아야 할 것 등을 잘 알려주었다. 야구 그 자체든, 또 야구 외적으로든 이해하기 어려운 부분도 분명 있었지만 모든 것이 새로웠기 때문에 더욱 흥미로웠고 도전 의식을 자극했다.

첫해 20경기만 뛰고도 9승3패 1세이브에 평균자책점 1.93의 뛰어난 활약을 펼친 글로버는 2010년에는 부상으로 고전해야 했다. 부상과 질병이 끊이질 않았는데 팔꿈치 부상과 발이 아파 1루 베이스 커버를 못할 정도의 통증이 지속됐다. 갑작스레 엄지발가락 부상이 찾아왔고, 어깨에도 미세한 통증이 있었다. 부상 자체도 문제였지만 컨디션이 난조에 빠졌는지 독감마저 걸려 귀에 염증을 달고 살았고, 유행성 결막염까지 걸려 적잖은 홍역을 치러야 했다.

하지만 마운드에는 계속 올랐다. 계속 던져야 했고, 그것이 자신이 할 수 있고 하는 일의 전부라고 생각했다.

"운동장에 와서 경기를 한 뒤엔 곧바로 집으로 갔다. 결막염에 걸렸을 때는 완전히 격리됐다. 빨래도 내가 직접 가져가서 했다. 독감과 귀 염증, 결막염까지. 거의 한 달 반 정도 환자 생활이 이어졌다. 공에 맞아 1군에서 빠지기까지 하자 결국 시즌 후반에 뛰지 못하고 미국에 가서 검사를 받았다. 하지만 돌아와 플레이오프에서 잘 던질 수 있어서 기뻤다. 2010시즌은 내게 주어진 일을 제대로 하지 못해 참 아쉽고 죄책감도 많았지만 다시 돌아와 팀에 도움이 될 수 있어서 정말 다행이다."

외국인 선수들에게는 이렇게 일반 팬이 알 수 없는 고충이 꽤 많은 경우가 빈번하다. 글로버는 때로는 SK 와이번스의 독특한 경기 운영 방식에 대해 이해하지 못하던 점도 있었다고 했다. 예를 들어 호투하고 있는데도 갑작스레 교체가 된다든지 하는 점이었는데 개리는 동의할 순 없어도 자신에게 결정권이 없는 일이므로 담담히 받아들여야 한다고 생각했다.

"처음 왔을 때 미국야구와 한국야구의 이런저런 차이점 등에 대해 이야기를 들었다. 모든 것에 동의한다고는 말할 수 없지만 내게 결정권이 없는 일들도 많았다. 지난 4년간 이 팀은 최강이었다. 한국시리즈에서 한 번 패한 것도 끝내기 홈런이었다. 팀이 승리하는 데 이견을 제시할 사람은 없다. 때론 더 많은 이닝을 던지고 싶을 때도 있고, 작년(2010년) 같으면 더 빨리 내려왔으면 하는 때도 있었다. (웃음) 그러나 내가 할 수 있는 최선은 마운드에 올라 팀에 승리의 기회를 주고 퀄리티 스타트를 하는 것이다. 감독님의 스타일이 있고, 어려운 점도 있지만 신뢰가 쌓이면 더 많은 이닝을 던질 수 있는 것 아닌가 싶다."

야구가 팀의 스포츠인 이상 혼자만의 생각으로 움직여지지 않는다는 걸 그는 깨닫고 있었고, 다소 이해가 되지 않는 부분일지라도 팀을 위해 기꺼이 희생할 수 있는 마음가짐도 준비되어 있었다.

야구와 함께 그에게 최고의 가치인 가족들은 그에게 다른 무엇과도 비교할 수 없는 힘을 준다. 큰아이가 유치원을 졸업하면 이제 곧 가족이 한국

으로 올 것이라며 들떠서 설명하는 그는 이제까지 담담하게 야구를 이야기
하던 개리가 아닌 것만 같았다. 가족이 함께하지 못할 때 가장 힘들고, 미
소마저도 사라진다는 그에겐 가족이 야구를 더 잘해야 하는 이유이자 보살
피고 지켜줄 소중한 존재였다.

　2011시즌을 끝으로 한국을 떠난 글로버는 2012년에는 마이애미 말린스
의 트리플A에서 뛰었다. 인터뷰를 하던 당시 만 35세의 나이로 3년째의 한
국 생활을 하고 있었던 개리 글로버는 먼 미래를 생각하고 싶지 않다고 했
었다.

　"인생에 어떤 결과가 나올지는 알 수 없다. 내가 컨트롤할 수 있는 것은
다음 피치뿐이고, 그것에 최선을 다할 수밖에 없다. 내가 이룰 수 있는 최

고의 투수가 되도록 늘 노력하고 결과에 따를 뿐이다. 야구에서는 긴 계획은 잘 통하지 않는다. (웃음) 메이저리그 역시 끝났다고 말하고 싶진 않지만 쉽지 않은 것도 사실이다. 노장이 예전처럼 중요하게 예우를 받는 풍토도 아니다. 15년, 20년 전만 해도 노장은 그들이 원할 때 은퇴할 수 있었지만 이제 그런 시대는 갔다. 어떤 팀은 트리플A 평균 연령이 메이저리그 팀보다 많다는 이야기도 들었다."

결국 개리 글로버는 2012년 마이애미의 트리플A 뉴올리언스 팀에서 최고령 선수로 야구를 계속했다. 글로버에게 야구는 아주 먼 훗날까지 하고 싶은 일임에 분명하지만, 당장 엄청난 쾌거를 이루어내야 하는 드라마틱한 무언가는 아니다. 그는 야구를 삶 그 자체로 생각하고 있다고 했다.

"야구는 나의 삶이다. 세계를 여행하고 가족을 돌볼 수 있는 등 정말 많은 기회를 야구를 통해 얻었다. 아이들까지 여생에 대한 어느 정도 보장도 야구로 얻었다. 지금까지는 정말 즐겁고 행복한 여정이었다. 좋은 친구도 많이 사귀고 미국 곳곳을 돌아다닐 수 있었다. 큰 행운이고 축복이라고 생각한다. 앞으로도 5년 정도는 더 뛰고 싶다. 아마 미국야구에도 한 번 정도 더 도전을 해보고, 어쩌면 마흔쯤에는 이탈리아리그에서 마지막 선수 생활을 할지도 모르겠다. (웃음)"

중요한 것은 그에게 행복을 안겨준 야구를 매우 오랜 시간 동안 하는 것이지, 당장 야구를 정복하는 것은 아니라는 개리 글로버. 슬쩍 그에게 야구를 정말 사랑하느냐고 묻자 그는 주저 없이 이렇게 대답했다.

"진짜 그런 것 같다. 때론 조금 돈 것 아닌가 싶은 정도로."

성실하고 자신에게 철저한 개리 글로버가 지금까지처럼만 한다면 그의

'조금은 돈 것 아닌가 싶은 그 꿈'도 이루어낼 수 있지 않을까. 요란하거나 화려하지 않지만 야구 사랑과 승부에 대한 헌신은 누구에게도 뒤지지 않는 글로버의 꾸준한 투수 생활이 앞으로 언제까지 이어질까. 어쩌면 마흔 살에 이탈리아나 네덜란드 리그에서 뛰는 그의 소식을 들을 수 있을지도 모르겠다.

Aquilino Lopez 아킬리노 로페즈

출생 1975년 4월 21일 국적 도미니카공화국 신체 190cm, 84kg 소속팀 前 SK 와이번스 포지션 투수

아킬리노 로페즈

190센티미터의 큰 신장에 30대 중반에도 탄탄한 몸매를 자랑하던 아킬리노 로페즈는 온화한 미소를 지녔지만 자존심이 대단히 강한 투수였다. 지독하게 가난한 가정에서 태어나 누구보다 힘들게 야구를 했고, 남들보다 늦게 미국프로야구에 진출해 어려움도 많았지만 결국 메이저리그의 꿈을 이룬, 역경을 이겨낸 선수이기도 하다. 잠깐 빅리그에서 뛴 것이 아니라 4팀에서 총 159경기를 뛰며 두 시즌이나 메이저리그에서 풀타임으로 활약했다.

그의 고향인 빌라 알타그라시아는 산토도밍고에서 차로 30분 정도 북쪽에 있는 소도시로, 규모는 작지 않지만 대단히 가난한 사람들이 사는 빈민촌이었다. 1975년 4월 그는 가난한 집안의 5남2녀 중에 끝에서 두 번째로 태어났다. 가난했기 때문에 그를 제외한 4명의 형들은 누구도 야구를 하지 않았다. 아니, 선수가 될 정도로 제대로 할 기회를 잡지 못했다. 형들은 매일 사탕수수밭에서 일을 해야 했다. 아킬리노 역시 8살 때부터 형과 아버지를 따라다니며 사탕수수 농장에서 일을 했다. 매일 버는 적은 수입이 그들이 하루하루를 살아가는 생계비였다. 집은 허물어져 가고 천장에는 구멍이 숭숭 뚫려 있었다. 그러니까 그는 가난한 나라 도미니카공화국에서도 빈민이었다.

그렇지만 가난도 그의 야구 사랑을 막지는 못했다. 그저 어려서부터 야구가 무척이나 좋았다. 지금은 세상에 없지만, 그의 아버지 역시 야구를 좋아해 저녁마다 TV로 야구를 보던 '야구광'이었다. 집에서 불과 3분 거리에 있던 야구장에서는 '펠리스 로아 야구학교'가 열렸는데 200명 정도 되는 아이들이 연령별로 팀을 이뤄 야구를 배우고 경기를 하는 곳이었다.

하지만 그는 야구학교에 등록할 돈이 없었기 때문에 처음엔 구경만 했다. 그러다 다행스럽게도 그 야구장과 관련 있던 친척 로아 아저씨가 주선해주신 덕분에 야구학교를 다닐 수 있었다. 만약 돈을 내야 했다면 아마도 그는 야구를 하지 못했을 것이고 메이저리그의 꿈도 꾸지 못했을 것이다. 그 후 시애틀 매리너스 계약을 맺을 때까지 그는 쭉 그곳에서 야구를 했다. 오전에는 사탕수수 농장에서 일을 하고, 오후에는 학교에 갔다가 방과 후에는 야구를 했다. 고등학교를 졸업한 뒤에는 농장 일을 마치면 곧바로 야구를 하러 갔다. 지금은 로페즈의 아들이 그 야구학교를 다닌다. 메이저리그에서 뛴 투수로 동네의 영웅이 된 그는 이제 야구학교에 모든 장비와 여러 가지를 재정적으로 지원하며 가난한 고향 동네 아이들에게 야구로서 희망을 나누어주고 있다.

나의 야구는
끝난 것이 아니다

그의 큰아들 브라이언은 장래 메이저리그를 노려볼 만하다는 평을 들을 만큼 열성적이고 재능 있는 야구 소년이다. 브라이언은 원래 형의 아들이 었지만 형의 이혼으로 분란이 생겨 갈 데가 없어지자 그가 입양을 자처했고 이젠 온전히 그의 아들로 키우고 있다.

　평소엔 이렇게 마음 따뜻한 아킬리노지만 마운드에만 오르면 투지를 불사르는 것으로 유명하다. 이유가 있었다. 만약 마운드에서 살아남지 못하면 자신은 물론 가족들 모두 굶을지도 모른다는 절박함 속에서 어려서부터 야구를 했기 때문이다. 그리고 그가 걸어야 했던 야구 인생이 결코 평탄치 못했기 때문이기도 하다. 그는 1997년 만 22세가 돼서야 시애틀과 계약을 했다. 보통 도미니카공화국의 유망주들이 16세만 지나면 계약을 하는 풍토와는 사뭇 달라 왜 그렇게 늦게 계약을 했는지 의문이 생겨 물었다.

　"모든 선수들이 큰 계약금을 받고 어린 나이에 계약을 하는 행운을 누리지는 못한다. 나처럼 가난한 집안에서 자란 아이는 야구 말고도 해야 할 것이 너무도 많았다. 그나마 나는 친한 스카우트가 시애틀에서 일하게 되면서 딱 한 번의 기회를 준 것이었다. 그러나 그 사람조차 내가 메이저리그에 진출할 것이라고는 생각지 않았었다. 그리고 또 한 가지는 내 호적이 잘못돼 있었다. 내가 시애틀과 계약을 했을 때 나이가 19세로 돼 있었다. 그러나 나중에 잘못된 것을 바로잡으면서 내 나이가 세 살 많아졌다. 과거에 도미니카공화국에는 그런 일이 빈번했다."

　가난한 환경 탓에 야구에만 매달릴 수 없었고 그래서 일찍 스카우트의 눈에 들지 못한 점도 있지만 사실 체력적으로도 뒷받침되질 못했었다. 성장기에 늘 배가 고팠던 그는 커다란 키에 비해 무척 말랐고 성격마저 조

용하고 내성적인, 눈에 잘 띄지 않는 아이였다. 하지만 가슴속에는 항상 메이저리그라는 뜨거운 열망을 가지고 있었다. 과장되게 떠드는 성격은 아니었지만 늘 확고한 목표를 잊지 말자고 스스로 다짐했다. 야구는 그의 꿈이기도 했지만 동시에 가족을 부양할 수단이 될 수도 있었기에 아킬리노는 절박했다. 그는 늘 스스로 되뇌고는 했다.

'무조건 노력하자. 그러면 하늘이 나를 도울 것이다.'

그가 믿을 수 있는 것은 자신뿐이었다. 그렇게 시애틀 매리너스의 단 한 번의 테스트에 통과해 마이너리그 계약을 맺은 것이 1997년이었다. 호적상으로도 늦은 19세였지만 실제로 그는 이미 22살이었다. 그러고도 도미니카 공화국리그에서 뛰다가 1999년에 싱글A에서 미국프로야구 생활을 시작했

나의 야구는
끝난 것이 아니다

다. 그리고 4년 만에 트리플A까지 순항했지만 메이저리그의 기회는 시애틀에서 좀처럼 찾아오질 않았다.

후에 아킬리노가 생소한 한국행에 흔쾌히 도전한 것은 시애틀 시절의 인연도 작용을 했다고 했다. 시애틀 마이너리그에서 뛰면서 그는 추신수, 백차승과 동료로 지냈다. '추'는 아주 유쾌하고 좋은 타자였고, '백'은 조용하지만 능력이 있는 투수로 그에게 좋은 기억을 남겼다. 아킬리노는 그 시절을 회상하며 "그러고 보면 나도 그랬지만 '추'나 '백'도 시애틀에서는 기회가 좀처럼 주어지지 않았었다. 참 좋은 동료들이었다"라고 말했다. 그리고 마이너리그 경기 때 최희섭을 상대한 적도 있다고 했다. 최희섭에게 큰 홈런을 맞은 적이 있는데 한국에서 그들은 팀 동료가 됐다.

시애틀에서는 계속 마이너에만 머물렀지만 드디어 2002년 겨울 그에게 기회가 찾아온다. 시애틀이 보호 선수 명단에 그를 포함시키지 않았고 토론토가 룰5 드래프트에서 그를 선택했다. 룰5 드래프트에 뽑히면 일단 다음 해에는 빅리그 로스터에 포함을 시켜야 하는 규정이 있으니 드디어 그에게 메이저리그에서 경쟁할 기회가 찾아온 것이었다. 그는 2003년 스프링캠프에 모든 것을 걸었다. 그리고 좋은 성적을 올렸다.

"스프링 캠프에서 좋은 모습을 보이자 개막전 로스터에 들어갔다. 눈물겨운 순간이었다. 그런데 그 전 시즌까지 토론토 마무리를 맡았던 캘빈 에스코바가 선발을 원해 팀에서 마무리가 필요했다. 그래서 나와 클리프 폴리스가 경합을 벌였는데 토스카 감독이 나를 마무리로 선택했다."

로페즈는 2003년 72경기에 나서 14세이브에 평균자책점 3.32를 기록하며 좋은 활약을 펼쳤다. 하지만 2004년은 묘하게 일이 꼬였다. 스프링 캠프 마지막 날까지도 감독은 그에게 팀의 마무리를 맡긴다며 준비를 잘하라고 말했는데, 시즌 첫 등판에서 느닷없이 그를 6회에 구원 투입했다. 깜짝 놀랐고 당황했고 화도 났다. 이해할 수 없어 우왕좌왕하다가 결국 총 7이닝을 던지고는 금방 마이너로 내려 보내졌다. 투수진에 부상이 생기면 그를 잠깐 빅리그로 부르기도 했지만, 2004년의 등판 기회는 고작 총 18이닝이 전부였다. 그는 아직까지도 그때 왜 그런 상황이 벌어졌는지 알 수 없다고 했다. 부상을 입은 것은 아니었다. 야구를 하면서 그는 단 한 번도 부상자 명단에 이름을 올린 일이 없을 만큼 자기관리를 잘 하는 선수였다(결국 한국에 와서 3년째부터 팔꿈치 부상에 시달린 끝에 2012년 초반 SK에서 방출되기도 했다).

　토론토에서 2004년을 끝으로 그렇게 방출된 이후로는 LA 다저스, 콜로라도 로키스, 필라델피아 필리스 등을 옮겨 다니는 이적 생활이 이어졌다. 2005년 초에 LA 다저스와는 3개월짜리 계약을 했고 스프링 캠프에서 좋은 성적을 냈지만 시작은 트리플A였다. 그렇게 3개월이 지나도 빅리그에서 호출이 없자 그는 당시 트리플A 감독이던 제리 로이스터에게 기회를 찾아 떠나겠다고 요청했다. 로이스터 감독은 대단히 아쉬워했지만 계약 조건대로 그의 요구를 받아주었고, 그렇게 FA가 된 후 일주일 만에 로키스와 계약을 했다. 한 달간 마이너에서 던진 후 드디어 로키스에 합류했고, 합류 첫날 구원 등판해 4이닝 6삼진 3안타 1실점으로 좋은 경기를 보여주었다. 그런데 바로 그 경기 후 로키스는 곧바로 로페즈를 웨이버 공시했다.

　어처구니가 없었다. 한번 꼬이기 시작하자 불운은 그에게 들러붙어 떠날 줄을 몰랐다. 빅리그로 승격한 첫날 눈부신 호투를 했는데 곧바로 방출이라니 드물다 못해 황당한 처우였다. 알고 보니 당시 로키스는 포수를 영입하려고 했고, 레드삭스에서 뛰던 켈리 쇼팩의 트레이드에 합의했다. 그러자 40명 로스터에 자리가 필요했고, 결국 로페즈가 밀려난 것이었다. 그런데 이후 쇼팩 트레이드가 깨지고 마는 황당한 상황이 발생했다. 로키스는 황급히 다시 로페즈를 원했지만 이미 웨이버에 오르자마자 필리스가 그를 데려간다고 선언한 후였다.

2005년에만 세 번째 유니폼을 갈아입은(마이너리그 유니폼까지 하면 5번) 로페즈는 필리스의 트리플A에 2주일쯤 있다가 빅리그에 합류했고, 마지막 한 달 동안 10경기에 구원으로 나서 2점대 초반의 평균자책점을 기록하며 호투했다. 이제 빅리그가 다시 보장되는 듯했다. 그러나 다음 해 캠프에서 상당히 잘 던졌음에도 개막전 로스터에 들지 못하더니 캠프 마지막 날에 샌디에이고 파드리스로 트레이드됐다. 그리고 파드리스에서도 트리플A에서만 뛰다가 3개월 반쯤 후에 방출되고 말았다. 그야말로 낭인이 따로 없었다. 성적이 나쁜 것도 아니고 사고를 친 것도 아니었는데 그는 늘 빅리그 언저리를 떠도는 선수였다. 빈자리가 생기면 메우고 주전이 돌아오면 또 자리를 내줘야 하는. 샌디에이고에서 방출되자 플로리다 말린스 등 몇 팀에서 곧바로 연락이 왔지만 메이저리그 자리 보장은 없었다. 그래서 그는 도미니카공화국으로 돌아갔다. 그리고 야구를 몇 개월 쉬었다.

야구를 포기할 생각은 전혀 없었지만 마이너를 떠돌던 생활에 염증이 나 잠시 휴식이 필요했고, 스스로에게 휴가를 준 셈이었다. 그렇게 두 달 정도 쉬고 윈터리그가 시작되자 곧바로 다시 피칭을 시작했다. 그리고 마침내 불운이 이젠 그를 떠나나 싶은, 엉뚱한 해프닝과 함께 다시 메이저리그에 도전할 수 있는 기회가 찾아왔다. 하루는 윈터리그에서 그가 등판한 날 디트로이트 타이거즈의 스카우트가 야구장을 찾았다. 그런데 그가 다른 도시로 급히 이동을 하면서 스피드건을 운동장에 두고 갔다. 하필 로페즈가 그것을 발견했고 스피드건을 집에다 보관하겠다고 팀에 말했다. 그리고 그 주말 일요일, 집에서 소파에 누워 음악을 듣고 있을 때 스피드건을 보관하고 있다는 말을 들은 스카우트가 집으로 찾아왔다. 그때가 2007년 2월의 일이었다.

스피드건을 찾으러 온 스카우트는 로페즈를 보고는 깜짝 놀랐다. 시즌을 준비할 시기인데 왜 집에 있느냐며, 당연히 메이저리그 팀과 계약을 했을 것으로 생각했다고 말했다. 로페즈가 아직 정해진 팀이 없다고 하자 윈터리그에서 그가 던지는 것을 직접 봤던 그 스카우트는 곧바로 타이거즈에 연락을 해보겠다며 집을 나섰다. 그리고 3시간 만에 스카우트로부터 다시 연락이 왔다. 일단 마이너 캠프에 합류한 뒤, 메이저리그 캠프에서 뛸 기회를 주겠다는 전화였다. 그렇게 타이거즈 캠프에 합류한 시점이 이미 스프링 캠프가 시작되고 2주쯤 지난 2월 말이었다. 그러고도 희한한 인연이 계속 이어졌다.

"내가 필리스 트리플A에 갔을 때 짐 라몬트 씨가 감독이었는데 마침 그분이 타이거즈의 순회 코치로 와 있었다. 트리플A 캠프에서 운동을 다시 시작한 지 얼마 되지 않아 라몬트 코치가 왔다가 나를 발견하더니 깜짝 놀랐다. 그러면서 나더러 마이너에 오래 있을 선수가 아니니 걱정하지 말라고 했다. 그리고 2주 후 개막 때 실제로 내 이름이 빅리그 로스터에 들어 있었다."

모든 것이 우연의 연속이었지만 그에겐 황금 같은 기회가 다시 주어졌

다. 그리고 늘 준비하고 있던 로페즈는 그 우연한 기회를 놓치지 않았다. 2007시즌에는 마이너에서 뛴 시간이 더 많았지만 2008년에는 빅리그에서 풀타임으로 활약했다. 토론토에서 풀타임을 뛴 지 5년 만이었다. 그해 로페즈는 디트로이트에서 48경기에 투입돼 4승1패 3.55의 평균자책점을 기록했다.

그런데 2009시즌을 앞두고 재계약 과정에서 불협화음이 생겼다. 디트로이트는 그를 원했지만 개런티 계약을 해주지 않았다. 그에게 조정신청 자격이 생겼기 때문에 상당한 액수를 보장받을 수 있었지만 디트로이트는 마이너리그로 갈 때는 적은 연봉을 지불하는 스플릿 계약을 요구했다. 아무리 생각해도 그건 옳지 않다고 생각했다. 그의 나이는 벌써 34세였고, 자신보다 훨씬 못한 투수들도 더 좋은 계약을 맺었는데 그런 식의 계약은 받아들일 수 없었다. 돈도 돈이지만 자존심이 허락지 않았다. 자신의 조용하고 불평 없는 성격을 팀에서 이용하는 게 아닐까 하는 생각까지 들었다. 그는 말썽을 일으킨 적도 없고 부상을 당하지도 않았고 오직 야구만 열심히 했는데 그런 식의 대우는 대단히 큰 실망이었다.

그때 때마침 KIA 타이거즈에서 연락이 왔다. 예전에 KIA에서 뛴 적이 있는 래리 서튼이 중간에서 그를 KIA에 소개했다. 로페즈는 자신의 존재를 인정해주는 생소하지만 새로운 기회를 선택했다. KIA로 오기까지는 그는 한국은커녕 아시아권을 방문한 일도 전무했지만 크게 두렵지는 않았다고 했다. 그렇게 아킬리노 로페즈는 2009년 KIA 유니폼을 입고 국내프로야구에 데뷔했다.

물론 시즌 초반부터 수월했던 것은 아니었다. 적응기가 필요했다. 처음에는 심판의 스트라이크존이 너무 좁아서 경기를 풀어가기가 힘들었다. 그래도 한국 심판들은 모든 타자들에게 똑같은 스트라이크존을 적용하고 있었다. 강타자들에게는 훨씬 후한 미국에 비한다면 한국 심판들은 모든 타자에게 똑같은 잣대를 들이댄다는 것도 금방 배웠고, 그건 투수로서는 환영할 일이었다. 또한 리그의 수준이 높아 좋은 타자들이 많은 것도 그에겐 어려움이었다. 두산 베어스의 50번(김현수), 18번(김동주), LG 트윈스의 33번(박용택) 등의 뛰어난 타자들을 대하는 일은 언제나 까다롭고 또 힘겨운 일이지만 동시에 도전할 만한 과제이기도 했다. 야구란 그에게 늘 까다로운 도전과 그것을 극복해가는 과정이었으니까.

어떻게 보면 로페즈에게 야구는 종교와도 같았다. 특정 종교를 믿지는 않지만 하늘은 믿는다고 했던 로페즈와 인터뷰를 했던 그날은 추적추적 비가 내렸다. 인터뷰가 끝나고 나자 비 오는 운동장을 홀로 달리며 훈련을 게을리하지 않던 '아킬리노 로아 로페즈'의 모습은 야구가 자기 자신과의 싸움이자 수련이라는 것을 느끼게 해주었다. 질척한 빗길을 홀로 열심히 달리던 그 우직한 모습은 그가 지금까지 야구를 어떻게 대하고, 또한 어떤 길을 걸어왔는지를 상징적으로 보여주는 듯했다.

그해 로페즈는 14승5패 평균자책점 3.12의 뛰어난 성적을 거두며 KIA가 정규 시즌 1위에 오르는 데 큰 공을 세웠다. 정규 시즌 다승 공동 1위였다. 그리고 한국시리즈에서도 눈부신 역투를 거듭하며 우승을 차지하는 데 가장 큰 수훈을 세우기도 했다. 한국시리즈 MVP를 놓치고 분통을 터뜨린 사건도 있었지만, 어떤 승부에서든 질 수 없다는 그의 투지는 늘 불타올랐다. 2010년에 4승10패로 주춤했던 로페즈는 더그아웃에서 감정 조절을 잘 못해

질타를 받기도 했는데 2011시즌 다시 11승9패를 거두며 능력 발휘를 했다. 그러나 2012년에 SK 와이번스 유니폼을 입은 후에는 부상이 겹치며 힘겨운 초반을 보냈다. 결국 3승2패의 성적을 끝으로 그는 한국을 떠났고 만 37세에 야구계에서 은퇴했다. 한국 팬에게 다양한 추억을 남기고 떠난 로페즈는 자존심이 강한 진정한 프로페셔널로 기억에 남아 있다.

나의 야구는
끝난 것이 아니다

SK 와이번스가
선택한
외국인 선수들

SK는 다양한 유형의 외국인 선수들이 활약을 펼쳤다. SK가 2007년부터 6년 연속 한국시리즈에 진출할 수 있었던 원동력이 바로 외국인 선수들의 활약이었다. 2007년에는 케니 레이번과 마이크 로마노가 1, 2선발로 29승을 합작한 뒤 두산과의 한국시리즈에서도 우승에 힘을 보탰다. 2008~2009년에는 일본인 투수 카도쿠라 켄이 주목을 받았다. 2009년에는 8승에 그쳤으나, 이듬해 14승을 올리며 팀을 정규시즌과 한국시리즈 정상에 올려놓았다. 개리 글로버는 부상이 잦기는 했지만, 2009년부터 3년간 SK에 몸담으며 높은 팀 공헌도를 자랑했다. 최근에는 브라이언 고든, 마리오 산티아고, 아킬리노 로페즈 등이 SK 마운드를 지켰고, 올 시즌에는 새롭게 뽑은 크리스 세든과 조조 레이예스 등 왼손 듀오가 주목을 받고 있는 상황이다. 그 이전 2002년에는 45홈런을 날린 강타자 호세 페르난데스가 돋보였고, 2001년에는 14승에 215탈삼진을 기록한 헤르난도 에르난데스가 각광을 받았다. SK에 흡수된 쌍방울 레이더스에는 돋보이는 외국인 선수가 없었다.

Part. 8

한화 이글스

커다란 손으로 희망을 던진다 **대니 바티스타**

멕시코에서 온 베이브 루스 **카림 가르시아**

Denny Bautista **대니 바티스타**

출생 1980년 8월 23일 국적 도미니카공화국 신체 196cm, 86kg 소속팀 한화 이글스 포지션 투수

커다란 손으로 희망을 던진다

대니 바티스타

인간의 한계를 극복한다는 시선에서 들여다보면 한없이 경이로운 분야가 바로 스포츠다. 특히 야구는 종종 인생에 비유되면서 한 경기 혹은 한 선수의 면모가 큰 감동을 불러일으키는 장르이기도 하다. 그런 점에서 바티스타라는 선수는 그가 살아오고 감내한 인생과 도전의 모든 스토리를 통해 하나의 품격이자, 자존심을 보여주는 것만 같다.

196센티미터의 장신. 키도 크지만 손이 무척이나 큰 바티스타는 도미니카공화국의 야구 소년이었다. 흔히 도미니카공화국의 아이들이 그러한 것처럼 바티스타도 그리 넉넉하지 않은 경제 형편 속에서 성장하면서도 어려서부터 야구를 하며 놀았다. 빈민촌에서 살기는 했지만 아버지는 늘 열심히 일을 하셨고 덕분에 구김살 없이 클 수 있었다.

그리고 12살, 야구를 본격적으로 시작했다. 물론 그전부터도 그에게 야구는 일과이자 일상이었다. 해가 뜨면 아이들과 야구를 하고 해가 지면 야구를 그만했다. 그의 형과 동생 역시 함께 야구를 했지만 결과적으로 프로로 입단한 것인 그뿐이었다.

그가 프로야구선수의 꿈을 좇게 된 데에는 '외계인'이라는 별명으로 유명한 도미니카공화국의 영웅, MLB를 풍미했던 페드로 마르티네스의 영향이 컸다. 페드로는 바티스타의 외사촌형으로 어려서부터 함께 운동을 하며 그를 야구에 입문할 수 있도록 도와준, 그에겐 정신적 지주였다. 공을 던지는 법부터 경기에 어떻게 집중해야 하는지, 그는 형으로서 또한 야구 선배로서 그에게 야구 교본과 같은 정석을 전수해주었다. 바쁘게 열심히 생계를 책임지던 바티스타의 아버지를 대신해 사촌형 페드로는 야구의 멘토이자 아버지나 다름없었다.

그렇게 남자형제, 친구들과 야구를 즐기던 바티스타는 2000년 플로리다 말린스와 계약하며 프로야구선수로서 발돋움하게 된다. 서류상으로는 18세, 실제로는 스물이 되던 해였다. 도미니카공화국 서머리그에서 바티스타가 활약하는 것을 계속 지켜본 말린스가 40만 달러의 계약금을 제시했다. 결국 그해 서머리그를 마치고 곧바로 미국의 루키리그로 가게 되었다.

무려 40만 달러였다. 당시로써는 거액이었고 그가 이미 상당히 좋은 자질을 보여주는 투수라는 것을 입증한 셈이었다. 하지만 처음부터 그가 지금의 강속구를 던진 것은 아니었다. 당시에는 약 87마일(140킬로미터) 정도를 던질 수 있는 수준이었다. 그러나 계약 후 곧장 다음 해부터 속력이 붙었다. 1년 만에 공은 148킬로미터까지 빨라졌고 신기하게도 갈수록 더욱 빨라졌다. 유리한 신체조건을 타고났지만 계약 당시에는 키만 클 뿐 무척 마

른 체형이었다. 그러나 체계적인 웨이트 트레이닝을 하기 시작했고 잘 먹으면서 근육이 붙자 꾸준한 연습과 함께 구속은 계속 빨라졌다.

그러나 마이너에서 꽤 좋은 성적을 보여주던 그는 2003시즌 말 트레이드된다. 2003년은 말린스가 월드시리즈에 진출한 시즌이었는데, 시즌 막판 주전 3루수 마이크 로우가 부상을 당하며 베테랑이 필요해진 팀이 제프 코나인을 영입하게 되었다. 볼티모어는 노장 코나인을 내주며 바티스타를 달라고 했다. 바티스타는 그해 하이 싱글A와 더블A에서 뛰며 12승9패 3.41의 빼어난 성적을 올리고 있었다.

처음엔 트레이드가 실감 나지 않았다. 기분이 나쁘다기보다는 어리둥절했다고 해야 할까. 하지만 언제까지 정신을 놓고 있을 순 없었다. 기회가

대니 바티스타

주어진 것이었다. 볼티모어로 트레이드된 후 곧 9월이 되자 바티스타는 빅리그에 합류해 함께 다니며 메이저리그가 무엇인지 느낄 수 있었다. 정식으로 확대 로스터에 들지는 않았지만 볼티모어 구단에서 그렇게 특별한 기회를 줄 만큼 기대를 거는 유망주였다.

그렇게 차근차근 야구 커리어를 완성도 있게 올려놓던 바티스타는 드디어 2004년에 메이저리그에 데뷔하게 된다. 바로 전날까지도 더블A에서 선발로 등판해 던지고 있었는데 감독이 갑자기 마운드로 올라와 교체를 지시했다. 당황스러웠다. 경기는 4회에 1-0으로 앞서 1회만 더 막으면 승리 투수가 될 수 있는데 도대체 왜 바꾸려는지 이유를 알 수 없었다. 몸이 아픈 것도 아니었기에 감독에게 계속 던지겠다고 고집을 부렸다. 그랬더니 감독은 웃으며 내일 빅리그로 올라가야 하니 그만 던지라는 말을 전했다. 경기 중에 호출 전화를 받았고 급히 바티스타를 교체해 쉬게 한 것이었다.

사실 마이너리그 선수들에게는 꿈의 순간이었지만 바티스타는 모든 것이 멍해졌다. 도저히 믿을 수가 없었다. 그는 정신이 들자 도미니카공화국의 가족과 일가 모두에게 전화를 걸었다. 축하의 말을 들을 때마다 조금씩 실감이 났다. 물론 페드로에게도 전화를 걸었다. 마치 자신의 일처럼 무척 기뻐하며 축하해주는 페드로 형 덕분에 그는 그제야 빅리그로 간다는 것을 실감할 수 있었다. 그날 밤 그는 한숨도 잠을 이루지 못했다.

2004년 5월 25일 빅리그 데뷔전 상대는 하필이면 최강 뉴욕 양키스였다. 구원으로 나서 첫 이닝은 삼자 범퇴로 꽤 잘 던졌다. 그런데 두 번째 이닝에서 엔리케 윌슨에게 홈런을 맞으며 4점을 내주고 말았다. 이틀 후 뉴욕 양키스전에서 한 경기를 더 던졌지만 신통치 않았고 곧 다시 마이너로 복

나의 야구는
끝난 것이 아니다

귀했다. 프로 4년차, 아직은 빅리그 준비가 덜 된 상태였다. 그러다 2004년 6월, 그는 캔자스시티로 전격 트레이드됐다. 첫 기회에서 정착하지 못하면서 사실상 저니맨 생활이 시작된 셈이었다. 로열스로 가자마자 토니 페냐 감독 앞에서 불펜 피칭을 선보였는데, 빅리그 준비가 거의 다 됐으니 더블A에서 잘 조절하라며 격려했다. 그해 9월, 바티스타는 다시 빅리그에 올라가 5게임을 던지며 경험을 쌓아갔다.

그리고 2005년, 드디어 그에게 절호의 기회가 찾아왔다. 스프링 캠프에서 무척 좋은 모습을 보였고 데뷔 후 처음으로 빅리그 개막전 로스터에 들었던 것이다. 적어도 처음에는 보랏빛이었다. 첫 등판이 정말 대단했기 때문이다. 2005년 4월 8일 LA 에인절스와의 원정 경기에 선발로 나선 바티스타는 호투를 거듭하며 8이닝 동안 단 3안타, 1점만 내주며 팀을 승리로 이끌었다. 8회가 끝나자 페냐 감독은 바티스타에게 교체를 통고했지만 그는 자신의 손으로 게임을 끝내고 싶었다. 하지만 감독은 앞으로 그럴 기회는 얼마든지 올 것이라며 말렸다.

하지만 불행히도 완투승의 기회는 다시 찾아오지 않았다. 5월 초까지 2승 2패로 나쁘지 않았는데 그의 덜미를 잡은 것은 부상이었다. 어깨가 아프기 시작한 것이다. 5월 11일 토론토전이었는데 그는 그날 이상하리만치 체인지업을 많이 던졌다고 회고한다. 평소에는 거의 던지지 않던 구종이었는데 그날은 왜 그랬는지 모르지만 체인지업을 대단히 많이 던졌다. 그런데 체인지업을 하나 던지는 순간 갑자기 어깨에서 무언가가 '팍' 하며 끊어지는 듯한 느낌을 받았다. 부상이 틀림없었다. 곧바로 교체됐고 MRI 검사를 받았는데 어깨 근육에 이상이 발견됐다. 돌이켜보면 스스로도 이해할 수 없는 일이었

다. 평소에 그는 패스트볼과 슬라이더, 커브를 던질 뿐이었다. 도대체 왜 그
날따라 체인지업에 매달렸는지 이해할 수 없었다. 사촌인 페드로를 비롯해
도미니카공화국 선수들은 대부분 체인지업을 아주 잘 던지는데 바티스타는
어쩐지 체인지업에 익숙하지 않아 항상 다른 구종을 더 많이 던졌다. 그런
데도 그날은 마치 무엇에 홀린 것처럼 체인지업을 수차례나 던졌고 그것이
부상으로 이어지고 말았다.

　하지만 수술을 받을 정도의 중상은 아니었고, 한 달 정도 재활 운동을
하며 어느 정도 어깨가 회복되자 마이너에서 재활 등판을 시작했다. 트리
플A 첫 경기에서 5이닝, 두 번째 경기에서 6이닝 무실점에 11삼진으로 쾌조
의 컨디션을 과시했다. 한 번만 더 재활 등판을 하면 빅리그로 복귀하는 수
순이었다. 그런데 세 번째 재활 등판에서 다시 어깨가 아파왔다. 그리고 결
국 그 시즌에는 더 이상 공을 던지지 못했다.

　어쩌면 그때 수술을 받고 확실하게 부상을 떨쳐야 했을까. 다시 수술대
대신에 재활을 선택했지만 그 후로는 한동안 쉽지 않았다. 2006년에는 제
구가 흔들리면서 고전했고 결국 시즌 대부분을 마이너에서 보냈다. 시즌이
끝나자 또 콜로라도 로키스로 트레이드됐고, 2007년에도 콜로라도에서 마
이너와 메이저를 오갔다. 9월에는 빅리그에서 잠시 뛰었지만 그해 월드시
리즈까지 진출한 팀의 포스트 시즌 로스터에는 들지 못했다. 그리고 그 후
에도 트레이드는 계속됐다. 디트로이트 타이거즈와 피츠버그 파이어리츠,
그리고 샌프란시스코 자이언츠로 이어지는 트레이드의 연속이었다.

　그러다 보니 그는 꽤 많은 메이저리그 팀에서 뛰었다. 볼티모어 오리올
스에서 MLB에 데뷔해 캔자스시티와 콜로라도를 거쳤고 디트로이트와 피

츠버그에서도 빅리그 마운드를 밟았다. 또한 2010년 샌프란시스코에서는 구원 투수로 풀타임을 뛰기도 했다. 빅리그 생활 동안 그는 선발 21경기를 포함해 총 131경기를 뛰며 11승15패 5.88을 기록했고 특히 2010년에는 자이언츠에서 31경기 구원으로 나가 2승 무패 3.74로 활약했다.

그러나 2010년 시즌이 끝난 후 다시 시애틀로 이적했지만 마이너로 내쳐지며 좌절했다. 시애틀 마이너에서 뛰던 중에 한국팀에서 관심을 보였고 그 역시 이적을 원했으나 쉽지가 않았다. 시애틀 측에서 그를 놓아주지 않으려 했다. 결국 에이전트가 나서서 빅리그에 올려주든지 아니면 풀어달라 요청을 했고 실랑이 끝에 겨우 한국행을 택할 수 있었다. 그렇다고 해서 한국행이 쉬운 결정은 아니었다. 일주일 넘게 고민을 거듭했다. 한국에서 뛰었던 데폴라, 오넬리, 카페얀 등등 많은 도미니카공화국 출신 선수들로부터 한국에 대해 이야기를 많이 들었다. KIA에서 뛴 로페즈와는 디트로이트 타이거즈에서 함께 뛰었고, 오넬리는 도미니카 윈터볼에서 한 팀에서 뛰며 우승도 경험했었다. 또한 LG 트윈스의 리즈와도 팀메이트였다. 그런데 모두들 한국에 대해 좋은 이야기를 해줬다. 그리고 결정적인 것은 사촌형 페드로의 한마디였다.

"도전해봐. 좋은 경험이 될 거야."

페드로의 말은 바티스타의 마음을 움직이게 했다. 한국야구에 대해 아는 것이 거의 없었지만, 어쩐지 좋은 기회가 될 것이라는 예감이 들었다. 문화도 야구도 언어도 음식도 모두 완전히 다른 한국에서의 생활이 편안하기만 한 것은 절대 아니었지만 자신의 야구에 집중하면 그곳이 어디든 큰 문제가 되지는 않을 것이라 믿었다. 한화 이글스의 허승필 통역과 이양기

등 자상한 동료들도 그에겐 큰 힘이었다. 그는 어느새 목살을 매일 먹어도 질리지 않는 한국파로 변하고 있었다.

2011시즌 후반기에 가세한 바티스타는 155킬로미터를 넘나드는 강속구를 뿌리며 이글스의 뒷문을 단속했다. 총 27경기에서 3승 무패 10세이브에 평균자책점 2.02의 좋은 활약이었다. 당시 한대화 감독은 2012시즌 선발 전업까지 염두에 둘 정도로 바티스타를 믿었다. 그러나 2012시즌 초반 마무리에서 계속 불안한 모습을 보이며 흔들린 바티스타는 4승6패 8세이브 4홀드에 3.56으로 기대에 못 미쳤다. 마음이 약해 위기 상황에서 마운드에서 흔들리는 약점이 드러났다. 결국 후반기에 선발로 전업한 후로는 10경기에서 3승3패에 2.41로 훨씬 안정된 모습을 되찾기도 했다.

"야구는 참 어려운 스포츠예요. 100퍼센트 노력을 쏟지 않으면 절대로 잘할 수 없죠. 하지만 어려서부터 내게 꿈은 야구였고, 지금 나는 그 꿈을 이루고 있어요. 던질 수 있는 한 나는 계속 그 꿈을 이룰 거예요."

커다란 키와 커다란 손은 마치 동화 속 주디에게 희망을 가르쳐주었던 키다리 아저씨를 연상케 한다. 항상 선한 웃음을 짓는 바티스타의 꿈은 바로 오래 야구를 하는 것이다. 야구를 한다는 것 자체만으로 행복이라는 그는 커다란 손으로 더 많은 희망과 도전을 던진다. 강심장을 타고나지는 않았지만 좋은 체구와 위력적인 공을 지닌 바티스타는 2013년에도 한화 이글스의 가장 믿을 만한 선발 투수로 좋은 활약을 이어가고 있다.

Karim Garcia **카림 가르시아**

출생 1975년 10월 29일 국적 멕시코 신체 182cm, 100kg 소속팀 술따네스 데 몬떼레이 포지션 외야수

카림 가르시아

카림 가르시아라는 선수를 처음 본 것은 미주 특파원 시절인 1997년 다저스타디움에서였다. 박찬호가 맹활약을 시작할 무렵 그는 가끔씩 마이너에서 올라와 모습을 보이곤 하던 신인급의 타자였다. 사실 가르시아는 LA 다저스의 최고 유망주였다. 1995년 9월, 40명 확대 로스터에 이름을 올리면서 처음 빅리그로 승격했는데 당시 그의 나이는 만 19세에 불과했고, 그 시즌 내셔널리그 최연소 선수라는 기록을 남겼을 정도로 다저스가 그에게 거는 기대는 컸다.

그러나 '너무 어린 나이에 너무 일찍 메이저리그에 승격시키면 실패할 가능성이 훨씬 크다'는 것을 입증한 아쉬운 케이스가 되고 말았다. 카림은 1996년 시즌 대부분을 트리플A에서 보내야 했고, 결국 1997년 빅리그에서 15게임을 뛴 것을 마지막으로 애리조나로 트레이드됐다. 그 후 디트로이트, 볼티모어, 클리블랜드, 양키스와 메츠 등으로 옮겨 다니는 생활이 반복되었다. 반짝거리던 순간들도 분명 있었지만 주전으로서 자리매김을 하진 못했다.

가르시아는 총 10년 동안 MLB에서 뛰었다. 총 488게임, 2할4푼1리에 66홈런 212타점을 기록하며 가르시아는 MLB 생활에 마침표를 찍었다. 그 뒤 2005년부터 약 2년 동안은 일본의 오릭스 버팔로스에서 중심 타자로 활약했다. 2005년 8월 10일과 11일에는 두 게임 연속 3홈런을 쳐내는 대기록을 세우기도 했다. 그러나 2007년 초에는 필라델피아 필리스와 계약 후 방출되는 좌절을 겪고 모국인 멕시칸리그에서 뛰었다. 그 뒤 인연이 돼 한국으로 건너와 롯데 자이언츠와 한화 이글스에서 활약하며 국내 팬들에게도 많은 사랑을 받았다.

지난 2008년 5월 부산 사직구장을 찾았을 때, 오랜만에 다시 본 그는 아직 이국 생활에 적응이 덜 된 듯 다소 경직된 모습이었다. 그러나 2주 후 잠실구장에서 다시 만난 가르시아는 먼저 와서 어깨를 툭 치며 인사를 건넬 정도로 훨씬 편안해 보였다. 빠르게 적응했다는 걸 단숨에 알아볼 수 있었다. 못다 이룬 빅리그의 꿈, 그리고 한국행을 택하며 새롭게 꿈을 꾸게 된 가르시아의 야구 이야기를 시작해볼까.

처음 그를 인터뷰한 2008년 5월은 사실 사정이 별로 좋지 않았다. 그가 뛰던 롯데는 한화에 3연패하는 등 성적이 나쁜 상황이었고, 가르시아의 타율도 2할5푼대로 기대 이하였다. 조심스럽게 컨디션을 묻자, 유머러스하게 대답을 받아쳤던 기억이 난다.

"글쎄, 5월이 우리에게 그다지 친절하지 않은 것 같다. (웃음) 그래도 어제

나의 야구는
끝난 것이 아니다

크게 이겼고 분위기가 살아났다. 나도 이제 모든 팀들과 한 번씩 만나봤고, 두 번째 대결을 시작하는 만큼 좋아질 것으로 기대한다."

외국인 선수들이 공통적으로 안고 있는 어려움이 있다면 바로 적응과 결과를 동시에 보여주어야 한다는 큰 부담감일 것이다. 가르시아에게도 예외일 리가 없었지만, 그는 비교적 편안해 보였다. 감독이 미국인 로이스터라는 점도 도움이 됐다.

가르시아는 미국, 한국, 일본, 멕시코, 도미니카공화국 등에서 모두 공을 쳐본 타자다. 특히 한국에서는 2008년부터 3년간 롯데에서 뛰다가 멕시코로 돌아간 후 2011년 시즌 중반에 한화로 복귀해 활약한 특이한 이력을 가지고 있기도 하다. 국가마다 차이점도 있고 또 공통점도 있는데 그는 항상 야구라는 대전제에서 큰 차이를 두지 않고 접근하려는 시도를 했다고 말했다. 그렇지만 아무래도 일본의 야구는 다른 국가에 비해 까다로웠다고 회고하기도 했다. 야구보다는 야구 문화가 다르다고 해야 할까. 감정 표현이 절제되어 있고 동료들 간에도 거리를 두기 때문에 늘 외로웠던 일본과는 달리 처음 오자마자 한국의 친절함에 빠져들었다. 그래서 지금도 한국과 한국의 친구들을 그리워한다고 늘 말한다.

그의 출생지인 멕시코는 사실 야구보다는 축구가 유명해 다들 왜 축구 대신 야구를 택했느냐고 묻곤 한다. 가르시아의 경우, 야구는 집안의 내력이었다. 그의 아버지는 멕시칸리그에서 16년을 뛴 유명 야구선수로 은퇴 후에는 프로팀 감독을 지내기도 했다.

"아버지는 외야수였는데, 정말 빨랐다. 원터리그와 서머리그 도루 기록을 모두 보유하고 계신다. 나도 아주 느린 편은 아니지만 아버지처럼 한 시

즌 도루 60개는 도저히 불가능하다. (2008년) 시즌 초에 오셔서 나의 스윙을 봐주시기도 했다. 내 스윙을 나보다 더 잘 아신다. (웃음) 아버지는 부산에 있는 동안 정말 즐거운 시간을 보내셨다."

그렇게 늘 카림의 멘토이자 스승이자 아버지였던 프란시스코 가르시아는 지난 2010년 1월 암으로 작고하고 말았다.

아버지가 현역 야구선수였던 것뿐만 아니라 멕시코 북부는 축구보다는 야구가 더 인기 있는 곳이다. 프로야구 리그도 있고, 미국과도 근접해 있어 야구 중계를 많이 접할 수 있기 때문에 아이들은 축구보다는 야구에 매달렸다. 가르시아도 11살이 되던 해에 처음으로 야구를 시작했다. 학생 때는 육상선수를 하기도 했고, 골프도 많이 했다. 단거리와 창던지기, 원반던지

나의 야구는
끝난 것이 아니다

기 등 육상 종목은 거의 섭렵했다. 골프에서 언더파를 친 적도 있었다.

하지만 야구가 늘 가장 재미있었던 가르시아가 두각을 나타내면서 16세 때 LA 다저스와 계약을 맺었고 17세에 미국 마이너리그 생활을 시작했다. 대단한 파워의 최고 유망주로 큰 기대를 모았지만 앞서 언급했든 카림의 메이저리그 생활이 순탄치만은 않았다. 다혈질의 성격 때문에 빚어진 사건도 몇 차례 있었는데 뉴욕 양키스에서 뛰던 2003년, ALCS에서 보스턴 레드삭스의 페드로 마르티네스와 충돌한 사건은 아주 유명하다.

"타석에 섰는데 페드로가 던진 공이 내 머리 뒤쪽으로 날아왔다. 분통이 터져 마운드로 달려나가려 했고 모두가 뛰어나와 단체 패싸움이 날 지경이었다. 만약 어깨 아래로 던졌더라면 그건 참을 수 있었다. 그러나 머리 위쪽이라면 이야기가 달라진다. 화를 낼 이유가 충분했다."

평소 유쾌하고 친절한 친구지만 야구를 할 때는 다혈질로 변했다. 많은 라틴계 선수들이 상대적으로 다혈질인 것도 무관하지 않지만, 가르시아의 경우 야구를 할 때면 늘 모든 것을 쏟아 붓는 심정으로 타석에 임했다. 그 자신도 일단 타석에 오르면 아드레날린이 강하게 작용하는 것 같다고 말하곤 했다.

그런데 그 경기에서는 시끄러운 일이 연속으로 터졌고 불펜에서 싸움까지 났었다.

"외야로 수비를 하러 나가는데 우리 불펜에서 동료 투수 제프 넬슨과 레드삭스 운동장 관리직원이 다툼을 벌이는 게 보였다. 넬슨을 도우려고 곧바로 펜스를 넘어 달려갔고 몸싸움이 벌어졌다. 최대 라이벌인 뉴욕 양키스와 보스턴 레드삭스의 경기였고 포스트 시즌이었으니 분위기는 정말 험

악했다."

　경기가 끝나고 펜웨이파크를 빠져나올 수조차 없는 험악한 분위기가 계속됐다. 족히 스무 명은 넘는 경호원들이 가르시아의 가족을 에워싸고 버스에 탈 때까지 호위를 했을 정도였다. 혹시 모를 불상사가 생길까 엄격한 보안이 이루어졌지만, 다행히도 별다른 일은 없었다. 그가 만약 1980년대에 한국프로야구에서 뛰었더라면 종종 겪었을지도 모를 그런 분위기이지 않았을까.

　그러나 카림 가르시아에게는 늘 아쉬움이 남는다. 빅리그에서 꽤 오래 뛰었지만 기대만큼의 성과를 거두지는 못했다. 너무 일찍 메이저에 간 것이 결과적으로는 가장 큰 패착이었다. 고작 19세에 불과했던 가르시아에게 빅리그는 준비가 덜 된 상태에서 맞이한 너무 큰 장벽이었다.

　마이너리그에서 그는 멕시코에서 온 베이브 루스라는 의미로 '라틴 밤비노'라고 불릴 정도로 펀치력이 좋았다. 마이너리그 940게임에서 182홈런에 660타점을 기록해 거의 200개에 달하는 홈런을 쳤다. 사실은 빅리그에서도 기회가 주어지면 상당히 괜찮은 기록을 내기도 했다. 1999년 디트로이트에서 14홈런, 2002년에는 클리블랜드에서 16홈런을 쳤다.

　하지만 기회를 꾸준히 이어가기엔 운이 부족했는지 늘 부상이 뒤따랐다. 풀타임으로 자리를 잡는가 싶으면 부상이 찾아오거나 다른 팀에서 후반기 포스트 시즌 진출을 위해 잠시 기용하려고 트레이드되는 식이었다. 2002년부터 3년간은 계속해서 시즌 중반에 양키스와 메츠 등 강팀으로 트레이드되기도 했다. 그의 장타력을 임시로 쓰겠다는 팀은 늘 있었지만 이상하게 한 곳에 정착하지를 못했다.

나의 야구는
끝난 것이 아니다

그러다가 일본에서 뛸 기회가 왔다. 2005년 일본행은 양키스와 메츠에 뛰던 시절에 두 명의 마쓰이(히데키와 카즈오)와 이야기를 나누며 관심을 가지던 중 오릭스에서 오퍼가 와 결정하게 되었다. 일본에서는 힘겨운 적응의 연속이었지만 하나씩 새로운 야구를 익혀나간다는 기분이 나쁘지만은 않았고 그때의 적응기가 한국에서도 도움이 되었다고 한다.

롯데 자이언츠에서 가르시아의 활약은 대단했다. 2008년 첫해 30홈런 111타점으로 타점 1위, 홈런 2위의 놀라운 활약을 펼쳤고 2009년에도 29홈런 84타점, 2010년에는 26홈런 83타점을 기록했다. 2010년 4월 사직구장에서 열린 한화전에서는 7타수 7안타라는 KBO 최고 기록을 달성하기도 했다. 그러나 가르시아의 팬들은 성적이나 기록만큼 타석에서 항상 최선을 다하는 그의 모습에 매료된다. 가르시아에게 야구는 언제나 열정을 바쳐야 하는 대상이다.

"야구는 늘 그렇게 하는 것으로 배웠다. 야구라는 경기를 존중하며 항상 내 능력의 최선을 끌어내려고 한다. 그리고 우리에겐 정말 대단한 팬들이 있다. 팬들은 좋은 경기를 볼 권리가 있는데 어떻게 열심히 하지 않을 수가 있는가."

그가 한국에 와 처음 접한 롯데의 팬도 그의 열정을 자극하는 좋은 촉매였다. 그는 롯데의 팬들은 일본에서도, 미국에서도, 멕시코에서도 본 적이 없는 '조금 미친' 팬들이라며 치켜세웠다(웃으며 'crazy'라고 표현했다).

"그렇지만 오해는 하지 마라. 좋게 미쳤으니까(Good Crazy). 그런 팬들이 있으면 당연히 힘이 날 수밖에 없고, 그들을 보는 것도 큰 즐거움이다. 그렇게 많은 팬들 앞에서 뛸 수 있다는 것은 정말 신나는 일이다."

나의 야구는
끝난 것이 아니다

그의 홈런 세리모니도 짠한 스토리가 있었다. 그에겐 아들이 둘 있다. 팔뚝에 두 아들의 얼굴을 문신으로 새겼는데, 홈런을 치면 그곳을 손으로 치면서 자축하는 세리모니를 한다. 둘째 아들에 대한 부정이 실은 더 절절하다. 당시 그의 둘째 아들은 피닉스의 병원에서 치료를 받고 있었는데, 대장이 없이 태어나 큰 수술을 받고 회복 중이었다. 홈런을 칠 때마다 그는 두 아들을 생각하며 세리모니를 했다.

롯데에서 3년을 활약한 가르시아는 로이스터 감독이 경질되면서 재계약하지 못하고 멕시코로 돌아갔다. 모든 구단이 외국인 선수 타자보다는 투수를 원하기 시작했다. 그러나 그는 한국을 떠난 지 몇 개월 만인 2011년 중반 한국으로 돌아왔다. 그의 복귀에 팬들의 관심 역시 대단했다. 그와 인터뷰를 한다고 했더니 게시판에만 순식간에 100개 넘는 질문이 쏟아졌을 정도였다.

카림 가르시아는 멕시칸리그에서 영웅 대접을 받는다. 그런 그가 시즌 중반에 한국으로 오는 것이 쉽지는 않았지만 그에게 한국은 제2의 고향과도 같은 곳이었다.

"멕시코의 팀과 팬에게는 정말 미안했다. 첫째로 나는 팀의 주장이어서 책임감이 컸고, 또한 구단주와는 아주 막역한 관계라서 떠나기가 어려웠다. 그러나 솔직히 모든 것을 털어놓고 이야기했다. 한국에서 선수 생활을 계속하고 싶다는 의사를 전했고, 내가 행복할 수 있다면 이해한다며 보내주었다."

그가 한국을 떠나 멕시코에서 뛰다가 다시 한국으로 돌아오기까지의 과정을 살펴보면 야구가 카림에게 무엇인지 느낄 수 있다. 2010시즌을 마치고 한국을 떠난 그는 멕시코의 윈터리그에서 뛰었고, 도미니카공화국으로 가서 또 윈터리그를 뛰며 야구를 계속했다. 그 후엔 카라비안 시리즈에서 멕시코팀으로 뛰어 우승을 하기도 했다. 그리고 몬터레이로 가서 멕시코리그 시즌 준비를 했다. 지치지도 않는지 내내 야구만 한 셈이었다. 1년 동안 8일 정도를 빼고는 내내 야구를 했다. 잠시 쉬는 동안에는 가족들과 바닷가도 가고 즐거운 시간을 보내기도 했지만 야구가 아주 좋고 즐거웠다. 쉴 새 없이 야구를 하면서도 그는 지친다는 느낌이 든 적이 없었다고 했다. 야구 경기를 하고 준비를 하고 동료와 어울리고 그런 모든 것들을 즐겼다. 야구는 그의 삶이었다.

한국으로 다시 돌아온 그는 롯데가 아닌 한화 이글스의 유니폼을 입게 된다. 그러나 변치 않는 팬과 새로운 팀 동료가 전폭적으로 지원하는 가운데 그는 엄청난 폭발력을 과시했다. 실은 롯데에서 뛸 때도 사직보다는 대전구장에서의 성적이 더 좋았었다.

"어떤 이유인지 모르지만 여기(대전구장) 오면 편하다. 조금 작기도 하지만 이곳에 오면 무엇인가 좋은 일이 일어날 듯한 그런 느낌. 기분이 좋은 구장이다."

2011년 6월 15일 카림은 KIA전 6회 만루에서 홈런을 때려내며 경기를 5-4로 역전시켰고, 다음 날 KIA전에서는 7회 주자 만루 상황에서 홈런을 쳐 6-1을 만들며 승부에 쐐기를 박았다. 프로야구 통산 4번째 2경기 연속 만루 홈런이자 개인통산 6번째 만루 홈런이었다. 그는 17일에도 연장 10회 끝내기 3점 홈런을 터뜨려 3경기 연속 홈런을 기록했다. 그는 시즌 후반기에 이글스와가 고공비행을 하는 데 결정적인 역할을 했다. 72경기를 뛰면

서 18홈런에 61타점을 올렸다.

이틀 연속 만루포를 터뜨린 후에 만난 그는 "글쎄, 정말 운이 좋았다고 해야 할까. (웃음) 공을 칠 때마다 담장을 넘어갔다. 그런 날이 이틀 연속으로 나왔다는 것이 좀 신기하기는 하다. 지금도 홈런을 칠 때마다 팔뚝을 치면서 아들 녀석들을 생각한다. 그게 큰 힘이 된다"고 말했다. 그에겐 오직 야구와 가족이 전부다.

요즘도 가끔 카림과 연락을 하는데 그는 늘 한국을 그리워한다. 2010시즌 후 한국을 떠나 있을 때에도 그는 특히 한국 음식을 그리워했다. 갈비와 소주, 특히 백세주 생각이 간절하다고 했다. 멕시코로 돌아간 후로는 한국 술을 찾기 어려웠는데 몬터레이를 다 뒤져 한국 술과 음식을 파는 식당을

카림 가르시아

찾아냈을 만큼 한국은 그에게 그리움이었다.

늘 쾌활하고 재치가 넘치고 열정적인 그는 마흔까지는 현역으로 열심히 뛰고 은퇴 후 가족들과 함께 시간을 보내고 싶다고 했다. 1975년생이니까 이제 3년 정도 남았다. 사실 그가 야구에 올인할 수 있는 원동력은 가족이다. 여전히 그의 둘째 아들은 치료를 받고 있다. 의학적으로 완쾌될 수는 없지만 가족과 함께 그가 할 수 있는 모든 것을 하면서 행복한 인생을 보낸다면 괜찮은 삶이라고 생각한다고 했다. 그의 가족들까지 염려해주는 한국의 팬들이 있다는 것이 그에겐 또 하나의 큰 응원이자, 행복하게 야구를 해야 할 이유가 되었다. 오로지 야구밖에 모르는 선수 같지만, 사실 그가 야구를 잘, 또 열심히 할 수 있는 원동력은 모두 그의 가족들로부터 나온다.

"항상 가족을 위해 온힘을 다해 뛴다. 좋은 성적을 남겨서 내 아들들이 컸을 때 우리 아버지가 이런 좋은 선수였다는 것을 보여주고 싶다."

2010년 아버지의 작고 후 그는 왼쪽 팔뚝에 아버지와 어머니의 모습을 문신으로 새겨두었다. 오른팔에 아내와 아이들의 문신과 함께 이제 그의 몸에는 가족들이 모두 새겨져 있다.

말과 행동은 경쾌하지만 결코 경솔하거나 얄팍하지 않은 가르시아. 그에게 많은 팬이 따르고 또한 좋은 실력을 낼 수 있는 것은 야구를 대하는 그의 태도가 진중하고 성실하기 때문이다. 가능성을 짐작해 움직이거나 간을 보는 태도가 아니라, 늘 한결같이 온힘을 다해 야구를 존중하고 대하는 것. 그 성실함이 그를 언제나 당당하고 자신감 있는 선수, 또 인간으로 만들기 때문에 그의 야구 역시 유쾌하고 신명 나게 흘러갈 수 있는 게 아닐까.

그에게 남겨진 꿈이 있느냐고 질문을 던지니 역시 유쾌한 대답이 돌아왔다.

"나는 지금 나의 꿈을 살고 있다. 야구를 하는 것이 나의 꿈이었고, 나는 지금 그 꿈을 살고 있다."

오늘도 멕시코리그를 호령하고 있는 카림 가르시아는 여전히 꿈을 꾸고, 야구를 하고 있다. 은퇴하기 전에 한 번 더 한국 팬들의 성원 속에서 홈런을 치고 싶다는 소망과 함께.

나의 야구는
끝난 것이 아니다

한화 이글스가
선택한
외국인 선수들

한화 이글스는 전통적으로 강타자들이 많았다. 1998년 LA 다저스 출신의 거포 마이크 부시를 데려오고도 재미를 못 봤지만, 이후 내로라하는 타자들을 영입해 각광을 받았다. 대표적인 선수가 제이 데이비스와 댄 로마이어다. 데이비스는 공수주(공격과 수비와 주루) 실력을 고루 갖춘 타자였다. 1999년 입단해 2006년까지 6시즌(2003년 제외) 동안 통산 타율 3할1푼3리, 167홈런, 591타점, 108도루를 기록했다. 2005년에는 골든글러브를 수상하는 등 역대 외국인 선수 가운데 가장 오랫동안 한국 무대에서 활약하며 사랑을 받았다. 로마이어는 1999~2000년, 두 시즌 동안 85홈런, 205타점을 기록했고, 입단 첫해에는 지명타자 부문 골든글러브도 수상했다. 그러나 두 선수가 떠난 후 한화는 외국인 선수들과 그다지 좋은 인연을 맺지 못했다. 2008년 마무리를 맡아 31세이브를 올린 브래드 토마스와 2011년 입단해 3년째 뛰고 있는 대니 바티스타를 제외하면 주목을 끈 외국인 선수는 없었다. 롯데 자이언츠 출신의 카림 가르시아가 2011년 한화에 몸담았지만, 타율 2할4푼6리로 기대에 미치지는 못했다. 덕 클락도 넥센으로 옮기기 전인 2008년 한화에서 장타력을 뽐내긴 했어도 약점이 많아 재계약을 하지 못했다.